KB190849

목회를 위한 교회론

목회를 위한 교회론

초판인쇄   2021년 7월 5일
초판발행   2021년 7월 10일

지은이   송영목 윤석준
펴낸이   이은수
펴낸곳   도서출판 향기
편집인   이은수

등록번호   제 325-2020-000007호 (2020년 9월 18일)
주소   부산시 중구 보수동 69-12 / 향기교회당
TEL   051-256-4688
전자우편   onearoma@hanmail.net

ISBN 979-11-973080-1-7

향기아카데미 01

목회를 위한
교회론

송영목 윤석준 지음

본서는 성경신학과 신앙고백의 관점에서 교회력과 성례, 교회 직분과 시편 찬송가를 연구하여 오늘날의 한국교회의 사역 현장에 도움을 주고자 하는 목적으로 발표한 글들을 모은 것입니다. 고신대학교에서 신약학을 연구하며 교수하는 송영목 교수님과 유은교회를 담임 목회하는 윤석준 목사님의 글들은 각 주제에 대한 보다 깊은 이해를 할 수 있게 하므로 독자들에게 더 풍성한 이해와 적용을 하게 하는 상호보완적인 역할을 하고 있음을 봅니다.

"개혁교회는 항상 개혁되어 가야 한다"는 말이 있듯이, 개혁주의 신학 노선을 따르는 교회의 모든 사역의 형태와 그 구체적인 내용과 적용은 교회 설립의 주가 되시고, 머리가 되신 예수 그리스도의 말씀에서 나와야 하며, 말씀의 지지를 받아야 하고 말씀에 일치하는 것이어야만 합니다. 이런 점에서 본서에서 논의되고 제안하고 있는 내용은 관련된 성경 본문의 정확한 해석에 초점을 맞추면서 오늘날의 교회 사역에 보완해야 할 부분들이 무엇인가를 다시금 상기 시켜주며, 올바른 방향 정립에 큰 도움을 제공하고 있습니다.

더욱이, 본서에서 언급하고 있는 주제들은 오늘날 한국교회에서 다루기 쉽지 아니한 주제들로서 이러한 주제들에 대해 새로운 성찰을 하게 하므로 교회사역에 새로운 활력을 불어넣을 수 있는 자료로 활용할 수 있을 것입니다. 따라서 교회사역의 일선에서 몸 된 교회를 섬기는 목회자들과 교회 직분자들이 숙독해야 할 필독서로 생각하여 이에 기쁜 마음으로 추천합니다.

임영효 교수 고신대 신학과 명예교수

목회를 처음 시작하면서 정기적으로 목회자들과 모여 세미나 형식으로 공부하는 것과 책을 만드는 꿈을 꾸었습니다. 신대원 졸업 후 첫 개척교회를 시작할 때 OMF 선교사인 영국인 William Black 목사님이 부산을 중심으로 강해 설교 모임을 시작하게 되었고, 감사하게 필자가 개척한 작은 교회당에서 12-15명의 목회자들이 매주 모여 공부를 하게 되었습니다. 또 선교사님의 원고를 교정해 주게 되었고, 지금도 그 자료들을 가지고 있지만, 선교사님의 건강이 좋지 못해 영국으로 귀국하게 되어서 책으로 발간되지 못했습니다.

두 번째로 교회를 개척하고 바쁘게 10년을 보낸 어느 날, 갑자기 마음에 바람이 불듯 목회자 아카데미를 해야겠다는 생각이 들었습니다. 어떤 대가가 요구되는지 생각하지 못하고 '향기목회아카데미'를 시작하게 된 것입니다. 코로나19에도 작게는 30명, 많게는 50명의 목회자가 참석하는 모임이 아홉 번째입니다. 아카데미 소식을 듣고 강의안을 요청하시는 분들이 있고, 자료를 책으로 만들어 보관해야 한다는 생각에 '도서출판 향기'를 설립하고 책을 만들다 보니 소시의 두 가지 꿈들이 이루어져 버렸습니다. 30년이 훨씬 지난 마음의 생각과 묵상을 잊지 않으신 하나님께 감사드립니다.

인생의 전반기에는 하나님과 사람들에게 많은 사랑을 받았기에, 후반기에는 사랑을 어떻게 나눌까 고민하다가 여러 목회자와 함께하는 시간을 가졌으면 하는 생각이 들었습니다. 향기교회를 개척하고 10년간 한 번도 세미나를 가지 못하였고, 제네바 아카데미를 생각하며 정기적으로 교리를 공부하고 싶다는 욕구가 아카데미의 출발을 도왔습니다.

설익은 감처럼 떫은 생각을 홍시가 되게 하여준 교회와 세상을 섬기기 위하는 성경신학자인 고신대학교의 송영목 교수님과 목회자지만 해박한 교리적 지식으로 강의를 성실히 담당해준 유은교회 윤석준 목사님에게 감사하고 두 분의 헌신으로 아카데미가 시작되었고, 또 책으로 출판되게 되었습니다.

　이 책은 첫째로 한 주제에 성경신학적 관점으로 송영목 교수님이, 개혁주의 신앙고백과 교리적 관점으로 윤석준 목사님이 강의한 것입니다. 성경을 들여다보는 현미경과 개혁신학으로 조망하는 망원경이라는 두 렌즈로 주제를 분석했습니다. 둘째로 아카데미의 강의 원고 중 '목회자를 위한 교회론'에 적합한 4가지 주제를 모았습니다. 바로 '교회의 절기'와 '성례', 그리고 '교회 직분론'과 '시편찬송'입니다. 셋째로 이 글들은 목회자의 마음을 가진 신학자와 신학자의 마음을 가진 목회자가 강의한 것으로 조화(調和)를 이룹니다. 넷째로 건강한 목회와 교회를 위해 이론적인 면과 목회 현장의 면을 동시에 살피는 실제의 균형을 염두에 두고 강의한 것을 편집하였고, 연구를 위해 각주와 참고문헌을 기록해 두었습니다.

　'교회를 섬기고 목회를 돕는 향기목회아카데미의 신학 작업'으로 향기 아카데미가 시리즈로 발간될 것입니다. 목회자도, 교회도 그리고 하나님 나라도 '단단하게' 되기를 꿈꾸며 첫 책을 냅니다. '향기목회아카데미'와 '도서출판 향기'의 '향기 아카데미 시리즈'를 위해 함께 손 모아 주시고 격려해 주십시오.

이은수 목사 향기교회, 향기목회아카데미

교회론 도서들 가운데 '목회를 위한 교회론'을 다루는 경우는 흔하지 않다. 신학교의 신학자와 지역 교회의 목회자 사이의 괴리감이 원인일 것이다. 2019년에 시작된 부산향기목회아카데미는 이런 괴리감을 해소하고, 개혁주의 성경과 신학으로써 목회자를 섬기는 소박하지만 소중한 모임이다. 이 아카데미의 첫 열매인 이 책은 목회에 실제적인 도움을 제공하기 위해, 교회력, 성례, 직분, 그리고 시편가를 개혁주의 성경신학과 신앙고백 안에서 연구한 결과물이다. 목회적 마인드를 추구하는 신약학자와 신학적 능력을 갖춘 목회자가 협력한 점도 바람직한 방향이다. 이 소품이 교회의 머리이신 예수님께 기쁨이 되기를 바라며, 교회와 목회자에게 실천적 통찰을 제공하기를 손 모은다.

코로나 19시대에도 교회와 세상의 주님께서 완벽하게 다스리시는
2021년 5월 공저자

목차

4. 시편 찬송가

부록

1장.
교회력

성경신학에서 본 교회력

송영목

절기의 의미와
개혁교회의 절기 이해

윤석준

성경신학에서 본 교회력

송 영 목

들어가면서

만유의 주님이신 하나님께서 자신의 목적을 반드시 완성하실 것을 믿는
그리스도인에게 소망이야말로 종말론적 사고의 틀이어야 한다(고전
15:28). 예수님께서 오메가이심은 우리의 소망이다(골 1:27; 딤전 1:1).
만유를 새롭게 창조하시고(고후 5:17; 계 21:5) 완성하실 예수님의 부활
과 재림을 믿는 그리스도인에게 있어 소망은 신앙고백의 중심과 같다.
"그러므로 그리스도인의 소망은 '마지막 것들'을 목표로 삼지 않고, '마지
막 분'이신 부활하신 주 예수 그리스도 위에 정초한다."[1] 교회의 머리이
신 예수님 안에 소망을 두고 언약 갱신을 위해 예배하는 이는 하나님의
새 창조의 사역에 동참할 수 있는 새 힘과 지혜를 얻는다. 따라서 예전은
예수님 중심의 교회력(church calendar)을 충실히 반영해야 한다.[2] 이 글

---

[1] J. A. du Rand, "Die Christelike Hoop: 'N Bybelse Eskatologiese Belydenis?" *In
die Skriflig* 48/1 (2014), 7.

[2] B. Chapell, 『그리스도 중심적 예배』(*Letting the Gospel shape Our Practice*, 윤석인 역,
서울: 부흥과 개혁사, 2011). 참고로 출 24장에 근거한 예전의 언약 갱신적 요소와 의미는 권
기현, 『예배 중에 찾아오시는 우리 하나님: 성경적인 공예배에 관한 몇 가지 묵상』(경산:
RnF, 2019), 23-39를 보라.

은 구약의 절기를 성취하신(갈 4:10-11) 예수님께서 주시는 구원의 은덕을 연중의 교회력에 어떻게 반영할 수 있는가를 성경신학 및 목회실천적 입장에서 살펴본다. 덧붙여 시민력(civil calendar)을 적절히 활용하는 방안도 제시한다.

1. 세상력 / 시민력

한국교회가 즐겨 지키는 시민력은 삼일절 기념주일, 어린이주일, 어버이주일, 스승의 주일, 광복주일 등이다. 하나님께서 세상 역사를 주관하시므로, 선교적 교회가 시민력을 통해서 하나님의 뜻을 세상에 이루도록 격려하는 것은 유의미하다. 하지만 교회력의 의미를 시민력에 접목시키는 지혜가 무엇보다 필요하다.[3]

2. 교회력

"교회력은 두 개의 사이클(two worship cycles)로 형성되어 있다. 부활절 사이클과 성탄절 사이클이다. 이 두 사이클을 '교회력의 쌍둥이'라고 부를 수 있다. 부활절 사이클은 사순절, 부활절, 성령강림절의 세 개의 절기들로 구성되어 있다. 그리고 성탄절 사이클은 대강절, 성탄절, 주현

---

3 참고로 청소년 사역이 단순히 어떤 활동에 참여시키는 차원에 머물거나 외적인 행동을 개선시키는 것을 목표로 삼는 율법주의로 흐르지 않으려면, 그리스도 중심의 메시지를 통하여 영적 성숙을 이룰 수 있어야 한다. 그 메시지는 하나님의 은혜, 그리스도 안에서의 크리스천의 복되고 풍성한 정체성, 하나님 나라, 그리고 하나님과 인격적 관계를 계발하는 일의 중요성이다. P. Strong, "Christ alone: Redeeming of Youth Ministry," *In die Skriflig* 48/1 (2014), 3-7.

절의 세 개의 절기들로 구성되어 있다. 각 사이클은 한 개의 준비의 절기와 두 개의 축제의 절기들로 구성된다. 여기서 준비의 절기는 축제의 절기를 준비한다는 의미를 갖는다. 부활절 사이클에서 준비의 절기는 사순절이며, 부활절 사이클에서 축제의 절기는 부활절과 성령강림절이다. 부활절 사이클에서 축제를 시작하는 절기는 부활절이며, 그 축제는 성령강림절로 끝맺는다. 그리고 성탄절 사이클에서 준비의 절기는 대강절이며, 성탄절 사이클에서 축제의 절기는 성탄절과 주현절이다. 성탄절 사이클에서는 성탄절로 축제가 시작되어 주현절로 그 축제를 마무리한다."[4] 예전은 춤추시는 삼위 하나님(deus ludens, 잠 8:30) 앞에서 그리고 그분과 함께 미래 종말이 침투해 들어온 지금 여기서 뛰놀며 기뻐하는 시간인데, '이미'를 지나치게 강조하여 예전적 승리주의에 도취되지 말아야 하지만 '아직 아니'를 절대화하여 예전적 우울감에 빠지는 것도 금물이다.[5]

2.1. 사순절과 고난주간

사순절은 개신교회가 지킬 수 없는 로마 가톨릭의 악습인지, 아니면 허용되는 아디아포라인지 논란이 계속 된다. 물론 예수님의 고난은 성육신부터 본격화하기에, 십자가 처형 이전 40일로 국한되지 않는다. 그리고

---

4 이기업, "동방교회와 서방교회에서 성탄절 사이클의 절기들에 대한 고찰,"『한국교회와 역사』 5 (2011), 82-114. 참고로 사도 시대가 마감된 시점인 AD 96년경 로마의 클레멘트는 예배를 부주의하고 비정기적인 방식이 아니라, 정해진 시간에 드릴 것을 권면했다. 참고. D. W. Bercot (ed), *A Dictionary of Early Christian Beliefs* (Peabody: Hendrickson Publishers, 1998), 699.

5 J. H. Cilliers, "Liturgie as Spel: 'N Besinning oor die Nie-Funksionaliteit van die Erediens," *NGTT* 49/3 (2008), 46-47.

성도는 주님의 십자가의 고난을 재현할 수 없다. 하지만 예수님의 십자가의 고난과 사랑을 집중하여 묵상하는 기회는 유의미하다. 개혁교회는 종려주일에 무화과나무 가지를 흔들며 왕이신 주님을 환영하는 퍼포먼스를 시행하기도 한다. 구약의 유월절은 예수님의 죽으심과 부활을 통한 구원의 근거로, 오순절(레 23:20)은 성령강림으로 영적 추수의 시작으로, 장막절(출 23:16)은 성령의 전인 교회가 예수님의 재림 때까지 영적 추수에 진력해야 함으로 의미가 발전한다.

2.2. 부활주일

일반적으로 교회가 1년에 한 번 큰 부활주일을 지키지만, 사실 매 주일이 작은 부활절이다. 부활절의 정확한 날짜에 대한 논쟁(Easter computus)이 있어 왔다. 니산월 14일인지, 춘분 다음 만월이 지난 첫 주일인지, 이 문제를 의논하려고 AD 2세기 서머나의 주교 폴리캅은 로마까지 갔다. 그러나 이 논쟁은 남반부 사람들에게는 크게 중요하지 않다. 왜냐하면 북반부의 부활절은 생명이 소성하는 봄에 속하지만, 남반부에서 춘분 다음 만월이 지난 첫 주일은 가을이기 때문이다. 그렇다면 남반부 교회는 자기 지역에 적절한 다른 날 즉 9월 봄에 부활절을 지킴으로써 예전의 문화화(liturgical inculturation)를 시도할 수 있는가? 북반부가 결정한 소위 '예전의 제국주의'(liturgical imperialism)를 남반부가 거부하기 위해 부활절 날짜를 바꾼다면 어떻게 되는가? 다른 교회 절기들의 날짜를 모두 바꾸어야 하고, 북반부 교회와 절기상 '연대기적 이혼'(chronological divorce)을 해야 하는 문제가 따른다. 대신 남반부에서 부활절을 북반부와 동일한 날에 지내더라도, 부활절과 관련된 자연과 이미

지를 재해석하는 방식으로 조율하면 된다.[6]

부활주일은 교회를 위해 부활하신 예수님의 온 교회적 신분과 부활의 지속성을 강조해야 한다. 봄을 이기는 겨울이 없듯이, 생명과 부활을 이기는 죽음은 없다. 복음의 핵심인 부활을 부정하면 적그리스도의 맏아들이다. 에베소서에 의하면, 예수님에게 개인적이며 집합적(corporate) 혹은 온 교회적(whole church) 정체성이 있다. 이 이유로 예수님 한 분의 부활과 승귀(엡 1:20)는 자신의 몸이자(엡 1:23) 신부(엡 5:25, 32)인 교회의 부활과 하나님의 통치 아래 곧 하늘에 앉힌 승귀로 이어진다(엡 2:6).[7] 이런 의미에서 교회는 그리스도께서 자신을 내어주신 사랑의 수혜자이자 집합적 표현이다(엡 5:2, 25).[8] 승리하신 그리스도(Christus Victor)의 구원과 부활은 우리가 그분과 연합되어 있을 때에 효력이 있다. 엡 2:5-8에서 바울은 기뻐 환호하며, 구원이 하나님의 은혜임을 포괄식 구조로 밝힌다(엡 2:5, 8). 바울은 그 중앙에 성도를 예수 그리스도와 함께 살리고, 일으키고, 앉힌 내용을 배치한다(엡 2:6-7). 하늘에 앉힌 자, 곧 하나님의 통치 아래 있는 이들은 선한 부활의 능력을 전하는 걸작(ποίημα)이다(엡 2:10). 대표적(representative), 집합적, 그리고 더 나아가 만유적(πάντα; 엡 1:23)[9] 정체성을 가지신 예수님께서 주신 사랑 덕분에(엡 5:2) 교회는 그분 안에 있다. 이 신비롭고 실제적 연합은 성부의 큰 사랑과 자비 덕분이기도 한데(엡 2:4, 7), 성도가 아버지와 아들 하

---

6 C. V. Johnson, "Inculturating the Easter Feast in Southeast Australia," *Worship* 78/2 (2004), 98-117.

7 찬송가 164장 4절: "길과 진리되신 주 할렐루야 우리 부활하였네 할렐루야 부활생명되시니 할렐루야 우리 부활하겠네 할렐루야 아멘."

8 참고. T. G. Allen, "Exaltation and Solidarity with Christ: Ephesians 1:20 and 2:6," *JSNT* 28 (1986), 103-120.

9 찬송가 167장 2절: "부활하신 주님 나타나시니 천지만물 모두 새 옷 입었네. 꽃은 만발하고 잎이 우거져 승리하신 주를 찬송하도다." 예수님의 부활로 만유는 이미 갱신 중이다(계 21:5).

나님과 생명의 연합(life-bond) 속에 살도록 성령님께서 묶으신다.

성도가 그리스도와 함께 살림 받고, 함께 일으킴 받고, 하늘에 함께 앉힌 것은 사랑(엡 3:18; 4:2, 15; 5:2)과 선한 일에 열심을 내는(엡 2:10) 새 사람(엡 2:15)이자 완전한 사람(엡 4:13)으로 자라가기 위함이다. 매년 그리고 매 주일 부활 생명을 축하하지만, 여전히 질병, 죄, 그리고 우리의 마지막 원수인 사망이 가져다주는 두려움과 싸워 승리해야 할 하늘에 앉힌 모든 이들에게 교회의 머리시며 신랑께서 주시는 현재적 부활의 권능과 기쁨이 회복되고 지속되기를 빈다. 분명한 사실은 하늘에 앉힌 자는 부활의 능력을 현시하는 새로운 걸작품으로서 모든 것(가난, 질병, 죽음 등)을 다스릴 수 있어야 한다는 점이다.

부활도 그리스도 완결적 곧 예수님의 부활이 주는 초시간적 은혜로 이해해야 한다. 예수님의 부활이 교회에게 주는 유익의 본질은 특정 시간에 제한되지 않으므로, 그것은 시공간을 초월하는 부활의 항시적 능력이다. 부활주일 무렵에 위치한 장애인의 날(4월 20일)에 부활의 의미를 접목시키면 어떨까? 부활주일 헌금을 장애인의 재활을 돕는데 사용하고, 미국처럼 장애인을 후원하기 위한 '부활절 씰'(Easter seals)을 도입하는 방안도 유의미하다.[10]

2.3. 승천일

예수님의 승천은 만유를 총괄갱신하기 시작한 시점이다(엡 1:10).[11] 여기

---

[10] www.easterseals.com. 참고로 하인리히 불링거(d. 1575)의 취리히교회는 1년에 세 절기 곧 성탄주일, 부활주일, 성령강림주일만 기념했다.

[11] K. Schilder, 『그리스도와 문화』(Christ and Culture, 손성은 역, 서울: 지평서원, 2017), 198.

서도 예수님 중심의 교회력은 시민력보다 우선하므로, 전자의 취지를 후자에 적용할 수 있다. 예를 들어, 부활주일 후 40일째 목요일에 맞이하는 승천일의 의의가 그 무렵에 위치한 스승의 주일에 어떻게 적용될 수 있는가? 엘리사가 벧엘에 갔을 때, 작은 아이들이 엘리사를 향해 대머리(φαλακρέ)라고 놀리며, '올라가라, 올라가라(aleh)고 외쳤다(왕하 2:23). '올라가라'는 말은 엘리야가 회오리바람을 타고 하늘로 올라갈 때(aleh) 사용된 단어이다(왕하 2:11). 따라서 벧엘의 아이들은 엘리사에게 엘리야처럼 승천해 보라고 놀린 것이다. 그 때 수풀에서 암곰 두 마리가 나와서 아이들 42명을 찢어 죽였다. 엘리사의 신체적 약점인 대머리를 가지고 놀렸기에 벧엘의 아이들이 죽은 것이 아니다. 엘리야의 승천의 뜻을 왜곡하고, 하나님께서 엘리사를 엘리야의 후계자로 삼으신 것을 무시했기 때문이다. 마찬가지로 우리 시대에 선지자 엘리야의 실체이신 예수님의 죽으심과 부활을 뒤 따르는 승천의 의미를 모른 체 조롱하고 비웃고 의심하는 사람들에게는 소망이 없다.

우리가 이 시대에 엘리야와 엘리사처럼 '이스라엘의 병거와 마병'으로서 승리하려면(왕하 2:12; 13:14) 예수님의 승천이 주는 여러 유익을 믿고 적용해야 한다. (1) 세상을 이기시고 승천하신 예수님은 만왕의 왕으로서 우리에게 힘을 주시고 세상을 갱신하시면서 통치하신다. 승천하심으로써 예수님은 시간과 공간을 초월하여 우리를 다스리시고, 간구할 때마다 임마누엘하신다. (2) 십자가에서 화목제물로 자신의 생명을 바치신 대제사장께서 하늘 보좌에서도 간구하신다. 승천하신 주님은 우리가 마병과 병거 곧 성령충만한 그리스도의 좋은 군사로 승리하도록 기도하신다. 이런 유익을 모른다면, "대머리여 올라가라!"라고 외치며, 엘리야의 승천의 성취인 예수님의 승천을 조롱하는 죄를 범할 수 있다. 특히 청소년의 급감 시대에 교회학교 교사들에게 승천의 유익이 넘치도록 노력하자.

2.4. 성령강림주일과 삼위일체주일

오순절에 120제자에게 부어진 성령님께서 외국어를 구사하는 은사를 120제자들에게 주심으로써, 바벨탑의 재앙 이후로 나누어진 언어의 장벽은 무너졌다(행 2:4). 이런 의미에서 하나님께서 사람의 단일 언어를 혼잡하게 만들어버리신 바벨탑 사건(창 11)은 '반(反) 오순절 사건'(anti-Pentecost)이다.[12] 모든 언어와 족속과 나라로부터 나오는 이들 모두는 어린 양을 찬양해야 마땅하다(계 7:9-10). 오순절 성령님의 강림으로써 세계 선교가 본격적인 궤도에 올랐다. 따라서 성령강림주일은 이웃의 외국인 유학생과 근로자들을 초청하여, 예수님의 사랑으로써 나그네를 환대하기 적합한 절기이다. 그리고 회중 가운데 외국인들이 그들의 모국어로 '하나님의 큰 일'을 찬양하도록 기회를 주는 것도 선교를 동력화하는 취지로 활용 가능하다(행 2:11). 베다니에 맛 집을 차려도 흥행했을 법한 섬기는데 일가견 있던 마르다와 같이(눅 10:40), 거류민들에게 소위 '밥 잘 사주는 예쁜 누나와 멋진 오빠'가 교회에 많아져야 한다. 글로벌 및 다문화 시대에 다중 문화를 체험한 이들은 세계 선교를 위해 귀하게 활동할 수 있다. 스스로 하늘에서 이 땅에 오신 나그네라고 밝히신(마 25:35) 예수님 안에서 더 이상 인종과 언어와 계층의 차이는 의미가 없어졌다(갈 3:28). 성경에서 외국인 혐오(xenophobia)가 아닌 외국인 사랑과 환대(xenophilia, xenodochia)의 예로는 룻기의 보아스와 모압 여인 룻의 결

---

12 참고. 유상현, "신약에 나타난 디아스포라, '하나님 경외자' 선교: 사도행전의 다중 문화인을 중심으로." 『선교와 신학』 16 (2005), 37-58.

혼, 누가복음 10장의 강도 만난 사람을 환대해 주었던 선한 사마리아인의 비유, 요한복음 4장의 예수님을 만나 구원을 얻은 사마리아 여인, 사도행전 8장의 이디오피아 내시를 전도한 빌립, 사도행전 10장의 백부장 고넬료를 전도한 베드로에게서 볼 수 있다.[13]

신약 성경 중에 누가복음과 사도행전은 예수님의 승천과 오순절의 성령강림을 가장 분명하게 언급한다(눅 24:51; 행 1:10-11; 2:1-3). 로마제국의 고위 관료였던 데오빌로는 황제가 아니라 승천하신 예수님이 참 왕이심과 온 세상이 승리하신 주님의 통치 하에 있음을 확신하게 된다(참고. 사 45:23; 요 8:28; 딤전 3:16; 벧전 3:22). 같은 맥락에서 바울은 승천하신 예수님께서 성령을 선물로 주셔서 만물을 충만케 하심을 선언한다(엡 4:7-11). 교회의 직분은 만물을 자신의 통치로 충만케 하시는 예수님의 계획을 그분의 재림 때까지 이루기 위해 존재한다(엡 4:12; 행 1:11; 살전 4:16-17).

그렇다면 교회는 어떻게 이 일에 수종들 수 있는가? (1) 크리스천은 성령님의 사랑을 받는 사람임을 알아야 한다. 성도는 약속의 성령으로 인침을 받아 자신이 성령에게 속함을 믿고, 구주 예수님을 믿어 마음에 부어진 큰 사랑을 받고 있음을 안다(롬 5:5; 고전 12:3; 엡 1:13). (2) 새 언약의 갱신으로써 성령의 열매를 맺어야 한다. 출애굽 후 약 50일 만에 시내산에서 언약을 체결했듯이(출 19:1), 유대인들에게 오순절은 언약 갱

---

13 J. A. du Rand, "How about the Biblical GPS on Our Way to Xenophilia instead of Xenophobia," in *Togetherness in South Africa*, ed. by J. A. du Rand, J. M. Vorster & N. Vorster (Cape Town: AOSIS, 2017), 107-136; K. Wehr, "The Pentecost Liturgy as a Call for Unity and Mission," *St Vladimir's Theological Quarterly* 59/2 (2015), 235-244.

신의 절기였다(참고. 희년서 1:1). 실제로 오순절 성령의 임하심은 시내산 언약을 연상시킨다. 불(출 19:1; 행 2:3) 그리고 소리(출 19:6; 행 2:2, 6). 무엇보다 교회는 주일 예배 때마다 성령의 충만함과 하나님의 현존의 실체를 누림으로써 언약을 갱신해야 한다(요 4:24). 그리고 성도는 주중에 사회 속에서 갱신된 새 언약을 강화시키는 삶으로써 복음을 매력적으로 장식해야 한다(딛 2:10). 보리가 아니라 밀의 첫 수확을 기념했던 오순절(칠칠절)에 걸맞게 성령님은 베드로의 설교를 통해 즉각 첫 열매를 추수하셨듯이(행 2:41),[14] 전도를 통하여 영적 추수는 계속 되어야 한다(참고. 시 126:5-6). (3) 시민력보다는 하나님 중심의 교회력을 풍성히 정립해야 한다. 예수님의 승천과 오순절 성령 강림, 그리고 초대 교회의 출범과 복음의 확장은 삼위 하나님의 협동 사역이다. 성령강림주일 그 다음 주일에 삼위일체주일을 지키는 이유가 여기 있다. 따라서 예수님 중심의 교회력의 전반기 축(築)은 고난주간-부활주일-승천일-성령강림주일을 거쳐 삼위일체주일로 정점(頂點)에 이르러 마무리 된다.[15]

---

[14] 한자에서 '맥'(麥)은 보리, 귀리, 밀 등을 가리킨다. 따라서 보리는 '대맥'(大麥), 밀은 '소맥'(小麥)이라 불린다. 그런데 출 23:16의 haqqasir(추수) hag(절기)는 '맥추절' 곧 보리 추수 절기가 아니라, '수확절' 혹은 '추수의 절기'(ἑορτή θερισμοῦ, feast of harvest, ESV, NIV, RSV)라고 번역해야 한다. 왜냐하면 오순절에 드린 곡물은 보리가 아니라 밀의 첫 소산물(the first fruits of the wheat harvest, NIV, ESV, NRS, RSV)이었기 때문이다(출 34:22). 이스라엘에서 니산월 곧 현대의 3-4월에 보리를 수확했고, 오순절이 속한 시완월 곧 현대의 5-6월에는 밀을 수확했다. 참고로 현대의 6-7월에 포도를, 7-8월에 올리브를, 8-9월에 대추야자와 여름 무화과를 수확했다. 장막절(ἑορτή σκηνῶν)이 속한 오늘날 9-10월에는 여름 과일을 감사 예물로 바쳤다. 적용 차원에서 볼 때, 수확절과 장막절의 정신을 살려, 도시화가 심화된 시대를 맞이한 현대 교회는 상반기와 하반기 감사절로 지킬 수 있다. 이 때 헌금 자체보다, 감사의 삶을 강조하고 약자를 구제하는 기회로 활용해야 한다(신 26:11). 위 내용은 김진규, "맥추절(hag haqqasir) 용어 번역 문제," 『성경원문연구』 43 (2018), 42-52에서 요약.

[15] 참고. J. A. Fitzmyer, "The Ascension of Christ and Pentecost," Theological Studies 45 (1984), 409-440.

2.5. 대강절

일부 교회는 대강절 4주 동안 변함없는 하나님의 사랑을 상징하는 둥근 모양의 푸른 나뭇잎 안에(Advent Wreath) 보라색 초 3개와 핑크색 초 1개(Advent Candles)를 켠다. 각각 '소망, 평화, 기쁨, 사랑'(HPJL)을 상징한다. 루터신학교 교회사 교수 M. J. Haemic에 의하면, 16세기 독일 루터교에서 대강절에 초를 점화하는 전통이 있었지만, 독일 개신교 목사 Johann Hinrich Wichern(1808-1881)이 1839년에 어린이 보호시설에 켠 초가 본격적인 시발점으로 보인다. 이 전통은 1920년대에 독일 로마 가톨릭에, 그리고 1930년대에 북미에 보급되었고, 최근에는 동방정교회도 수용했다. 그들은 예수님이 생명의 빛으로 오셔서 HPJL을 주심을 축하한다(요 1:5; 8:12; 계 22:16). 첫 번째 초는 '예언의 초'(Prophet's Candle)라 불리는데, 구약 예언자들이 세상의 새 창조와 갱신을 예언한데서 기인한다. 성탄절 전 날 혹은 성탄절에는 'Christ Candle'이라 불리는 승리를 상징하는 흰색 초를 켠다. 대강절 초가 미신적인 로마 가톨릭의 요소가 아니라 아디아포라에 속한다면, 성도가 세상의 빛 역할을 해야 함을 강조하는 시각적 예전 효과로 허용될 수 있다(마 5:14-15).[16]

대강절에 읽기 적절한 구약 본문은 시편 72편이다. 시편 72편을 통해 정치 및 환경적 함의도 살필 수 있다. '솔로몬의 시'(εἰς Σαλωμων)라 불

---

[16] 대강절의 초에 대한 성경 및 교리적 연구는 더 필요하다. 웨스트민스터 소교리문답 51문에서 밝히듯이, 말씀이 지시하지 않는 방식으로 예배하지 않도록 주의해야하기 때문이다. 참고로 남아공 개혁교회와 달리 화란 개혁교회(해방파, 기독개혁교회)의 경우 세상의 빛으로 오신 예수님을 대망하는 의미를 담아 흰색 초를 켠다. 이것을 한국에 도입하기 전에 회중이 대강절의 의미를 정확히 파악하여 공감대를 형성하는 게 필요하다. 대강절 초 자체에 집중하기보다, 그것을 통해서 전달하는 의미가 중요하기 때문이다.

리는 시편 72편은 제왕시(royal psalm)이자 메시아시(messianic psalm)이다. 문맥상 시 72편은 야웨의 공의를 찬양하는 바로 앞의 시(시 71:2, 19, 24)와 공의가 시행되지 않아 악인이 득세하는 신정론적 질문을 담은 뒤따르는 시(시 73) 사이에 위치한다. 그리고 제 2권을 마무리하는 시편 72편은 제 3권의 결론인 시편 89편과 하나님의 통치라는 주제에 있어 유사하다(특히 89:14).[17] 이스라엘의 이상적인 왕은 정의와 공의를 시행하는데(시 72:1-2), 약자를 신원한다(72:4, 12-14). 그 결과 평강이 임하고 (72:3, 7), 온 세상의 왕이신 야웨께서 열방이 복을 누리게 하셔서 영광을 받으신다(72:8-11, 18-19).

이스라엘 왕들의 실패는 이스라엘 백성들로 하여금 장차 이상적인 왕의 출현을 기대하도록 만들었을 것이다. 솔로몬보다 더 지혜로우신(마 12:42) 만왕의 왕(계 19:16)이신 예수 그리스도는 신실하시고 진실하시며 공의로 심판하신다(계 19:11). 왕이신 예수님은 공의로 다스리셔서 약자를 신원하시고 새 이스라엘 백성에게 평강을 주셔서(갈 6:16) 온 세상에서 찬양을 받으신다(계 5:12-13).

크리스천은 왕들로서(계 1:6) 대왕(大王)의 뜻을 겸손히 행하여 영광을 돌려야 한다(계 5:10). 성도는 대통령과 높은 지위에 있는 이들이 그리스도의 통치를 대행하도록 기도하고 협력해야 한다(딤전 2:2-3). 그들이 모든 국민을 아우르면서 공의롭고 정의롭게 다스리며, 억울한 자를 신원하며, 평화롭고 번성한 국가를 이루도록 기도하며 협력해야 한다.

한국의 경우 대기질이 악화되는 대강절 무렵에, 위정자들은 국민이 편

---

17 참고. 김태훈, "왕을 위한, 그리고 왕을 기다리는 기도," 『성경연구』 11/4 (2009), 1-19; J. Holland, "How I would use Messianic Prophecy in Advent," *Currents in Theology and Mission* 9 (1982), 359.

안히 숨 쉬도록 하여(ἀνάψυξις, 행 3:19) "이제 살겠다."(νῦν ζῶμεν, 살전 3:8)라고 말하도록 정책의 우선순위를 세워야 한다. 미세먼지와 무책임한 정치인을 원망하는데 머물지 말고, 성도는 대왕의 만유 갱신 사역에 적극 동참하지 못함을 회개해야 한다(계 21:5).

대강절은 노인신학(gerontological theology)에 대한 안목도 제공한다. 청소년이건 노인이건 누구나 개인의 종말을 향하고 있다. 노인은 교육을 더 이상 필요하지 않는 그룹이 아니다. 항상 개혁해 가는 교회의 원칙을 따라, 노인의 보수적, 고립적, 인습적 경향을 교회-사회 통합적 방향으로 개선하기 위한 교육이 필요하다. 오늘날 한계를 보이는 전통적 효 사상을 뛰어넘는 예수님 안에서 구현되어야 할 공동체적 인간관계의 친밀성이라는 효 개념도 필요하다. 세대 간의 상호존중이 필요한 이유 중 하나는 노인과 마찬가지로 젊은이도 절대적으로 독립적이거나 자율적이지 않기 때문이다. 하나님의 복음과 함께 진행되는 고령화는 '새로운 정상'(new normal)이며, 소망스런 종말을 향한다. 대강절에 종말이신 주님께서(계 1:8; 2:8) 어르신과 부모님에게 영육의 건강과 믿음과 평강을 주시길 기도하며 도와야 한다. 그리고 불가피한 신체적 노화에도 불구하고 청교도 리처드 박스터(1615-1691)가 소개하는 영웅다운(heroic) 노인에게서 기대할 수 있는 '영적 성장'의 여러 종류는 숙고할 가치가 있다. 그것들은 지혜와 판단력, 하나님과 거룩에 대한 갈망, 세속적 유혹을 깊이 거절함, 그리고 하나님을 붙잡고 그리스도를 신뢰함이다.[18]

---

18 참고. M. Hancock, "Aging as a Stage of the Heroic Pilgrimage of Faith: Some Literary and Theological Lenses for Re-Visioning Age," *Crux* 47/1 (2011), 77.

2.6. 성탄주일

AD 4세기에 무라(Myra; 참고. 행 27:5)의 주교 니콜라스는 교회력에 있
어 가장 영향력 있던 남자 성인이었다. 그는 약제사, 제빵사, 양조자, 뱃
사공 등의 후견인이었는데, 점차 선물을 주는 성인으로 추앙받았다. 이
에 맞춰 12세기에 성 니콜라스의 날 이브에 수녀는 어린이의 신발 안에
선물을 넣어주었는데, 요즘 말하는 산타클로스다. 교회 개혁 당시까지
성탄절은 중요한 로마 가톨릭의 절기이자 성인의 날(saint day)이었다.
1550년 성탄 주일에, 평소보다 많은 회중이 제네바 예배당에 모인 것을
본 칼빈은 로마 가톨릭의 미신에 사로잡힌 짐승 같은 회중을 질타했다.
파렐, 츠빙글리, 비레 등도 성탄 주일이 다른 주일보다 더 중요하다는 비
성경적 사상을 거부했고, 제네바시는 모든 성인의 날이나 축일을 폐지했
다. 이에 대해 웨스트민스터신앙고백도 동일한 입장이다. 하지만 덜 엄
격한 개혁가 루터는 칼빈과 달리 성탄절을 구출해내었는데, 그는 니콜라
스 성인으로부터 아기 예수님이 가지고 오신 특별한 선물로 주의를 환기
시켰다. 루터는 바로 이 선물을 기념하기 위해서 자녀에게 장난감과 초
코 케익을 선물로 주었고, 이 점에 있어 상인들은 칼빈보다 루터를 더 좋
아했다.[19]

성탄절에는 수직과 수평적 차원의 조화가 필요하다. 대강절 찬송(Ad-
vent songs)은 메시아께서 강림하셔서 주실 '출 바벨론–이스라엘의 회
복'이라는 정치적 뉘앙스가 적지 않지만(눅 2:25, 38), 성탄절 찬송(X-
mas songs)은 정치 1번지 예루살렘이 아닌 '베들레헴–마지막 아담이신

---

[19] 참고. www.patheos.com.

구유의 아기—동방박사들의 예물—죄 사함이라는 구원'(눅 1:77)과 같은 탈상황적인 내용 위주로 볼 수 있는가? 누가복음 1-2장의 마리아—사가랴—시므온의 찬송은 탈상황적이고 수직적 차원이므로 아기 예수님이 주신 통전적 구원을 배제하는가? 하지만 이런 성탄절 첫 찬송들은 마음이 교만한 부자 권세가들(눅 1:51-53)인 헬라화 된 헤롯 대왕과 팍스 로마나를 외치기 시작한 아우구스투스 치하에서 불려졌다. 성탄절 찬송은 다윗과 아브라함의 언약(눅 1:32, 73; 마 1:1)의 성취로 이방의 빛(눅 2:32)으로 오신 예수님의 영적(갈 4:4-7; 요일 3:8)—사회—정치—문화적인 통전적 구원을 노래해야 마땅하다.

참고로 유대인들이 12월 25일에 지키는 하누카(Hanukkah, 수전절[修殿節])는 시리아의 헬라왕 안티오커스 에피파네스를 무찌르고 마카비가 성전을 하늘의 하나님께 다시 봉헌한 것을 기념한다(참고. 요 10:22).[20] 하지만 하누카는 열심당적 유대인들이 헬라관습을 성전에 도입한 유대 기득권층을 무찌른 수평적인 유대 시민전쟁이라 볼 수 있다. 우리는 더 중요하고 우선적인 수직적 차원에 집중하다 통전성의 다른 측면인 수평적 차원을 놓치기 쉽다. 제국 종말론(imperial eschatology)에 따라 로마 황제가 주는 새 시대를 다양한 시민 행사로 축하했다면, 대왕 예수님이 주신 새 시대를 어떻게 통전적으로 축하할 수 있는지 지혜를 모아야 한다.

2.7. 주현절

주현절(the Feast of Epiphany)의 기원은 다소 불명확하다. 로마 가톨릭

---

[20] 현대 유대인들은 하누카 때, 매일 밤에 초 하나를 켜는데, 마지막 날에는 총 8개다. D. D. Runes (ed), *The Dictionary of Judaism* (New York: Citadel Press, 1987), 150.

은 '주님 공현(公現) 대축일', 성공회는 '공현절', 정교회는 '신년 대축일', '예수 세례 대축일', 혹은 '성삼위일체 대축일'이라 부른다. 215년 알렉산드리아의 클레멘트는 바실리데스를 중심으로 한 영지주의자들이 예수님의 세례 받으심을 기념하여 주현절을 지켰다고 보도하는데, 이것이 주현절에 관한 가장 오래된 기록이다. 4세기 시리아 교부 에브라임에 의하면, 초기교회의 3대 절기(주현절, 부활절, 승천일 혹은 성령강림절) 가운데 주현절은 가장 장엄하고 성대하게 지켜졌다. 4세기 암브로스가 목회했던 밀란교회는 주현절에 세례 지원자의 등록을 받고, 부활절에 세례를 시행했다. 4세기 말에 성탄절이 확산되자, 성탄절과 주현절은 완전히 분리되었다.

대개 주현절은 동방교회가 요단강에서 예수님이 세례 받으심으로써 하나님의 아들로서 세상에 나타나심을 기념한데서 유래한 절기로 이해한다. 죄 없으신 하나님의 아들 예수님께서 세례 받으심으로써, 죄인을 구원하러 사람으로 오신 진리를 보여주셨다(사 42:1; 렘 32:20; 마 3:17). 전통적으로 주현절은 1월 6일에 지켰으나, 1월 1일 후 첫째 주일에 지키기도 한다. 그레고리안력 대신 율리우스력을 따르는 동방교회는 1월 19일에 지킨다. 동방교회와 달리 서방교회는 동방박사들이 아기 예수님을 방문한 것을 기념하는데, 예수님이 이방인들의 빛 되신 구주로 나타나심을 기념한다. 동방교회의 전통을 따라 주현절을 예수님의 세례와 연결하면, 세례요한이 외친 회개 그리고 예수님의 흥하심(요 3:30)을 이 절기에 강조하면 된다. 서방교회 전통처럼 주현절을 동방 박사들이 아기 예수님을 알현하고 예물을 드린 것을 기념한다면(사 60:1-6), 빛이신 예수님께 드릴 그리스도인들의 삶의 헌신을 강조하면 된다. 주현절은 '빛의 날'이라 불리기도 하는데, 고전 헬라어에서 ἐπιφάνεια(나타남)는 어둠을 뚫고 새벽이 도래함, 혹은 신이 예배자에게 나타남이라는 의미를 가진다(참고. 딤후 1:10). 사도 요한에 의하면, 세상의 빛으로 오신 성육하신 예수님은 보이지 않는 하나님을 '주해'하신다(ἐξηγήσατο; 요 1:18).

주현절은 아디아포라에 속하는데(롬 14:5), 독생자 예수님 안에 구주 하나님께서 나타나심을 주현절 예배로 기념하기도 한다. 참고로 21세기 찬송가에 주현절 찬송은 총4곡이지만, 주현절의 의미를 잘 드러내는데 한계가 있다(130-133장; 참고. 98장 3절의 '빛의 길 가게하소서'). 그리고 '크리스마스 오라토리오'는 성탄일과 주현절에 활용하도록 의도된 작품이다.[21]

2.8. 기타 절기들

2.8.1. 송구영신과 신년예배

나팔절은 히브리어로 로쉬(rosh, 머리) 하 샤나(ha shanah, 년)라고 불리는데, 초하루와 보름날에 나팔(sowpar)을 불어 순례해야 할 축제의 날임을 알렸다(참고. 레 23:23-25; 시 81:3).[22] 나팔절을 티쉬리월(7월) 1일 곧 새해 첫날에 지켰는데, 이스라엘 백성은 회집하여 제사를 드렸고 안식했다. 이 시기는 1년 추수를 마치고 이른 비가 내리기 시작할 무렵

---

21 이 글은 김정, "주현절의 기원과 다양한 신학적 함축들," 『신학논단』 75 (2014), 55, 61; 박해정, "생명의 주기: 강림절에서 주현절까지," 『신학과 세계』 83 (2015), 109-111, 129; 이천진, "주현절에 부르는 찬송: 〈다 나와 찬송 부르세〉," 『기독교사상』 662 (2014), 170; 이화병, "바흐의 〈크리스마스 오라트리오〉 대본 연구: 교회력에 의한 성탄절과 주현절 음악," 『서양음악학』 12/1 (2009), 14에서 요약함.

22 A. Berlin and M. Z. Brettler (ed), *The Jewish Study Bible* (Oxford: Oxford University Press, 2014), 2031. 참고로 지금도 유대인들은 나팔절에 창조와 창조주를 기억하는 날(day of memorial)로 지킨다. 그리고 이 날은 대속죄일(Yom Kippur)을 마감하는 참회의 10일의 첫 날이다. Runes (ed), *The Dictionary of Judaism*, 176.

이다. 나팔절 다음에, 7월 10일의 대속죄일과 7월 15-22일의 초막절이 이어진다(레 23:26-32, 33-44). 유월절이 출애굽한 이스라엘 1세대에게는 신년 초하루였다면(출 12:2), 가나안 땅에 정착한 이스라엘에게는 나팔절이 바로 그 날이다.**23** 제사장은 나팔절에 나팔을 불어 절기를 알리고, 이스라엘 백성은 1년 추수를 기대하며 안식했다. 그런데 구약의 신년 절기인 나팔절과 신약의 송구영신이나 신년예배 사이의 뚜렷한 관련성을 찾기는 쉽지 않다.

추수감사주일이 지나면,**24** 교회력 상 성탄절까지 대강절이 시작된다. 예수님께서 사람으로 오심은 종말 곧 새 시대의 시작을 알렸다(히 1:2). 태초부터 계셨던 예수님이 말세에 나타나심은 만유를 갱신하기 위함이므로, 말세는 죄로 물든 옛 것의 끝이자 새 창조의 긴 기간이다(히 9:26). 대강절은 새 피조물인 성도(고후 5:17)가 그리스도를 닮은 회복된 하나님의 형상을 세상에 드러내어 선교적 교회로 살겠다고 다짐하는 기간이다. 이를 위해 새 창조의 소망을 지닌 선교적 교회는 죄 고백과 실천적인 회개에 힘써야 한다. 따라서 성탄의 은혜를 대강절 내내 기다렸다가 12월 25일에서야 단 하루 누릴 이유는 없으며, 1월 1일에만 송구영신했다

---

23 참고. Berlin and Brettler, *The Jewish Study Bible*, 116, 252. 참고로 신년 절기에 야웨의 왕되심도 기념했다.

24 구약 장막절(수장절, 출 34:22; 신 16:13-17)에 가까운 신약 교회의 절기는 11월 셋째 주일의 추수감사절이다. 이 절기는 미국에 정착한 이들이 1621년에 드린 첫 수확의 감사로부터 영향을 많이 받았다. 1789년 11월 26일에 미국은 추수감사일을 국경일로 지정했고, 1941년부터 11월 넷째 목요일부터 주일까지 추수감사절기로 지키고 있다. 한국에서는 1921년에 장로교와 감리교연합협의회가 추수감사일을 11월 둘째 주일 후 수요일로 정한 바 있다. 한국 실정을 고려하여, 추석 전후 혹은 11월 첫째 주일을 추수감사절로 지키는 교회도 있다. 신약 교회가 구약 장막절의 의미를 고려한다면, 성령의 장막이 되어 감사함으로써 이웃을 구제하며 영적 추수에 힘써야 한다(요 7:27-39; 계 7:13-17). 김정숙, "한민족의 정서로 표현되는 감사절," 『새가정』 11월호 (2013), 17.

가 1월 2일부터 12월 31일까지 옛 삶을 다시 살 이유도 없다.[25]

　신약 시대에 새 날은 1월 1일에 국한되지 않고, 새 창조자이신 예수님 안에 있는 모든 시간이다(고후 5:17). 성탄절은 물론, 크리스천이 세례 받고 성찬에 참여한 날도 새 날이다. 그리고 매 주일도 새 날이어야 한다. 그리고 성도가 예수님 안에서 살며 매일 새날을 맞이하고 송구영신 하려면, 날마다 죄에 대해 죽어야 한다(롬 6:11). 예수님의 재림을 알리는 천사장의 마지막 나팔 소리가 들릴때 까지(살전 4:16-17), 그리스도인은 새 피조물(엡 2:15)로 살도록 노력해야 한다. 이를 위해 주님께서 우리에게 주신 복과 추수 열매를 기억하면서, 매 순간 불평과 근심대신 감사하며 기뻐하기로 작정해야 한다. 그리고 성도는 이 세상 나라가 예수 그리스도의 나라가 되도록 새 노래를 부르며 살아야 한다(계 11:15).

2.8.2. 종교개혁기념주일

개혁교회는 종교개혁기념주일을 교회와 교회, 교회와 신학교가 협력하여 연합하는 날로 지킨다. 성경을 표준으로 하여 개혁된 교회는 계속 개혁해 가야 하는데, 이 날에 비성경적 신학이나 신앙행태에 대해서 개혁 신학과 신앙을 재천명할 수 있다.

2.8.3. 환경주일

미세먼지가 일상의 위협 요소가 된 상황에서도 예배 중에 환경을 파괴한 범죄에 대한 회개를 찾아보기 어렵다. 예배 중에 그리스도인은 완전했던 첫 창조의 상태를 회상하면서, 문화명령을 곡해하여 환경을 파괴한 범죄

---

25 참고. F. W. Schmidt, "Recovering the Divine Narrative: Advent, Eschatology, and the Preacher," *Journal for Preachers* 38/1 (2014), 15.

와 무관심의 죄에 대한 애가로 시작해야 한다. 그 다음에야 예수님의 새 창조 사역에 동참하는 환경의 청지기로서의 사명을 송영으로 확인할 수 있다.

1970년 4월 22일부터 지구의 날(Earth day)이 매년 기념되어 오고 있다. 하지만 경제 개발 우선주의로 인해 지구의 날은 수 십 년 동안 별의미가 없었다. 지구는 창조주 하나님의 은혜가 드러나는 극장(theatre of grace)과 같다. 썩어짐의 종노릇에서 해방되기를 원하는 생태계(롬 8:21)와 사람은 지구 공동체(Earth community)를 이룬다. 차 윈도우에 내려 앉은 먼지는 그리스도인에게 피부에 와 닿는 환경윤리를 실천하라고 외친다. 그리고 주님의 부활과 새 창조의 복음은 교회에게 피조계의 회복을 위한 실질적인 노력을 촉구한다(계 21:5).

2.8.4. 광복기념주일

크리스천은 죄와 어둠과 사망에서의 광복 뿐 아니라, 일제로부터의 광복도 기념할 수 있다. 하나님은 구체적인 세상 역사 속에서 자신의 구원 사역을 펼치시기 때문이다. 복음은 장소와 시간을 초월하기에, 설령 일본 크리스천이 광복기념주일을 지키더라도 불편하지 않는 방식으로 예배를 디자인해야 한다.

나오면서

이상의 논의를 도표로 요약하여, 1년 동안 교회가 시행할 수 있는 교회력 및 시민력 절기는 다음과 같다.

월	절기	교회론적 의미	준비 사항과 목적
4	부활절	유월절의 성취로서 부활하신 예수님 덕분에 구원을 얻고 죽음을 이기는 성도	성찬식(참고, 눅 24:30) 플래카드: "주님 부활, 우리 부활" 부활절 씰, 장애인 초청, 예전은 흰색(부활절 1주 전에 종려주일 [호산나주일]도 가능)
5	승천절	만왕의 왕이신 예수님의 통치를 받는 성도	성찬식 부활주일 후 39일되는 수요기도회를 승천축하 및 감사예배로 활용
5	성령강림절	칠칠절의 성취로서 성령의 전으로서 성령의 열매를 맺음	이웃초청주일에 이웃의 외국인을 초청
5–6	삼위일체주일	삼위일체 하나님과 사랑, 은혜, 교제를 누리는 성도	삼위일체에 대한 교리와 적용을 교육하는 기회, 이단 예방의 기회
11–12	대강절	통전적 구원과 의를 주시는 왕 예수님의 방문을 기대하는 성도	대강절 초 4개 준비 선교적 교회를 소개
12	성탄절	주와 구주이신 예수님의 첫째와 둘째 오심을 준비하는 성도	성찬식, 예전은 흰색 이웃 구제의 기회로 활용
6	환경주일	환경의 날(6월 5일) 전후로 크리스천의 생태 영성과 생태 책무를 강조함	환경 보호를 위한 실천 사항을 소개하고 교육하는 기회
10월 혹은 11월	추수감사 주일	장막절의 성취와 추수에 대한 감사	성찬식과 이웃 구제

예수님 중심의 교회력은 시민력보다 우선적이어야 할 뿐 아니라, 교회력이 시민력에 참된 의미를 부여해야 한다. 특히 시민력이 집중된 가정의 달의 설교는 신약 성경의 가정 규례와 자녀의 신앙교육에 대한 통찰력을 반영할 필요가 있다.[26]

---

26 B. J. Bauman-Martin, "Women on the Edge: New Perspectives on Women in the Petrine Haustafel," *JBL* 123/2 (2004), 253–79; A. Reinis, "Catechism and Querelles des Femmes (1556–1689): Lutheran Haustafel Sermons as Contributions to the Debate about Women," *Lutherjahrbuch* 79 (2012), 193–94, 208; B. J. L. Peerbolte and L. Groenendijk, "Family Discourse, Identity Formation, and the Education of Children in Earliest Christianity," *Annali di Storia dell'esegesi* 33/1 (2016), 147–48.

권기현. 『예배 중에 찾아오시는 우리 하나님: 성경적인 공예배에 관한 몇 가지 묵상』. 경산: RnF, 2019.

김 정. "주현절의 기원과 다양한 신학적 함축들." 『신학논단』 75 (2014): 47-75.

김정숙. "한민족의 정서로 표현되는 감사절." 『새가정』 11월호 (2013): 15-19.

김진규. "맥추절(hag haqqasir) 용어 번역 문제." 『성경원문연구』 43 (2018): 40-57.

김태훈. "왕을 위한, 그리고 왕을 기다리는 기도." 『성경연구』 11/4 (2009): 1-19.

대한예수교장로회총회 헌법개정위원회 (ed). 『헌법』. 서울: 대한예수교장로회 총회 출판국, 2011.

박해정. "생명의 주기: 강림절에서 주현절까지." 『신학과 세계』 83 (2015): 100-133.

유상현. "신약에 나타난 디아스포라, '하나님 경외자' 선교: 사도행전의 다중 문화인을 중심으로." 『선교와 신학』 16 (2005): 37-58.

이기업. "동방교회와 서방교회에서 성탄절 사이클의 절기들에 대한 고찰." 『한국교회와 역사』 5 (2011): 82-114.

이천진. "주현절에 부르는 찬송: 〈다 나와 찬송 부르세〉." 『기독교사상』 662 (2014): 168-179.

이화병. "바흐의 〈크리스마스 오라트리오〉 대본 연구: 교회력에 의한 성탄절과 주현절 음악." 『서양음악학』 12/1 (2009): 11-39.

Abegg Jr., M. G. "Calendars, Jewish." In *Dictionary of New Testament Background*. Edited by C. A. Evans and S. E. Porter. Leicester: IVP, 2000: 180-183.

Allen, T. G. "Exaltation and Solidarity with Christ: Ephesians 1:20 and 2:6." *JSNT* 28 (1986): 103-120.

Bercot, D. W. (ed). *A Dictionary of Early Christian Beliefs*. Peabody: Hendrickson Publishers, 1998.

Berlin, A. and Brettler, M. Z. (ed). *The Jewish Study Bible*. Oxford: Oxford University Press, 2014.

Chapell, B. 『그리스도 중심적 예배』. *Letting the Gospel shape Our Practice*. 윤석인 역. 서울: 부흥과 개혁사, 2011.

Cilliers, J. H. "Liturgie as Spel: 'N Besinning oor die Nie-Funksionaliteit van die Erediens." *NGTT* 49/3 (2008): 40-48.

Du Rand, J. A. "Die Christelike Hoop: 'N Bybelse Eskatologiese Belydenis?" *In die Skriflig* 48/1 (2014): 1-8.

_____. "How about the Biblical GPS on Our Way to Xenophilia instead of Xenophobia." In *Togetherness in South Africa*. Edited by J. A. du Rand, J. M. Vorster & N. Vorster. Cape Town: AOSIS, 2017: 107-136.

Fitzmyer, J. A. "The Ascension of Christ and Pentecost." *Theological Studies* 45 (1984): 409-440.

Holland, J. "How I would use Messianic Prophecy in Advent." *Currents in Theology and Mission* 9 (1982): 354-359.

Johnson, C. V. "Inculturating the Easter feast in Southeast Australia." *Worship* 78/2 (2004): 98-117.

Runes, D. D. (ed). *The Dictionary of Judaism*. New York: Citadel Press, 1987.

Schmidt, F. W. "Recovering the Divine Narrative: Advent, Eschatology, and the Preacher." *Journal for Preachers* 38/1 (2014): 10-18.

Schilder, K. 『그리스도와 문화』. *Christ and Culture*. 손성은 역. 서울: 지평서원, 2017.

Strong, P. "Christ alone: Redeeming of Youth Ministry." *In die Skriflig* 48/1 (2014): 1-9.

The Worship Sourcebook. Grand Rapids: Calvin Institute of Christian Worship, 2004.

Wehr, K. "The Pentecost Liturgy as a Call for Unity and Mission." *St Vladimir's Theological Quarterly* 59/2 (2015): 235-244.

절기의 의미와 개혁교회의 절기 이해

/

윤 석 준

들어가면서

통상적으로 우리네 현실을 감안해 볼 때, 절기를 이해하는 입장이 다양하고 더군다나 지금의 한국교회가 통상 지키고 있는 절기들의 현실 내에서는 고대로부터 교회가 전통적으로 가져왔던 '그리스도 중심적' 절기와는 매우 동떨어진 절기들이 교회 안에 이미 존재하고 있는 상황이기 때문에 절기에 대한 입장을 간단하게 정리하는 것은 매우 어렵다.

하지만 성경과 교회역사가 강조하고 있는 절기의 바람직한 성격을 고찰해 보는 일은 매우 유익할 것이다. 뿐만 아니라 비록 지금 우리가 가진 상황과는 다르더라도 성경과 교회역사가 원래 가지고 있었던 절기에 대한 건전한 배움은 이후 바람직한 변화를 꾀해 볼 수 있는 원동력이 될 수 있으리라 생각한다.

본 글에서는 첫째 부분에서 '절기 자체'를 생각해 본 후에, 둘째 부분에서는 교회사 속에서 절기가 어떤 방향으로 성립되고 진행되어왔는가를 살피려 한다. 제목에 '개혁교회의 절기 이해'가 포함되어 있지만, 사실은 첫째 부분과 둘째 부분을 다 정리하고 나면 개혁파가 가지고 있는 절기 이해는 자연스럽게 떠오르게 될 것이다.

1. 절기 이해: 절기란 그리스도의 사역을 달력 위에 투영하여 보여주는 것

1.1. 절기를 지키는 일의 기초를 놓기 위해: 갈라디아서

먼저, 절기 이해를 위해 가장 중요한 성경 본문을 먼저 정리하도록 하자.

> 갈 4:10-11 "너희가 날과 달과 절기와 해를 삼가 지키니 내가 너희를 위하여 수고한 것이 헛될까 두려워하노라"
> ("삼가 지키다"[παρατηρέω]는 "주의 깊게 관찰하다"라는 의미를 가진 단어로, 여기에서 현재 중간태로 사용된 것을 더글러스 무는 "너희가 지금 막 지키려고 한다는 것을 보여준다."[1]라고 하고, 리처드 N. 롱에네커는 "받아들이는 과정에 있었음의 증거로 들어짐이 명백한 것 같다."[2]라고 설명한다. 이런 해석들을 토대로 생각해 볼 때 갈라디아 교회들은 유대교의 율법, 절기들을 거짓교사들의 유혹 때문에 복음의 본질로 받아들이기 시작한 지점에 있었다고 볼 수 있다.)

---

[1] Douglas J. Moo, 『갈라디아서』(Galatians. BECNT, 최원용 역, 서울: 부흥과개혁사, 2013), 368.

[2] Richard N. Longenecker, 『갈라디아서』(Galatians. WBC, 이덕신 역, 서울: 솔로몬, 2003), 454.

갈라디아서는 바울의 새 관점학파의 문제로 대두된 성경 본문들을 가지고 있는데, 여기서 새 관점에 대해 논할 필요는 없지만 새 관점이 문제 제기를 하고 있는 중요한 요점이 여기 포함되어 있기 때문에 유념할 필요는 있다.

새 관점 학파들의 논점의 시작을 논하면서 김세윤은 제임스 던의 견해를 비판하며 시작하는데,[3] 이 부분을 보면 제임스 던과 같은 새관점 학파들은 갈라디아서 2장 12절과 13절, 그러니까 베드로가 이방인들과 함께 식사를 하다가 두려워하여 물러난 사건을 가지고,[4] 본문이 이 사건을 단순히 윤리적 혹은 도덕적 행동, 또는 교회의 건덕에 위배가 되는 행동 정도로 말하지 않고, "저희가 복음의 진리를 따라 바로 행하지 아니함" 이라고 말한 것을 논의의 핵심으로 둔다. 즉 단순히 율법적 행동으로 보이는 일을 따르지 않은 것이 왜 복음 진리에 본질적인 위배가 되는지를 문제 삼는 것이다. 그래서 새 관점 학파들은 여기에서 출발하여 전통적 칭의 교리 자체를 문제 삼는다. 유대교가 행위로 구원을 얻는 종교가 아니라고(언약적 신율주의) 결론을 내린 것이다.[5]

이와 유사한 문제가 방금 읽은 본문에도 있다. 갈라디아서 4:10-11은 "날과 달과 해와 절기를 지키는 것"에 대해서 말하고 있는데, 이는 대부분의 주석들이 인정하고 있듯 '유대교가 당시 가지고 있었던 여러 율법

---

3 김세윤, 『바울 신학과 새 관점』(서울: 두란노아카데미, 2002).
4 갈 2:12-14 "야고보에게서 온 어떤 이들이 이르기 전에 게바가 이방인과 함께 먹다가 그들이 오매 그가 할례자들을 두려워하여 떠나 물러가매 남은 유대인들도 그와 같이 외식하므로 바나바도 그들의 외식에 유혹되었느니라. 그러므로 나는 그들이 복음의 진리를 따라 바르게 행하지 아니함을 보고 모든 자 앞에서 게바에게 이르되 네가 유대인으로서 이방인을 따르고 유대인답게 살지 아니하면서 어찌하여 억지로 이방인을 유대인답게 살게 하려느냐 하였노라."
5 새 관점의 시작이 되는 E. P. 샌더스의 책이 번역되어 있다. 『예수와 유대교』(고양: 크리스찬다이제스트, 2008). 이외에도 새 관점을 대중화하는데 큰 기여를 한 톰 라이트의 책은 아주 많이 출판되어 있다.

의 절기들'을 말하는 것이다. 그렇게 볼 때 바울 사도는 분명하게 이렇게 말하고 있는 것이다. "너희가 복음을 받아들인 자들로서 절기를 지금도 지키는 것은 복음 진리에 위배되는 것이다."

즉 사도는 "날과 달과 절기와 해를 삼가 지키는 것"을 "이제 복음이 있으니까 이래도 좋고 저래도 좋다"는 식으로 말하지 않고, "내가 너희를 위하여 수고한 것", 즉 사도가 복음을 전해주었던 일을 "헛되게 만들까" 두려워한다고 말하고 있는 것이다. 이는 아주 심각한 문제 제기인데, 말하자면 율법적으로 절기를 지키는 일은 복음을 파괴할 수 있다는 이야기이다. 우리가 날과 달과 절기, 즉 이런 외형적인 것들을 어떻게 지키는가에 따라서, 때로는 복음 진리를 파괴할 수 있다고 성경이 말하고 있는 것은 간단히 생각해서는 안 되는 문제이다.

성경신학적 주제를 간단히 말하자면, 구약의 '그림자'(나 모형)들은 신약에서 '실체'가 온 후에도 계속해서 그림자를 붙들고 있으면 안 된다. 예를 들어, 안식교나 하나님의 교회가 이단인 이유는 단순하게 '예배를 토요일에 드려서'가 아니라, 예수 그리스도께서 오심으로 구약의 그림자들을 모두 성취했음에도 불구하고 지금도 여전히 그 그림자(나 모형)을 준수하려 하기 때문이다. 즉, 우리가 별반 생각 없이 구약의 절기들을 그대로 지키려 하는 것에는(심지어는 단순히 절기 뿐 아니라 구약 성경에 나오는 여러 규정들까지도) 큰 위험성이 도사리고 있는 것이다.

문맥 안에서도 이 사실은 유효한데, 뒤에 이어지는 내용을 보면 사도는 4장의 뒷부분에서 아브라함의 아내 사라와 하갈을 예시로 들면서 하갈을 '율법', 그의 아들 이스마엘을 "율법에서 난 소생", "종으로 난 자", 그래서 이는 "시내 산 혹은 예루살렘"이라고 하고(24절, 25절), 반면 사라는 "위에 있는 예루살렘"이라고 하면서 그의 아들 이삭과 복음을 전수

받은 "우리"가 율법으로 벗어나 참된 복음을 받은 참 약속의 아들들임을 선언하고 있다. 즉 앞서 "날과 달과 절기와 해를 삼가 지키는 것"은 여전히 율법 안에, 구약의 법 안에 머무는 것으로서, **단지 취사 선택의 문제가 아니라 복음이 오게 된 새 시대를 저버리고 여전히 구약 안에 머무는 것**으로 보았다는 것이다.

이런 점에서 우리가 항상 주의해야 하는 것은 **'날이 날로' 성취되지 않는다는 것**을 성경신학적 안목 안에서 잘 알아야 한다는 점이다. 기독교회는 언제나 구약의 요소들이 항상 '그리스도께' 성취되었다는 것을 믿어 왔다. 예를 들어 구약의 건물 성전은 신약의 새로운 '건물로' 성취되는 것이 아니라 '그리스도께' 성취된다(요 2:21, "성전 된 자기 육체를 가리켜 말씀하신 것이라"). 구약의 '안식일'은 신약의 새로운 날인 '주일로' 성취되는 것이 아니라, '그리스도께' 성취된다(눅 6:5, 칼빈 선생님은 그래서 안식일이 주일에 성취된 것이 아니라는 점을 강조하기 위해 '그리스도 안에 들어온 성도는 매일이 안식일'이라고 하였다. 우리가 주일에 날을 정해 모이는 것은 단지 '예배를 위해 특정한 날을 정한 것'으로 이해했다). 이와 마찬가지로 구약의 모든 눈에 보이는 의식, 건물, 예배, 절기들은 모두 그리스도께 성취된다. 이 사실을 분명하게 이해해야만 절기에 대한 첫 걸음을 뗄 수 있다.

그러므로 우리가 갈라디아서 4장의 말씀을 진지하게 받아들이는 것은 쉽게 말하자면 **'절기의 본래 의미를 진지하게 생각해 보자는 것'**이 된다. 왜냐하면 우리는 '모든 성경이' 그리스도께 성취되었기 때문에, 구약의 모든 내용의 진정한 성취는 언제나 예수 그리스도시라는 것을 알기 때문이다. 당연히 절기 또한 '그리스도께' 성취된다.

구약의 모든 절기가 예수 그리스도를 겨냥/지향하고 있다는 것을 깨달으면 신약 시대에 와서 절기가 무엇에 초점을 맞춰 이해되어야 할지는 매우 선명해진다. 이것 없이 절기를 이해한다면 절기는 그냥 '행사로서의 교회의 축제일' 외 아무것도 아니게 될 것이다.

따라서 비록 현금의 우리들이 절기의 구속적 의미들을 다 잘 알지 못하고, 또 그런 전통들을 우리 선배들로부터 잘 물려받지 못하였다고 하더라도, 언제나 참된 의미들을 새롭게 배워 전진하는 일은 의미 있는 일이 될 것이다.

절기를 이렇게 이해하기 위하여 먼저 구약의 절기, 혹은 날/달/년 중에서 '안식에 관한 가르침'이 어떻게 그리스도께로 연결되는지 그 예를 하나 살펴보고, 거기에 덧붙여 이후 교회 역사 속에서 절기의 핵심이 되는 부활절과 성령강림절이 어떻게 구약 성경과 연결이 되는 것인지를 살피도록 하자.

1.2. 구약 절기 이해의 예로서 안식의 절기들 : 안식과 관련된 절기들(안식일, 안식년, 희년)

날, 달, 혹은 년에 대한 구약의 여러 가지 예들은 앞서 말한 대로 모두 그리스도를 투사하기 위한 것이지만(이뿐 아니라 여러 제사, 행위의 법들, 옷을 입는 복식이나 건물들, 심지어 사람들이 지키는 레위기적 여러 행위 규정들까지 사실은 모두 그리스도를 투사한다), 이것을 전부 다룰 수는 없기 때문에 대표적 예로 '안식'과 관련된 성경의 세 규정 혹은 절기인 '안식일', '안식년', '희년'을 살펴보도록 하겠다.[6] '안식'은 기본적으로 구

---

[6] '안식일'의 참된 의미에 관하여는 Walter Brueggemann, 『안식일은 저항이다』(Sabbath as Resistance, 박규태 역, 서울: 복있는 사람, 2015)를, 안식일이 주일인지에 관한 논의로서 학문적으로 상세히 정리한 것은 양용의, 『예수와 안식일 그리고 주일』(서울: 이레서원, 2000)을 참고할 것.

속사 전체를 관통하는 주제다.

1) 하나님의 세계 창조의 목적지, 창조의 종착점이 '안식'이다. "하나님이 그가 하시던 일을 일곱째 날에 마치시니"(창 2:2, 창조는 여섯째 날이 아니라 일곱째 날에 마쳐진다), 하나님은 '안식'을 지으심으로 세계 창조를 마치셨다.

2) 세상이 죄의 궁극적 심판으로서 노아 홍수를 맞았을 때 교회인 노아는 세상에 '안식을 주는 자'로 나타난다(노아라는 이름은 '안식'이라는 의미인 히브리어 '누아흐'에서 왔다).

3) 이스라엘이 죄악 세계를 표상하는 애굽을 떠나 가나안 땅을 차지할 때, 그들에게 상징적으로 안식이 임한다. "이제는 너희 하나님 여호와께서 이미 말씀하신 대로 너희 형제에게 **안식을 주셨으니**"(수 22장, 가나안 땅을 모두 분배하고 난 후에), 수 23:1 "여호와께서 이스라엘의 사방 대적을 다 멸하시고 **안식을 이스라엘에게 주신 지** 오랜 후에 여호수아가 나이 많아 늙은지라."

4) 여호수아의 시대가 땅 분배의 완료를 통한 안식이라면, 왕국 시대에는 실제 땅을 차지하고 하나님의 나라로서의 국가를 형성하였기 때문에 가시적으로 안식이 임한다; 왕상 4:25 "솔로몬이 사는 동안에 유다와 이스라엘이 단에서부터 브엘세바에 이르기까지 각기 포도나무 아래와 무화과나무 아래에서 평안히 살았더라"(포도나무와 무화과나무 아래 앉는 것은 구약 성경에서 안식이 임하였음을 보여주는 관용적 표현. cf. 미 4:4; 슥 3:10. 유명한 "무화과나무 잎이 마르고"의 합 3:17이나 사 34:4, 렘 8:13, 호 2:12, 욜 1:7,12, 암 4:9 등은 반대 정황으로서, 포도나무와 무화과나무가 마르고 사라지는 것은 심판으로 안식이 박탈당하는 상황을

말하는 것이다. "평안히 살았더라"에는 문자적으로 '안식'이라는 말이 등장하지 않지만 유사한 의미이다).

따라서 오실 그리스도는 안식을 이루시는 주체로 선포된다.

1) 히 4:8이하. "만일 여호수아가 저희에게 안식을 주었더면 그 후에 다른 날을 말씀하지 아니하셨으리라. 그런즉 **안식할 때**가 하나님의 백성에게 남아 있도다 …… 그러므로 우리에게 큰 대제사장이 있으니 승천하신 자 곧 하나님 아들 예수시라. 우리가 믿는 도리를 굳게 잡을지어다."

2) 마 11:28 "수고하고 무거운 짐진 자들아 다 내게로 오라 내가 너희를 **쉬게(안식하게)** 하리라."
   이 말씀과 연결된 12장에서 예수님은 자신을 "인자는 안식일의 주인이니라."(마12:8)라고 말씀하신다.

3) 예수님은 이사야의 한 구절을 읽으신 후에 "이 글이 오늘날 너희 귀에 응하였느니라"(눅 4:21)라고 말씀하셨는데, 이 때 읽으신 이사야의 구절은 '희년'을 설명하는 구절이다. "…… 주의 **은혜의 해(희년)**를 전파하게 하려 하심이라"(눅 4:19).

즉, 우리가 성경을 전체적으로 살펴보게 되면, 구약을 관통하고 있는 안식의 주제, 곧 안식을 표하는 날과 절기들은 사실은 **그리스도께서 자기 백성들에게 주시는 참된 안식을 표현하기 위하여 하나님께서 구약 시대에 모형적으로(그림책과 같이) 주신 것**이다. 따라서 진정한 안식이신 그리스도께서 오신다면 이 날과 달과 절기의 의미들은 '성취된 그리스도 안에서' 찾아야지, 해당의 날들에서 찾으면 안 된다. 이것이 앞에서 살핀 갈라디아서의 "날과 달과 해를 삼가 지키니"의 참 의미이다.

안식년과 희년의 규례 역시 마찬가지이다. 레위기 25장에 안식년과 희년의 규례가 나오는데, 간단히 요약해 보자.

1) 4-5절. 곡물을 파종하지도 말고 추수하지도 말 것

이유는 6-7절에 나온다. "안식년의 소출은 너희의 먹을 것이니 너와 네 남종과 여종과 네 품군과 너와 함께 거하는 객과 네 육축과 네 땅에 있는 들짐승들이 다 그 소산으로 식물을 삼을지니라."

안식년의 파종과 추수 금지의 이유는 '노력하지 않고 얻는 수확'을 맛보게 하기 위해서이다. 이것은 창세기 3장에서 주어진 **땀이 흘러야만 식물을 먹을 수 있는' 죄에 대한 심판이 풀려지는 것**이다. 말하자면 안식년은 땀이 흐르지 않고도 식물을 먹을 수 있는 기간이다.

2) 이것은 가나안 땅에 대한 규례에서도 나타난다. 가나안 땅이 애굽 땅과 다른 점은 애굽 땅은 사람이 노력해야 소득을 주는 땅인데 반해 가나안 땅은 **하늘에서 내리는 비, 곧 하나님의 은혜로서만 살 수 있는 땅**이기 때문이다; 신 11:10-12 "네가 들어가 얻으려 하는 땅은 네가 나온 애굽 땅과 같지 아니하니, 거기서는 너희가 파종한 후에 발로 물 대기를 채소밭에 댐과 같이 하였거니와, 너희가 건너가서 얻을 땅은 산과 골짜기가 있어서 하늘에서 내리는 비를 흡수하는(히. 쇠타, 마시다) 땅이요, 네 하나님 여호와께서 권고하시는 땅이라……"

3) 이어지는 희년에 대한 규례를 보면 희년에는 대표적인 규례로서 '종을 풀어주는 것'(그리고 땅을 돌려주는 것)이 있다. 원래 이스라엘에는

종이 있을 수 없으나 혹 경제적 문제로 종이 되었더라도 희년이 되면 모든 것이 리셋된다. 종은 풀려나고 땅은 원 주인에게 돌아간다. 제아무리 안식을 박탈당한 상황일지라도 희년만 되면 처음부터 다시 시작할 수 있게 되는 것이다. 이 '종으로부터의 자유'는 두말할 것 없이 예수 그리스도께 성취되는 것이다.

이런 날과 달과 절기의 예를 통해 우리는 구약의 절기들, 구약의 날들이 단 한 지점, 곧 그리스도께로 집중되고 있다는 사실을 쉽게 알 수 있다.

1.3. 구약 절기 이해의 예로서 유월절, 오순절(칠칠절)이 어떻게 그리스도의 죽으심/부활, 성령강림과 연결되는가?

뒤에서 교회 역사를 다루면서 살피겠지만, 교회는 신약 교회로 접어들게 되면서 구약의 절기들이 그리스도에 수렴된 뒤, 이제 **그리스도 자체를 핵심으로 기념하게 되는 두 절기, 곧 부활절과 성령강림절을 기념하는 방향으로 흘러가게** 된다.

그렇다면 이 때 핵심이 되는 두 절기인 부활절과 성령강림절이 어떻게 **구약의 절기에서 '이미' 드러나 있었는지**를 이해하는 것이 중요해진다. 이것을 상세히 다루려면 성경신학적인 긴 논의가 필요하지만 본 글에서는 짧고 간결하게 구약의 핵심 절기들이 어떻게 그리스도께 연결되는지만을 살필 것이므로, 유해무 교수의 경건회 설교 한 부분, 그리고 그 설교의 모체가 되는 『개혁교의학』의 일부를 발췌하는 것으로 전체 설명을 대신하도록 하겠다.

* 참고 : 유해무, 고려신학대학원 경건회 설교, "성령이 오셨네"(2001년 6월 5일) 중에서

"유월절에는 첫 곡식을 하나님께 바쳤다면 유월절에는 첫 곡식으로 대변되는 프로토토코스 그 첫 열매 유월절 첫 열매로 상징되어지는 예수 그리스도가 첫 곡식을 바치듯이 하나님께 당신을 제물로 바쳤다면 이 오순절에는 이제 이것으로 추수를 하고 이 추수한 곡식으로 첫 떡을 만들어서 하나님께 떡을 진설하는 그 행사가 50일째 이루어졌는데 이것이 우리식으로 말하자면 맥추감사절입니다. 바로 성령께서 한 알의 곡식이 떨어져서 수많은 열매를 맺게 되는 그것을 상징적으로 노출시키고 증거한 그날이 바로 오순절 성령강림 사건인 것입니다.

또 다른 측면에서 성령께서는 바로 그 첫 열매를 가지고서 빵을 만들어 주리고 목마른 이 세상에 있는 모든 불쌍한 자들에게 주리고 목마른 자들에게 바로 첫 열매를 가지고서 떡을 만들어 나눠주시는 이 큰 이벤트가 바로 성령강림절입니다……부활하신 주님께서는 천하 각국에서 바로 이 오순절을 지키기 위해서 율법을 따라서 구약의 관례를 따라서 성전을 중심으로 오순절을 지키려고 한 이들을 이용하여 모였을 때에 완전한 성취, 유월절을 성취하셨던 바로 그분이 유월절을 폐하시고 이와 같은 진실하고 다양한 행사가 일어날 수 있는 이것들을 성취시키심으로 이것들을 폐지시키시려고 성령님이 오시도록 보내신 것입니다.……한국교회는 부활도 그렇고 성령강림절도 그렇고 바로 이것이 주류기독교의 중심에 서있는 기독교냐는 것입니다. 세계 교회사의 주류적 흐름안에 있는 공교회적인 틀을 갖춘 교회냐는 거죠. 그렇지 못하다는 겁니다. 카리스마틱 무브먼트만 독점하는, 오순절 교회만이 독점하는 것이 성령강림절이 아닙니다. 바라기는 여러분이 목회할 때 성탄절에 버금가는, 아니 성탄절에 이상하는, 순복음교회가 성령강림절을 지키는 것보다 더 열심히 장래 목회자가 될 여러분들이 성령강림절 지킬 것을 여러분들에게 나는 진심으로 호소합니다."

이 설교의 주제가 유해무 교수의 『개혁교의학』에 설명되어 있다.

"따라서 우리는 오순절 성령강림을 구원역사적으로 이해해야 한다. 그 배경은 다음 두 가지이다. 이스라엘은 첫 유월절 이후 50일째 되는 날에 시내산에서 율법을 받았다. 하나님은 그 법, 특히 십계명과 더불어 당신의 백성 중에 거처를 정하셨다. 이것은 '언약의 축제'이다. 이런 임재가 시대를 넘어서 오순절 예루살렘에서 성취되었다. 둘째로 구약 시대에는 이 오순절이 수확의 절기였다(출 23:16; 레 23:16이하; 민 28:16). 유월절에 첫 곡식이 주께 바쳐졌다면 오순절에는 새로 수확한 밀로 만든 떡 두 개를 야웨께 성소에다 진설했다. 마치 들판에서 익은 첫 곡식처럼 유월절 어린양 그리스도가 당신의 사역을 십자가와 부활로 완성하신 것을, 이제는 성령이 오셔서 그것을 빵으로 만들어서 주리고 목마른 자들에게 나누어 주시고 적용하시려는 절기와 신호가 오순절이다."[7]

이런 내용들을 배우는 일을 통해 우리가 우선 발견하게 되는 것은, 우리네 교회 생활의 전반적인 '절기'에 대한 이해가 이렇게 **기독론적', '구속**

---

7   유해무, 『개혁교의학』 (서울: 크리스챤다이제스트, 1997), 414.

사적'이지 않다는 것이다. 많은 교회가, 많은 교역자들과 성도들이, 절기를 단지 ceremony나 celebration의 측면에서만 생각한다. 무언가 독특한 축제나 잔치로서의 절기, '평소와 다른 날'이라는 개념으로서 절기를 접하는 것이다.

우리가 절기를 제대로 이해하게 되면, 구약의 절기라는 것은 사실은 큰 렌즈에 비춰볼 때, **장차 오시게 될 그리스도의 구속의 사역의 특성이 어떤 것인지를 보여주시기 위하여 구약 역사라는 넓고 큰 도화지에 하나님께서 큰 그림을 그리신 것**과 같다. 하나님께서는 인류가 타락한 이후, 그리스도를 보내서서 구원하실 것을 미리 계획하신 후, 사실은 이후의 모든 구약 역사 전체에 그리스도께서 사람들을 어떻게 구원하실지를 여러 가지 방법을 통해 그려 놓으신 것이다.

그런데 만약 우리가 이런 내용들을 등한시하고, 구약 성경과 절기를 볼 때, 그리스도의 구속은 하나도 보지 않고 단순하게 개인적인 적용에 용이한 것들, 사람의 감정선에 잘 맞춰지는 것들, 사회생활에서의 처세술이나 인생의 지혜나 진리를 얻을 수 있는 방편들로만 성경을 사용한다면, 구속 역사를 통해서 이 큰 구원을 베푸신 하나님을 하나도 발견하지 못하게 될 것이다.

이것을 절기와 연관시켜 조금 더 국한시켜 말하자면, 우리는 절기를 통해서 '그리스도를' 발견해야 하지, 단지 '조금 더 특별한 어떤 날들'을 발견해서는 곤란하다는 것이다. 교회가 절기를 지키고 이행할 때는 언제나 이 원칙, 곧 '그리스도가 이 절기 속에 나타나는가?'라는 점에 좀 더 관심과 정성을 기울여야 하는 것이다.

2. 교회사 속에서의 절기 : 절기가 어떤 방향으로 형성되었으며 우리는 이 것을 어떻게 이해해야 하는가?

이제 이 절기들을 교회사 속에서 교회가 어떻게 이해했으며 또 변천/발전되어가는지를 살펴보는 일을 통해 절기에 대한 조금 더 진전된 이해를 얻어보도록 하자. 교회사 속에서의 절기 이해와 그 변화상에 관하여는 주로 필립 샤프의 교회사(1-3권)를 참고하였다.

2.1. 신약 교회의 시작 시기의 절기

샤프에 의하면 사도 시대에 이미 연례 절기가 시작되었음이 암시되고 있다.

> "제 2세기의 보편적이고 일관된 관습에 비추어 볼 때, 서신서들에 실린 몇몇 암시들(고전 5:7,8; 16:8; 행 18:21; 20:6,16)을 근거로 **그 리스도의 죽음과 부활, 그리고 성령 강림을 기념하는** 연례 절기들 이 사도 시대부터 시작되었다고 추론할 수 있다."[8]

위 문장에서 알 수 있는 중요한 사실이 두 가지가 있다.

1) 첫째, 고대 교회의 성도들은 절기를 항상 '**그리스도의 죽으심과 부활,**

---

[8] Philip Schaff, 『교회사 전집 : 제 1권, 사도적 기독교』(History of the Christian church 1, 이길상 역, 고양: 크리스챤다이제스트, 2004), 383. 이후 교회사 전집은 권과 페이지만 표시함.

성령강림'과 결부지어 생각했다는 것이다. 오늘날 우리들이 절기에 대해 갖는 이해가 '기념일적 측면' 혹은 '교회의 연중 행사적 측면'이 강한 반면 고대 교회의 성도들에게 절기라는 것은 기본적으로 **그리스도의 사역을 연중의 달력 속에 투영하는 것**, 특히 그 중에서도 주요한 세 사건, 그리스도의 죽으심, 부활, 그리고 성령강림이었다.

> "교회력의 독특성은 예수 그리스도의 인격과 사역에 중심을 두고 그분의 영광을 높이는 데 목표를 두는 데 있다. **원래 그 개념은 복음 역사의 주된 사건을 한 해의 주기로 표현하는 것**이었다. 그리스도의 탄생과 수난과 부활을 기념하고, 성령이 부어지신 사건을 기념함으로써 감사와 경배의 심정을 환기시키려는 것이었다……**교회력은 이를테면 연대기로써 표명하는 신앙고백이라고 할 수 있다.** 그것은 위대한 구원 사건들의 감동적인 파노라마이며, 그리스도인들을 위해 연출된 복음의 드라마이다. 교회력은 신앙의 모든 주요 조항에 대해 교회 예배 가운데 일정한 자리를 매기며, 기독교 교리가 균형을 잃고 괴상한 방향으로 나가지 않고 온전함과 건실함을 유지하도록 유도한다."[9]

이는 교회의 시작 지점에서부터 교회가 절기를 무엇으로 이해했는지를 정확하게 보여준다. 교회가 절기를 만들고 지켜 나가게 된 배후에는 다른 것이 있지 않고 오직 이것이 있었을 따름이다. '그리스도의 죽음과 부활, 성령강림을 기념하는 것'

---

9 Philip Schaff, 3권, 357.

2) 그리고 둘째, 고대 교회의 절기에 대해 살펴보면 축이 되는 두 절기가 우리 생각과는 좀 다르다는 것을 발견하게 된다. 만약 오늘날 우리에게 그리스도의 결정적 사역을 축으로 해서 '두 절기'를 말하라고 한다면, 대부분 '성탄'과 '부활'을 생각할 것이다. 그러나 교회의 시작 지점에서 주력이 되는 두 절기에 성탄은 없었다. 왜냐하면 신약교회의 첫 성도들에게 '예수님께서 언제 태어나셨는지'는 관심의 대상이 아니었기 때문이다.

실제로 교회 역사의 상당 시간이 흐르기까지 교회는 예수님께서 언제 태어나셨는지에는 관심이 없었고, 따라서 성탄절의 날짜 역시 알 수 없었다. 성탄절은 초기에는 1월이었다가[10] 상당한 시간이 흐른 후에야 12월로 변경되었다. 성탄절이 제대로 지켜지기 시작한 것은 4세기에 접어들어 콘스탄틴 황제가 기독교를 국교로 삼으면서, 기독교의 절기를 (세속문화와 결합하여) 대규모의 축제와 혼합하면서였다.

따라서 우리는 교회가 원래 가졌던 큰 축으로서의 두 절기가 '성탄-부활'의 축이 아니라 '부활[11]-성령강림'의 축이었다는 것을 교회사를 통해 발견하게 된다.

"십자가에 달렸다가 부활하시고 교회에 살아 계신 그리스도가 초대 그리스도인들이 가장 골똘히 생각한 대상이었다. 이 생각이 매주 일요일을 안식일로 지키는 것으로 표출되었듯이, 구약의 두 가지 가장 큰 전형적인 절기가(유월절과 오순절-칠칠절-을 말한다-필자 주) 기독교의 부활절과 성령강림절로 전환된 것은 지극히 자연스러

---

10 이 말에는 혼선이 있을 수 있는데, 성탄절 날짜가 1월이었던 것은 주현절과의 결합 때문이다. 주현절이 1월 6일이었다.
11 '부활' 안에는 '그리스도의 죽으심'이 포함된다.

운 결과였다."**12**

그러므로 고대교회의 초창기에 절기는 기본적으로 둘이었다. "엄밀히 말하자면 니케아 이전 교회가 지킨 절기는 두 가지였다."**13** 곧 그리스도의 죽으심과 부활을 드러내는 부활절, 그리고 그 그리스도께서 성령을 보내셔서 교회를 설립하신 오순절(성령강림절)이다. 그리스도의 죽으심과 부활이 연결되어 있는, 유월절로부터 부활절까지 연결되는 이 절기는 "교회의 가장 오래되고 가장 중요한 절기임에 틀림없으며, 비록 날짜와 금식 기간에 관해서는 견해 차이가 있긴 했어도 1세기, 혹은 아무리 늦어도 그 절기를 보편적으로 지키던 2세기 중반까지는 거슬러 올라가 그 유래를 찾을 수 있다." **14**

2.2. 기독교의 공인과 절기의 본격화

2세기와 3세기는 많은 핍박의 시기였으므로, 교회는 살아남는 데 총력을 기울였다. 따라서 교회 역사에서 이 시기는 위대한 교부들도 적고, 설교의 내용도 이후와 매우 다르다. 이후의 교부들에게서 신학이 풍성하다면 이 시기에는 단순하고, 기독교인의 삶에 대한 가르침의 글들이 대부분이다.

실제 신학이 꽃핀 시기, 교회의 생활과 문화가 정착하게 된 시기는 4세기, 콘스탄틴이 기독교를 공인하고 나서부터이다. 교회가 안정을 찾

---

12 Philip Schaff, 1권, 383.
13 Philip Schaff, 2권, 202.
14 Philip Schaff, 2권, 203.

으면서 신학이 발전하기 시작했고, 따라서 당연하게도 절기나 교회력(교회력은 4세기 기독교 공인 이후에 등장함[15])의 문제에 대한 이해도 점차 자라나기 시작했다. 따라서 신약 시대의 초창기에는 단순하게 그리스도의 부활과 성령의 강림만을 기념하던 것들이 이제 시간이 지나면서 본격적으로 절기로, 교회력으로 자리매김을 하기 시작하게 되는 것이다.

여기부터는 이제 각각의 절기들로 나누어, 이 절기들이 교회사 속에서 어떤 식으로 자리를 잡고 변천의 과정을 겪게 되었는지를 살펴보도록 하겠다.

2.3. 부활절: 기독교의 유월절

그리스도의 고난과 죽으심, 그리고 부활은 기독교의 가장 중요한 뼈대가 되면서 연쇄적으로 일어난 사건이다. 초창기의 교회는 절기를 '그리스도의 구속 사역'을 날들에 투영하는 것으로 이해하였는데, 이 때 중요한 첫 번째 축이 바로 그리스도의 죽으심과 부활을 나타내는 절기였다. 그리고 '죽으심'과 '부활'은 이어서 일어나는 일이었기 때문에, 교회는 항상 이 둘을 연결하여 생각하였다.

> "그리스도의 죽으심을 기념하는 날을 가리켜 파스카 스타우로시몬(pascha staurosimon)이라 불렀다. 부활을 기념하는 날은 파스카 아나스타시몬(pascha anastasimon), 그리고 후에는 부활절(Easter)이라고 불렀다. 전자는 슬픈 금요일에 해당하고, 후자는 기쁜 주일

---

15 "4세기 이후에는 연례 종교 축일들을 고정된 주기로 표기한 교회력이 등장한다." 필립 샤프, 3권, 356.

에 해당하는 날로서, 두 큰 사건을 기념하는 주간의 거룩한 날들이었다."16

테르툴리아누스의 기록에 의하면 2세기 말과 3세기 초에 이미 부활을 기념하는 날이 하루 이상이었음을 볼 수 있고, 2세기 후반 사람이었던 사르디스 교회의 감독 멜리토가 한 부활절 설교를 보면 그 당시 이미 부활절을 기념하는 일이 있었음을 알 수 있다.17 그런데 시간이 지나면서 두 그룹이 발생한다.

1) 한편은 **부활절을 여전히 유월절처럼 생각한 그룹**이다. 이들은 유대인 달력에 따라 니산월 14일이 되는 날 금식하는 것으로 기독교의 유월절을 지켰나. 이편에 속한 이들은 주로 소아시아의 그리스도인들로서, 이들은 니산월 14일에서 15일로 넘어가는 날에 성찬을 거행함으로 그리스도의 마지막 만찬을 기념했다.18 이들은 14일을 지켰다고 해서 "14일파"라고 불렸다.19 당연히 '날짜'에 기초한 절기였기 때문에 요일이 해마다 달랐다.

2) 다른 한편은 **유대인들의 유월절 날짜에 부활절을 지키는 것을 반대**하고 그 날짜에서 더 연기하여 부활절을 축하하기로, 곧 **주일에 부활절을 기념하기로** 한 쪽이다. 이 의견이 주로 로마교회가 가졌던 의견이다. 이때 정해진 날짜는 봄의 첫 번째 만월 직후, 첫째 주일이었다.20 소아시아

---

16 Philip Schaff, 2권, 203.
17 K. Deddens, "Especially on the Day of Rest," *Clarion* 35 (1986), No. 11,.237-238.
18 Philip Schaff, 2권, 205.
19 Philip Schaff, 2권, 206.
20 K. Deddens, "Especially on the Day of Rest, 237-238."

를 제외한 거의 모든 교회들이 이 관습에 동의했으며, 주일에 부활을 지키는 것에 가장 큰 역점을 두었다.

두 관습의 문제는 고대 당시, 한 지역에서는(소아시아지역) 주일 전에 14일이 되면(14일파의 기념은 '요일'이 아니고 '날짜'이기 때문에 주일과 상관이 없다) 금식이 다 끝나고 부활을 기뻐하는 반면, 다른 지역에서는 (로마와 기타 지역) 주일이 되어서야 부활을 기념하기 때문에 그 전에는 금식을 하고 있었다는 것이었다. 즉 한편의 교회에서는 부활을 축하하고 있는데 같은 시간대에 다른 편에서는 슬퍼하면서 금식을 하고 있는 일이 일어남으로써 교회는 곤란을 겪었던 것이다.

이 차이는 고대 교회에 부활절 날짜를 주제로 하는 논쟁을 낳았는데, 둘의 차이는 사실 '주의 죽으심을 강조하느냐'(14일파), '주의 부활을 강조하느냐'(로마와 기타지역)의 문제라 할 수 있다. 시간이 지나면서 결국 로마쪽 의견으로 기울어지게 되고, 나중에는 결국 동방에서도 로마의 견해를 따라 부활절을 지키게 된다. 주후 325년의 니케아 공의회에서 이 문제가 다루어지고 결국 부활절은 **'춘분(3월 21일) 이후 첫 만월 다음에 오는 첫 일요일'**로 결정되었다. 이 방식에 따르면 부활절은 빠르면 3월 22일에서 늦으면 4월 25일에 오게 된다. 이것이 오늘날에도 부활절을 결정하는 방식이다.

2.4. 성탄절(그리고 주현절)

"이 두 절기가(부활절과 오순절—필자 주) 교회력의 핵심이다. 이보다 덜 중요한 절기로는 주현절, 곧 그리스도께서 메시야로 나타나심을 기념하는 절기가 있었다. 4세기에 성탄절이 과거의 두 주요 절기에 추가되면서 이전의 주현절을 부분적으로 대신하게 되었으며, 이후로는 주현절이 그리스도께서 이방인들 가운데 나타나신 일만을 기념하게 되었다.……그러므로 이때부터 세 가지 대(大) 절기, 즉 성탄절과 부활절과 오순절의 주기가 자리를 잡게 된 셈이다.……각 절기가 그리스도의 구속 사역의 세 단계, 즉 준비 단계와 실행 단계와 완성 단계를 나타내는 그리스도론적 성격을 지닌다."[21]

주현절은 통상 '그리스도께서 육체로 나타나신 일'을 기념하는 날이다(나타날 現, 영어로는 Epiphany, 출현/현현). 공현절(공식적으로 나타난 날)이라고 하는 데도 있고, 로마 가톨릭에서는 '주님 공현 대축일'이라고 부른다.

처음에 주현절은 그리스도께서 요단강에서 세례를 받으심으로써 공적으로 자신을 나타낸 일을 기념하는 날이었다. 따라서 교회 역사에서는 처음에 이 날이 그분의 탄생과 세례를 동시에 기념하는 절기였다. 대체로 1월 6일에 지켰고, 지금도 정교회, 성공회, 로마교회 등에서는 성대하게 지키고 있다.

4세기 이전에는 성탄의 역할을 주현절이 대신했기 때문에 성탄에 대한 기록이나 흔적이 거의 없다. 성탄은 4세기 중반 이후 나타난다. 그리고 성탄절은 아마도 "이교 로마에서 해마다 12월에 보편적 자유와 평등이 성행할 황금기를 기념하고, 정복되지 않는 태양을 기리는 축일들이자, 특히 노예들과 어린이들에게 큰 인기가 있었던 공휴일들—사투르날리아, 시길라리아, 유베날리아, 브루말리아—을 기독교식으로 변형하거

---

21 Philip Schaff, 3권, 358.

나 개조한 것인 듯"²²하다. 성탄절에 "어린아이들과 가난한 사람들에게 선물을 준다거나, 촛불을 밝힌다거나, 성탄절 나무를 세우는 등의 관습들이 생기게 된 것"²³의 이유가 바로 여기에 있다.²⁴ 성탄절 나무에 관하여는 라은성 교수가 따로 하나 글을 더 썼는데, 각주의 내용을 참고하면 될 것이다.²⁵

* 참고: 성탄절이 12월 25일이 되게 된 이유

동방교회는 1월 6일을 '예수 공현 축일'로 오랫동안 지켜왔다. 그런데 서방세계에서는 약 336년 이후, 12월 25일을 성탄절이라고 생각하게 되었

---

22 Philip Schaff, 3권, 365.
23 Philip Schaff, 3권, 365.
24 라은성 교수의 글을 참고하라. "성탄절이란 단어 자체도 '그리스도의 미사'(Christ's Mass)를 의미하는 것으로 그리스도를 사제와 희생으로 동시에 보는 것이다. 또 성탄절의 그림이나 조각은 대체적으로 아기 예수님과 마리아가 함께 만들어져있다. 성탄절에 마치 마리아와 예수님을 함께 숭배하는 것을 전제로 하는 듯하다. 둘째, 성탄절 나무를 상록수를 사용하는데 이것은 다산이나 성적 능력을 갖추거나 행운을 가져다주는 이교적 풍습으로서 나무 장식품들은 마치 여성들을 의미하는 듯하다. 셋째, 겨우살이(mistletoe) 잔가지는 고대 켈틱 드루이드교(Druids)에서 유래되었는데 하늘에서 내려온 잔가지에 입을 맞추므로 하나님과 사람 사이를 화해시킨다. 넷째, 산타클로즈는 그리스도를 대신하여 성탄절의 대표적 상징이 되었다. 본래 산타클로즈는 4세기 소아시아의 미라(Myra)의 감독 니콜라스(Nikolaas)를 일컫는다. 이집트 신 베스(Bes)에 따르면 북극에 살고 있는데 어린이들을 위해 선물을 나눠준다고 한다. 화란에서는 그를 '신터 클라스'(Sinter Klass)라 불렀다. 다섯째, 성탄 전날이라 불리는 '유울'(Yule)은 '유아'를 의미했다. 앵글로 색슨족들이 기독교화 되기 전에 '유울'의 날, 즉 '유아의 날'을 지켰다. 그 전날은 '모친의 날'이라 불렀다. 이것이 지금에 와서는 성탄 전날이라 불리게 되었던 것이다. 여섯째, 촛불은 고대 바벨론 사람들이 신들을 섬기기 위해 행했던 것이다. 탁자 중앙에 촛불을 세우고 성탄절 아침이 될 때까지 밝힌다. 동방박사 세 사람들이 선물을 가지고 온 것처럼 선물들을 주고받았다."
(http://blog.daum.net/holylandpeople/725840).
25 "어린 소나무를 잘라 못으로 고정하여 가정에 세우는 축제의 기원은 역사가 알렉산더 히슬롭(Alexander Hislop)이 쓴 The Two Babylons(두 바벨론)의 97페이지에서 이렇게 말하고 있

다. 원래 이 날은 이교도의 축제일이었다. 로마에서 12월 25일은 "정복되지 않는 태양의 날"이었고, 태양신을 숭배하던 종교가 로마제국 전역에 퍼져 있었으므로 여기에 기독교적 옷이 입혀진 것이다.

그리고 여기에 이 날을 정당화하기 위한 이론이 덧입혀진다. 이 날이 그리스도의 탄생의 날이라고 여겨지게 된 정황은, (그리스도 오신 이후 300년이 넘게 지났으므로 원래 전혀 알 수 없었지만) 온갖 상상과 추측 때문이다. 3월 25일은 로마에서 봄이 시작되는 날이고 세상 창조의 날짜였기 때문에, 사람들은 그 날이 마리아에게 수태를 알린 날이라고 추측했다. 그리고 바로 그 날(생명의 날이므로), 주님께서 부활하신 날이라고 추측했다. 그리고 그 부활의 날이 또한 그리스도께서 정확히 30년 전에 잉태되신 날이라고 생각했다. 그래서 역산하여 마리아가 9개월 동안의 임신 기간을 가졌다고 생각했기 때문에 3월부터 9개월 후엔 12월, 정확

다. "성탄절 나무는 이교 로마와 이교 이집트에서 널리 알려진 풍습에서 나온 것입니다. 이집트에서는 야자나무나 종려나무와 로마에서는 전나무에 관한 풍습이 있습니다. 야자나무는 바알타마르(Baal-Tamar)로서 인식되어지는 이교 메시야(Pagan Messiah)를 의미하며 전나무는 바알베리트(Baal-Berith)를 의미합니다. 태양의 신이며 중재적인 신적임무를 가진 아도니스(Adonis)의 모친이 나무로 변한다고 합니다. 그 나무는 신성을 지닌 아들을 낳는다고 했습니다. 모친이 나무라면 아들은 '가지인 아들'(Man the branch)이 되는 셈입니다. 이런 모든 풍습은 크리스마스 전날 밤에 때는 굵은 장작 유골로그(Yule Log)에서 다음날 성탄절 나무로 변한다고 전해졌습니다." 성탄절 나무를 로마에서 사용했을까? 전나무는 독일인들, 유럽인들, 그리고 미국인들 가운데 여전히 사용되고 있습니다. 98페이지에서 다시 이렇게 설명한다. "성탄절 나무는 로마에 이르러 위와는 조금 다른 의미로 사용되었는데 야자나무에 담겨진 의미가 이제 성탄절 전나무로 바뀌어졌습니다. 새로 태어난 하나님을 '바알 베리트'(Baal-Berith)를 상징했습니다. 즉 '언약의 주'를 의미했습니다. 그래서 그분의 영속적이고 영원한 성품을 부여했습니다. 12월 25일 로마에서는 지상에서 일어나는 승리의 신의 날로 준수되었습니다. 그래서 '정복당하지 않는 태양의 출생'(Natalis invicti solis)의 날로 준수되었습니다. 이제 '유골로그'가 태양의 신 니믈롯(Nimrod)의 죽은 나무였지만 적들에 의해 절단되어 성탄절 나무, 즉 니믈롯이 재생한 것입니다. 성탄절 나무는 이교적 기원을 가진 것입니다."(http://blog.daum.net/holylandpeople/1267641).

하게 12월 25일에 주님께서 태어나셨다고 상상한 것이다.[26]

하지만 분명한 사실은, 이 날이 태양신 숭배일이면서 큰 축제였던 날이었기 때문에 여기 기독교적 옷을 입힌 것일 뿐이고, Deddens 교수는 13세기 시리아 본문에서 다음의 사실을 발췌하여 말하고 있다.

"교부들이 1월 6일이던 축일을 12월 25일로 바꾼 이유는 이런 것이다. 이방인들이 12월 25일에 태양신의 생일을 축하하여 그 날에 밝은 등불을 비추었다. 이방인들은 또한 기독교인들로 하여금 즐거움과 볼거리가 가득한 이 날에 참여하게 했다. 교회의 교사들은 기독교인들이 이 축제에 유혹을 당하고 있음을 알았기 때문에, 경계하여서 이 12월 25일을 앞으로 진정한 태양이신 예수 그리스도의 탄생일을 기념하는 절기가 되게 했고 1월 6일은 주현절이 되게 했다."[27]

2.4.1. 종교개혁자들과 이후 청교도들의 성탄절 이해

종교개혁자들과 개혁교회들은 모든 절기들의 완성이 '주일'에 있다고 생각했다. 따라서 개혁자들은 거의 빈 날이 없을 정도로 축일과 성자들의 날들로 가득했던 중세의 달력들도 개혁하였다. 이런 면에서 절기의 대표랄 수 있던 성탄절의 개혁은 개혁자들에게는 아주 중요한 것이었다.

예를 들면, 1520년에 루터는 단번에 모든 축제일들을 없애버리기를 원했다.[28] 칼빈 또한 1536년에 제네바에 도착했을 때, **'주의 날이 유일한**

---

26 K. Deddens, "Especially on the Day of Rest, 237-238.

27 K. Deddens, "Especially on the Day of Rest", Clarion, vol.35, No.12 (1986): 263-264.

28 N. H. Gootjes, "Celebrating Christmas", Clarion, vol.49, Year End ver (2000): 561-562.

절기의 날'이라는 것을 개혁의 초기부터 강조하였다. 함께 제네바의 개혁자였던 파렐과 비레도 어떤 인간적인 제도를 인정하는 것을 좋아하지 않았고 오직 주의 날만을 존중했다. 칼빈은 성탄절 대신 그 전 주일에 성탄 설교를 할 것을 권고했다.[29] 제네바에서 방종주의자들이 칼빈과 파렐을 쫓아낸 이유 중 하나도 기독교 축제일을 없앤 것이 연관이 있으며, 방종주의자들은 의회를 장악한 후 곧바로 네 개의 절기를(성탄절, 할례의 날, 마리아가 천사의 소식을 들은 날, 승천일) 다시 지키도록 결정했고 이 날은 일하지 못하도록 했지만, 후에 칼빈이 다시 복귀하면서 다시 이것들을 모두 폐지했다.[30]

네덜란드에서는 1574년 도르트에서 열린 총회에서 **"성도들은 오직 주의 날만으로 만족해야 한다."**라고 결정하며 성탄절을 폐지할 것을 결정했다.[31] 총회는 성탄절 전 주일에 그리스도의 탄생과 관련하여 설교, 부활절 주일에 부활에 관하여 설교, 성령 강림 주일에는 성령에 관하여 설교하는 것을 권고했으며, 이 때 개혁파 교회들에서 강조되는 사실은 '절기들을 주일보다 지나치게 생각하지 않는 것'이었다.

절기에 대한 개혁교회들의 결정은 이후 시민들과, 특히 정부에 의해 반발을 겪게 된다. 즉 시민들과 정부들은 교회의 결정에 반대하여 주일과 구별되는 절기들을 유지하려 했던 것이다. 결국 이들의 반발 때문에 교회는 어쩔 수 없이 바로 그 다음 총회에서(1578년 총회) 이 절기의 날들에 설교가 행해져야 한다는 결정을 내리게 된다. Deddens 교수의 표현에 따르면 이절기를 지키는 일은 교회가 "마지못해" 내린 결정으로, 주

---

29 N. H. Gootjes, "Celebrating Christmas", 561–562.
30 임경근, "성탄절의 기원과 역사", 개혁정론, 2014. 12. 8(http://reformedjr.com/board02/696).
31 N. H. Gootjes, "Celebrating Christmas", 561–562.

일 외에 다른 절기들을 지키는 것에 대해 교회가 많은 저항을 했다고 쓰고 있다.[32]

영국의 청교도들은 조금 더 강하게 성탄절을 거부했다. 1664년 법령(Act of Pariament)에 따라 가게를 열고 성탄절을 지키지 못하게 하면서 이날을 "교황의 날"이라고 불렀다. 1659년 미국 메사추세츠 주는 공식적으로 성탄을 금지했고, 1870년에 이르러는 성탄절에 학교를 쉬지 않고 수업을 했지만, 1836년 미국 앨라배마 주에서 처음 성탄절을 공휴일로 정하면서 이후 점점 상업적으로 나아가게 되었다.

독일에서는 파울 어니스트 야블론스키(Paul Ernst Jablonski)가 12월 25일을 그리스도의 출생일로 축하하는 일을 "4세기 교회가 채택했던 **기독교의 많은 이교화 작업 중 하나**"라고 했으며 "순수한 사도적 기독교가 가톨릭주의로 변화된 퇴패된 많은 일들 중 하나"라고 하였고, 베네딕트 수도사인 돔 쟌 하도용(Dom Jean Hardouin)은 가톨릭 교회가 기독교 목적들을 위해 이교도 축제들을 채택했다고 주장했다.[33]

날과 절기에 관하여 제2스위스 신앙고백의 아래 내용을 참고하라.

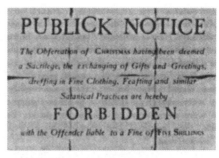

그림 1. 영국의회의 공고 : 성탄절을 지키는 자에게 벌금 5 실링을 부과한다는 내용을 담고 있다.

---

32 본 내용은 K. Deddens, "Especially on the Day of Rest", Clarion, vol.35, No.10 (1986): 210–211에서 요약함.

33 라은성 교수의 교회사 아카데미에서 가져온 것.(http://blog.daum.net/holylandpeople/725840).

제 2스위스 신앙고백서 제 24장 성일들과 금식 및 음식의 선별에 관하여 "2. 우리는 고대 교회에서 모임을 위하여 한 주에 일정한 시간을 정해 두었을 뿐 아니라 사도 시대 이후 내내 주일을 모임을 위하여 그리고 안식을 위하여 제쳐 둔 것을 아는데, 그것을 지금도 우리 교회가 예배와 사랑의 교제를 위하여 옳게 보존하고 있다. 이러한 일을 두고 우리는 유대인들이 날을 지키는 관례나 미신을 맹목적으로 따르지 않는다. 왜냐하면 우리는 한 날이 다른 날보다 더 거룩하다고 믿지 않으며, 안식 자체가 하나님께서 기쁘게 받아들이실 만한 것이라고 생각하지 않기 때문이다. 더구나 우리는 주의 날을 자유롭게 지키고 안식일을 지키지 않는다.

3. 그 뿐 아니라, 만일 교회가 그리스도인의 자유로 주님의 탄생, 할례, 고난, 부활과 승천에다 제자들에게 오신 성령의 강림을 종교적으로 기념한다면 우리는 그것을 높이 인정한다. 그러나 사람들과 성자들을 위하여 제정한 절기/축제일들은 인정하지 않는다. 거룩한 날들은 율법의 첫 돌판과만 관계가 있고 오직 하나님께 속한 것이기 때문이다. 결국 성자들을 위하여 제정되었으나 우리가 폐지한 거룩한 날들은 불합리하고 불필요한 것이 많아서 용납할 수가 없다."[34]

2.5. 성령강림절

성령강림절의 중요성에 대하여는 앞의 유해무 교수의 설교와 책 내용으로 충분히 강조가 되었으므로, 따로 다루지 않겠다.

---

[34] 신앙고백서 본문은 김영재 편저, 『기독교 신앙고백』 (수원: 영음사, 2011), 585에서 가져온 것. 번역이 좋지 못한 부분은 영문을 참고하여 약간 수정하였다.

2.6. 사순절을 어떻게 볼 것인가?

근자에 들어, 이제껏 교회가 지키지도 않았고 신경도 쓰지 않았던 '사순절'이 대두되기 시작하고 있다. 사순절에 대하여는 주로 독립개신교회 신학교 김헌수 교수의 글을 요약하고[35] 다른 글들을 모아 정리하였다.

2.6.1. 사순절의 기원

사순절의 기원은 고대 교회가 부활절 기간에 주로 행한 세례식과 연관되어 있다. 세례를 받기 전 수세 예비자들은 세례 전 40시간을 금식하고 기도하면서 준비하게 하였는데, 여기에서 '사순절(quadragesima, 40번째라는 뜻)'이라는 말이 유래하였다. 기간이나 방식이 정해져 있지 않고 제각각이었는데, 이는 사도적 전통이 없었다는 의미이다. 단지 세례를 준비하기 위해 교회에서 무언가 사람들에게 부여한 일들이 관례가 되어 자리 잡은 것이다.

사순절이 절기 개념으로 발전하게 된 것은 콘스탄틴의 기독교 공인 이후이다. 이 당시의 정황을 보면 "4세기의 예루살렘 교회는 부활절 전 일곱 주간 동안 매일 세시간씩 세례를 위한 교육을 했다."고 되어 있고, 325년 니케아 회의에서 사순절을 40일로 정하고 부활절의 세례를 준비토록 공적으로 결정하였다. 여기까지만도 교회가 일괄적으로 무언가를 행하지는 않았음을 알 수 있다. 40일을 정하는 방식도 달랐고, 시작일을 언제부터 할 것인지도 제각각이었다.

---

35 김헌수, "고대교회와 로마교회의 사순절", "사순절과 오순절", 성약출판소식, 제 64호.

2.6.2. 사순절의 발전: 로마교회에서

서로마 제국이 멸망하고(476년) 로마교회가 점점 더 제도화되어갔을 때, 로마교회의 정치적 기반을 다졌다고 할 수 있는 대 레오(540-604, 590-604년 재위)가 로마의 전통을 따라 주일을 제외한 6주일간을 금식의 날로 정해 총 36일을 지키도록 하였다. 7세기에 접어들면서 그레고리우스 1세(590-604년 재위)가 여기 '재의 수요일'(부활절 여섯 번째 전 주간의 수요일)부터 토요일까지의 4일을 더해서 40일로 만들었다.

중세의 사순절은 게르만족의 축제와 결합하면서 더 정교해진다. 3일 동안의 카니발(사육제)의 축제를 하고[36] 40일을 금욕했다. 지역마다 달랐는데 주로 먹는 것을 금하는 방식으로 금욕을 시행했다(육류나 생선 등을 먹지 않는 방식으로). 중세의 사순절의 뚜렷한 특징은 원래 고대교회에서 **세례와 관련하여 진행되었던 관습**이 이제는 **그것과 상관없이 교회의 연례적 의식과 같은 것으로 발전**되었다는 것이다. 중세의 사순절 의식들을 김헌수 교수의 글에서 인용해 보자.

"중세에서는 사순절이 시작하는 '재의 수요일'에 사람들은 이마에 재로 십자가를 그리면서 자기의 죄를 회개하고 성당 앞에 나무 십자가를 세우고 자기의 죄를 써서 거기에 못 박기도 하였다. 수난의 금요일에 그 십자가를 짊어지고 행진하고 거기에 달려서 고통을 당

---

36 사순절 기간에 금식하거나 절제해야 했기 때문에 그 전의 축제 때 무분별한 탐닉이 잇따랐다. "사순절 기간에는 형사 재판, 형 집행, 결혼, 감각적 유희가 금지되고 …… 기도와 고행과 자선이 증가한다. 그럴지라도 위선적으로 금식하는 경우가 많았고, 부자들은 금지된 고기 대신에 매우 맛있는 음식들을 장만하여 먹었다. 크리소스토무스와 아우구스티누스는 일찍부터 이러한 위선과 남용을 책망했다. 민중은 사순절이 시작되기 전에 무절제한 쾌락에 탐닉했고 훗날 이런 남용이 모든 가톨릭 나라들, 특히 이탈리아에서 사육제(Carnival)로서 합법화되었다."(Philip Schaff, 3권, 369).

하기도 하였다. 그 기간 동안에 수난극을 상연하였는데, 특히 예수님의 수난을 주제로 하는 연극을 상연하였다.

사순절에 주님의 고난을 준비했다고 하지만, 사실은 주님에게 초점이 맞추어진 것이 아니라 사람의 행위와 감정에 초점이 맞추어져 있었다. 주님의 수난을 기념하려고 금식한다고 하였지만, 사실은 자기들이 행하는 금식 자체가 강조되고, 수난극 자체가 강조되었다. 이것은 사람의 선행을 강조하려는 로마 교회의 신학과 직결된다."[37]

2.6.3. 종교개혁의 사순절 비판

개혁자들은 사순절이 가진 비성경적 본질을 간파하였다. 칼빈은 기독교 강요에서 이렇게 말하고 있다.

"그때에 벌써 사순절을 미신적으로 지키는 풍습이 있었다. 이것은 사람들이 이렇게 함으로써 하나님께 특별히 봉사를 한다고 생각하였고 그리스도를 거룩하게 모방하는 것이라고 해서 목사들이 권장하였기 때문이다. 그러나 그리스도께서 금식하신 것은 다른 사람들에게 모범을 보이시려는 것이 아니라 그렇게 복음 선포를 시작하심으로써 복음은 사람의 교훈이 아니고 하늘에서 내려온 것임을 증명하시려는 것이었음이 분명하다(마4:2)......그리스도께서는 자주 금식하지 않으셨다. 매년 금식하라는 법을 정하실 생각이 있었다면 자주 금식하셨을 것이나 한 번 밖에 하신 일이 없으며, 그것은 복음을

---

37 김헌수, "고대교회와 로마교회의 사순절."

선포하려고 준비하신 때였다. 또 사람들로 하여금 그를 본받게 하시기를 원하셨다면 인간적인 방법으로 금식하셨을 것이나 그렇게 하지도 않으셨다."**38**

중세교회의 사순절이 주로 **예수님의 금식(40일)을 모방하려는 경향**이 강했기 때문에 이렇게 강하게 비판한 것이다.

> "……그러므로 그리스도를 본받는 행동이라고 해서 금식을 정당화한 것은 미신이 가득한 그릇된 열성이었다."**39**

칼빈은 기독교강요 4권 12장에서 약 3조 정도를 할애해서 금식과 사순절에 대해 비판하고 있다(19-21조). 그리고 대부분 그 주제는 중세 교회의 사순절, 곧 40일 금식과 금욕에 대한 비판이다.

또한 종교개혁자들 중 특히 츠빙글리는 그 개혁운동의 발발이 사순절 금식을 비판하는 것 때문에 촉발된 것으로 유명하다. 1522년 사순절 기간에 츠빙글리가 육식을 금하는 것은 아무런 성경적 근거가 없다는 내용의 설교를 하였고, 이를 출판업자였던 프로샤우어와 다른 친구들이 실제 행동에 옮기면서 공개적인 분쟁이 일어난 것이다.**40**

제2 스위스 신앙고백서는 사순절에 대해(금식과 연관하여) 이렇게 말하고 있다.

---

38 Inst. IV. 12.
39 Inst. IV. 12.
40 Philip Schaff, 8권, 62.

"사순절의 금식에 관해서는 옛 사람들의 증언이 있으나 사도들의 글에는 전혀 없다. 그러므로 모든 자들에게 지키도록 권장해서는 안 되고 할 수도 없다."[41]

2.6.4. 사순절을 어떻게 볼 것인가?

이상 사순절을 간단히 정리했지만, 우리가 사실 관심을 두어야 하는 점은 "왜 한국교회가 이제까지 지키지 않았던 사순절을 별안간 지키기 시작했는가?"하는 점이다.

필자는 개인적으로 이 이유가 오늘날 불신자들이 할로윈을 지키기 시작한 것과 그 원인과 궤에 있어 비슷하다고 생각한다. 불신자들이 오늘날 할로윈을 특별히 많이 지키기 시작한 것에는 특별히 '어떤 사상적 배경' 같은 것은 없다. 할로윈을 기념하는 풍조는 대부분, '재미있는 축제'라는 개념 때문에 번져간 것으로 보인다. 그런데 마침 시기가 적절했던 것이다. 젊은 층에서 코스프레를 하고 거리를 활보하며 축제적 성격을 가지는 일이, 이전의 한국 사회에서는 잘 없는 풍조였고, 마침 사회적으로 그 정도 할 수 있는 시점이 무르익었는데(삶의 여유, 잘 살게 된 것 등) 이들이 분출될 출구로 할로윈이 선택된 것이다.

비슷한 이유로 오늘날 교회들의 사순절 기념 역시 사상적, 성경적 이유가 동기로 촉발된 것으로 보이지 않는다. **경건해 보이는 어떤 것들을 누군가 시작하면 누구라도 받아들일 수 있는 풍조가 조성되었을 때** 마침 누군가가 사순절을 지키자는 이야기를 했을 뿐인 것이다. 아마 코드만 맞았다면 대림절이 되었건, 주현절이 되었건 다 가능했을 것이다. 마침

---

[41] 제2 스위스 신앙고백, 제 24장, "성일들과 금식 및 음식의 선별에 관하여", 번역은 김영재 편저, 『기독교 신앙고백』(수원: 영음사, 2011), 586.

사순절인 이유는 교회가 보이려는 경건의 코드가 마침 잘 맞은 것일 뿐이라고 생각한다.

바로 이런 점에서 교회가 사순절을 지키는 방향으로 가는 것은 위험하다고 생각한다. 김헌수 교수의 주장처럼, 사순절 준수는 그 자체가 이미 **'성경적 절기'의 성격보다는 한국교회가 가지고 있는 '감성적 경향, 눈에 보이는 것을 중시하는 특성'들이 녹아진 결과**이기 때문이다.

> "오늘날에는 심지어 개신교에서도 로마 교회를 본받아 고난 주간과 더불어 사순절을 지키는 일들이 있다. 기독교 서점가에서 봄철 베스트셀러는 '사순절에 대한 묵상'이다. 그리스도의 고난을 이야기하되 사람의 감성에 호소하는 말랑말랑한 책들이 기독교 서점에서 가장 잘 팔리고 있다. 2004년 수난 주간에 상영된 "패션 오브 크라이스트"는 중세의 수난극 전통을 할리우드식으로 각색한 영화이다. 감독인 멜 깁슨(Mel Gibson)은 보수적인 로마 교회 신자이고 마리아의 시각에서 예수님께서 고난을 당하신 마지막 12시간을 사실적으로 묘사하였다고 한다. 한국에서도 그 시즌에 200만이 넘는 사람이 그 영화를 보았다고 하고, 멜 깁슨은 그 영화로 큰 돈을 벌었다고 한다. 어느 개신교 교회에서는 단체로 그 영화를 관람하는 것으로 수난 주간 집회를 대신하기도 하였다고 한다. 이것은 개혁과 개혁 아닌 것의 구별이 실질적으로 없어진 단적인 예라 하겠다.[42] 물론 주님께서 부활하신 날을 기념하는 것처럼 돌아가신 날을 기념하는

---

42 개혁의 관점에서 이 영화를 비판한 글로는, T. G. van Raalte, "A Movie: 'The Passion of the Christ'," *Clarion* 53 (2004), 187–90; C. Farenhorst, "To view or not to view the Passion of the Christ," *Reformed Perspective* 23 (2004), 24–26.

것은 반드시 필요한 일이다. 주님께서는 성찬을 행하여서 주님의 수난을 기념하라고 하셨으므로 우리는 성찬에서 주님의 수난을 기념해야 하고, 또한 주님께서 돌아가신 그 주간과 금요일을 경건하게 지내는 것이 좋다. 그러나 그것에서 더 지나서 수난의 40일을 지키려는 것은 성경적인 근거가 없다. 주님께서는 하늘의 교훈으로 우리를 하늘로 인도하시려고 하는데, 그것을 땅에 붙잡아 두려고 하는 것은 복음의 근본을 허무는 중대한 잘못인 것이다."**43**

말하자면 '사순절 준수'는 한국교회가 무언가를 결정할 때, 성경적 의미나 내용과는 상관이 없이 우리의 정서에 보기에 좋아 보이면 한다는 사실을 보여주고 있다. 앞의 글들에서 계속해서 말했던 것처럼, 그리고 교회사가 알려주고 있듯이, 절기는 그리스도의 구속을 달력에 표시한 것이다. 그런데 이런 점들을 전혀 무시하고 그저 우리가 보기에 괜찮아 보이는 이유로 날들을 지키기 시작한다면 우리 교회들 역시 중세의 달력처럼 빈자리가 없을 정도로 온갖 기념일로 치장된 달력을 갖게 될지도 모를 일이다.

3. 개혁교회의 절기 이해, 정리하며

교회는 항상 절기를 '그리스도와 관련하여' 이해해 왔다. 그러므로 우리의 입지가 어떤 것과는 관계없이 참 절기가 무엇인지를 생각하는 일은 항상 가치로울 것이라 생각한다.

---

43 김헌수, "고대교회와 로마교회의 사순절."

어린이 주일이나 어버이 주일, 스승의 주일 같은 것들은 교회가 항상 절기의 기초로 여겨 왔던 '그리스도의 구속 사역을 연중의 달력에 새겨 넣는 것'과는 아무런 상관이 없을 뿐 아니라, 심지어는 절기를 떠나서도 '주일', 곧 '주님의 날'의 주인공을 주님 대신 어린이나 어버이, 스승으로 대치시키는 결과를 낳으므로 사실은 주일의 성격에도 부적절한 것이다.

뿐만 아니라, 여기에서 좀 더 나아가 추수감사주일이나 맥추감사주일 같은 것들도 한국교회가 복음을 전해 받은 미국의 감사의 전통이 전수되어 온 것이기는 하지만, 사실은 단지 종교적인 색채를 갖고 있다 뿐이지 그 날이 절기의 참 성격, 그리스도의 구속을 드러내는, 그런 절기는 아니다. 만약 '곡식을 거둔 것이 감사하여 절기를' 만들 수 있다면(그리스도의 구속과 관련이 없는), **온갖 감사의 제목들 또한 절기로 제정이 가능할 것**이다. 독립 기념 절기나 예배당 건축 기념 절기도 사실상 가능해진다(모든 종교적 기념이 다 절기로 지정가능해진다!).

하지만 우리가 성경과 교회사로부터 배워야 할 중요한 점은, 절기란 고대로부터 지금까지 항상 '무언가 감사할 날이기만 하다면 특별한 날로 정할 수 있다'가 아니라, '그리스도의 구속을 기념하는 날'이었다는 점이다. 개혁파 교회들은 항상 이것을 기억하며 절기를 지켜왔기 때문에 사실은 세계적인 개혁파 교회들(개혁교회와 장로교회) 안에는 획일적인 것은 아니더라도, 현재 우리가 갖고 있는 것 같은 무절제한 절기의 난립은 없는 편이다.

더불어 끝으로 한 가지만 더 언급을 하자면 종교개혁자들의 정신을 잘 계승하려면 **'주일'을 더욱 강조했으면** 하는 것이다. 앞의 내용들에서 조금씩은 나왔지만, 사실은 고대교회로부터 그리스도인들과 성도들은 '주의 날' 안에 이 모든 절기의 성격이 다 성취되었다고 믿었다. 그리고 종교개혁자들은 이 사실을 분명히 이해했고, 따라서 **주일 외에 다른 날을 특별한 기념일로 정하는 것을 반대**해 왔다. 어떤 절기들을 기념하더라도, 주일에 그것들을 행하는 것이다.

그러므로 실은 특별히 어떤 날들을 기념하지 않더라도, 주일 하나를 잘 준수하는 것만으로 모든 기념일의 성격을 이룰 수 있는 것이라는 점을 마음에 중심으로 두고 다른 여러 구속적 절기들을 대한다면 훨씬 좋은 결론에 이르게 될 수 있을 것이다.

김세윤. 『바울 신학과 새 관점』. 서울: 두란노아카데미, 2002.

김영재. 『기독교 신앙고백』. 수원: 영음사, 2011.

김헌수. "고대교회와 로마교회의 사순절". 『성약출판소식』. 64호 (2008)

──────. "사순절과 오순절". 『성약출판소식』. 64호 (2008)

양용의. 『예수와 안식일 그리고 주일』. 서울: 이레서원, 2000.

유해무. 『개혁교의학』. 서울: 크리스챤다이제스트, 1997.

Douglas J. Moo. 『갈라디아서』. *Galatians*. BECNT. 최원용 역. 서울: 부흥과개혁사, 2013.

E. P. Sanders. 『예수와 유대교』. *Jesus and Judaism*. 황종구 역. 고양: 크리스챤다이제스트, 2008.

John Calvin. 『기독교 강요(하)』. *Institutes of the Christian Religion*. 원광연 역. 고양: 크리스챤다이제스트, 2003.

K. Deddens. "Especially on the day of rest". *Clarion*. vol.35, No.10 (1986): 210–211.

──────. "Especially on the day of rest". *Clarion*. vol.35, No.11 (1986): 237–238.

──────. "Especially on the day of rest". *Clarion*. vol.35, No.12 (1986): 263–264.

N. H. Gootjes. "Celebrating Christmas". *Clarion*, vol. 49. Year End ver. (2000): 561–562.

Philip Schaff. 『교회사 전집 : 제 1권, 사도적 기독교』. *History of the Christian church*, 1. 이길상 역. 고양: 크리스챤다이제스트, 2004.

──────. 『교회사 전집 : 제 2권, 니케아 이전의 기독교』. *History of the Chris+tian church*, 2. 이길상 역. 고양: 크리스챤다이제스트, 2004.

──────. 『교회사 전집 : 제 3권, 니케아 시대와 이후의 기독교』. *History of the Christian church*, 3. 이길상 역. 고양: 크리스챤다이제스트, 2004.

──────. 『교회사 전집 : 제 8권, 스위스 종교개혁』. History of the Christian church, 8. 이길상 역. 고양: 크리스챤다이제스트, 2004.

참고문헌 절기의 의미와 개혁교회의 절기이해

Richard N. Longenecker. 『갈라디아서』. *Galatians*. WBC. 이덕신 역. 서울: 솔로몬, 2003.

T. G. van Raalte. "A Movie: The Passion of the Christ". *Clarion*, 김세윤. 『바울신학과 새 관점』. 서울: 두란노아카데미, 2002.

Walter Brueggemann. 『안식일은 저항이다』. *Sabbath as Resistance*. 박규태 역. 서울: 복있는 사람, 2015.

2장.
성례

성경신학에서 본 성례
송영목

성찬의 신학과 실제:
개혁교회의 이해를 바탕으로
윤석준

성례

성경신학에서 본 성례

송 영 목

들어가면서

'성례'(聖禮, sacrament)는 '표'(sign)라는 의미의 라틴어 'sacramentum'(세크라멘툼)에서 유래했는데(참고. 롬 4:11), 동방 헬라교회는 '종교적 제의혹은 서약'이라는 의미를 반영하여 'mysterion'(미스테리온)이라 불렀다.[1] 개신교의 성례는 예수님이 제정(制定)하신 세례와 성찬뿐이므로,[2]

---

[1] M. S. Horton, "Sacrament," in *Dictionary for Theological Interpretation of the Bible*, ed. by K. J. Vanhoozer (London: SPCK, 2005), 709; D. W. Bercot (ed), *A Dictionary of Early Christian Beliefs* (Peabody: Hendrickson Publishers, 1998), 573. 참고로 서방교회는 부활절 혹은 성령강림절에 세례를 행했는데, 신앙 문답, 성령 임재를 위한 기도, 안수기도, 마귀를 꾸짖음, 이마에 기름을 바름, 그리고 흰 옷 착용 등을 동반했다. J. G. Davies (ed), *A New Dictionary of Liturgy and Worship* (London: SCM, 1986), 55.

[2] 대한예수교장로회총회 헌법개정위원회 (ed), 『헌법』(서울: 대한예수교장로회 총회출판국, 2011), 77, 236. 참고로 종교개혁을 통해 정립된 교회의 3표지(복음의 신실한 선포, 성례, 권징)를 넘어, 바울 서신으로부터 도출된 선교적 교회(missional church)의 4표지는 다음과 같다. (인종, 계층, 성별의) 경계를 넘어서는 포용하는 공동체, 우상숭배와 부도덕을 거부하는 공동체, 사랑과 선행을 실천하는 공동체, 그리고 세상 변혁의 주체이자 헌신하며 고난을 받는 공동체. 정성국, "선교적 해석학의 한국적 함의" (선교적 성경해석학 세미나: 그리스도를 통해 읽는 삼위 하나님의 선교, 서울삼일교회당, 2019년 11월 25일), 58-65.

로마 가톨릭의 7성례와 다르다. 그런데 형식주의를 거부하는 퀘이커교도(Society of Friends)와 구세군에 입대하는 것을 성령세례로 간주하는 구세군은 세례를 시행하지 않는다. 대다수 장로교회(예장고신 포함)는 세례를 받거나 유아 세례 후 신앙을 고백하여 입교한 사람만 성찬에 참여할 수 있는 소위 '닫힌 성찬'의 전통을 따른다.3 세례와 성찬은 말씀 선포를 성례전적으로 확증(sakramentele bevestiging)하므로, 성례를 집례하는 말씀 사역자(VDM)인 목사를 통하여 진리의 말씀이 능력 있게 교회 안에 울려 퍼져야 한다.4 참된 교회의 내적 속성이 통일성과 거룩성과 보편성 그리고 사도성이라면, 참 교회의 외적 표지들(notae eccle-siae)에 해당하는 성례를 성경신학적으로 살펴보자.5

1. 세례

세례 요한과 예수님의 제자들이 시행한 세례는 십자가 처형을 앞 둔 날 밤에 주님께서 성찬을 제정하신 것보다 시간적으로 앞선다. 세례 시, 하나님의 표가 사람에게 임하고 사람은 세례를 받기에 수동적이다.6 하지만 (성인) 수세자의 역할도 중요하다. 세례는 성령 세례를 받은 이가 삼

---

3 출생한 유아는 처음 예배에 참석할 때 세례를 받는다. 참고로 도르트회의(1619)와 하이델베르크교리문답(제31주일)과 달리(참고. 고전 11:28), 유아세례를 받은 어린이를 포함하여 열린 성찬을 시행하는 개혁교파도 있다(예. 북미기독개혁교회[CRCNA] 헌법 59조).

4 C. J. Smit and J. J. van der Walt, "Die Doop in die Gereformeerde Kerkorde," *In die Skriflig* 23/2 (1989), 59-60.

5 로마 가톨릭은 66권이 아니라 73권의 정경과 전통을 받아들이고, 2성례가 아닌 7성례를 시행하므로, 참되고 건강한 교회(*bene esse ecclesiae*)가 아니다. 말씀이자 생명의 떡과 음료이신 예수 그리스도가 교회의 얼굴과 같은 예배에 잘 비취어야 한다. 예배의 설교와 성례는 권징으로써 보호받는다.

6 Smit and Van der Walt, "Die Doop in die Gereformeerde Kerkorde," 61.

위 하나님의 이름으로 예수님의 몸의 구성원이 되어 죄악된 삶과 결별하여 새 생명 가운데 살겠다고 서약하는 행위이다(마 28:19; 행 19:2; 롬 6:4; 고전 12:13; 벧전 3:21).[7] 따라서 세례는 한 사람을 교회와 연결시키고, 더 나아가 전체 교회를 하나로 연합시키는 중요한 요소이다(엡 4:5-6). 삼위 하나님께서 세례에 있어 중심적인 역할을 담당하시는 분(central acting figure)이신 까닭은 삼위 하나님께서 수세자를 은혜언약 안으로 이끌어 그들의 하나님으로서 자신을 헌신하시는 일을 주도하시기 때문이다.[8] 세례를 은혜언약의 표와 인(seal)이라 불리는 이유는 무엇인가(창 17:7-9; 갈 3:16; 히 8:10)? 수세자가 예수님과의 연합, 중생 그리고 사죄의 은혜를 입었기 때문이다.[9] 상술하면, 성부는 은혜언약으로 수세자에게 인치시며, 성자는 자신의 대속의 피로써 죄 씻음을 인치고, 성령은 수세자 안에 내주하심과 거룩하게 하심을 인치신다.[10] 그 결과 수세자는 자신을 하나님께 헌신하여 새로운 삶을 시작할 수 있다. 세례는 구약의 할례를 능가하는 신약 교회에 허락된 은혜의 방편이며, 신앙의 기초와 같다(히 6:2; 벧전 3:21).

---

7   도르트회의(1574, 1618-19), 미덜부르흐(Middelburg)회의(1581)는 세례 받은 유아를 신앙으로 양육하는 1차 책임이 (이혼 혹은 사별한 경우가 아닐 경우) 가장인 아버지에게 있다고 밝혔다. Smit and Van der Walt, "Die Doop in die Gereformeerde Kerkorde," 67; M. O. Fape, "세례," in 『IVP 성경신학사전』, ed. by T. D. Alexander and B. S. Rosner, 권연경 외 역 (서울: IVP, 2004), 776-777.

8   P. J. Strauss, "Kerkorde en Doop: Toegespits op Twee Gereformeerde Kerkordes," In die Skriflig 53/1 (2019), 1-2. 남아공 개혁교회(GKSA) 헌법 제 56조에 따르면, 유아 세례는 가능한 빨리(spoedig moontlik), 언약 백성이 모여서 언약의 말씀을 듣는 예배 중에(in die erediens) 시행해야 한다(창 17:12; 행 8:36). 이것은 도르트총회(1578)의 결정 사항이다. 그러나 도르트회의(1618-1619)는 극심한 고통(groot nood)과 같은 비상상황에 처한 경우, 가정에서 예배 후 세례를 베풀 수 있다고 예외를 허용했다. Smit and Van der Walt, "Die Doop in die Gereformeerde Kerkorde," 65.

9   대한예수교장로회총회 헌법개정위원회, 『헌법』, 78.

10   Strauss, "Kerkorde en Doop: Toegespits op Twee Gereformeerde Kerkordes," 8.

1.1. 세례 요한의 세례와 예수님의 세례 받으심

먼저 세례의 구약 배경을 간략히 살펴보자. 노아 홍수 당시, 물은 노아 가족에게 구원하는 표 곧 세례와 같았다(창 7:7; 벧전 3:21). 구속사적으로 생후 8일된 남아의 포피(包皮)를 베는 할례는 예수님 안에서 죄의 몸을 벗는 그리스도의 할례 곧 세례로 성취되었다(창 17:10; 골2:11).[11] 출애굽 후, 이스라엘 백성이 모세의 인도를 받아 홍해를 건넌 것은 마치 세례와 같았다(출 14:22; 고전 10:1-2). 예루살렘 성전의 제사장의 뜰에 물두멍과 놋 바다는 제사장의 정결을 위해서 비치되었다(출 30:17-21; 대하 4:1-6). 세례의 그림자는 대속죄일 의식에서도 볼 수 있는데, 그 날 대제사장은 몸을 두 번 씻어야 했다(레 16:4, 24).[12] 가나의 혼인 잔치에서 여섯 항아리에 든 물이 포도주로 바뀐 첫 표적은 구약에서 신약으로의 전환을 알린다(요 2:1-11; 참고. 렘 31:12; 욜 2:19; 암 9:13). 메시아의 복과 잔치의 삶은 정결한 이만 받을 수 있다.[13]

세례 요한은 종말론적 메시아 시대의 도래를 준비하기 위한 회개의 세

---

[11] 할례와 세례를 동일시할 수 없다. 왜냐하면 남자 아기만 받은 할례와 달리 여자도 세례를 받을 수 있기에, 세례가 할례를 더 풍성히 성취하였다. 마찬가지로 성찬은 유월절 식사와 동일하지 않지만, 더 풍성히 성취했다. 자신을 점검은 성찬에 중요하지만 요소이지만(고전 11:23-32), 유월절 식사에는 없다. C. Stam, *The Covenant of Love: Exploring Our Relationship with God* (Winnipeg: Premier Publishing, 1999), 160. 참고로 교부 시대 후에 골 2:11-12는 할례와 세례의 유비에 근거하여, 유아 세례의 근거 구절로 본격적으로 사용되었다는 주장은 J. P. T. Hunt, "Colossians 2:11-12, the Circumcision/Baptism Analogy, and Infant Baptism," *Tyndale Bulletin* 41/2 (1990), 227-244를 보라.

[12] L. Floor, *Die Heilige Doop in die Nuwe Testament* (Potchefstroom: Potchefstroomse Teologiese Publikasie, 1983), 2; G. R. Beasley-Murray, *Baptism in the New Testament* (Grand Rapids: Eerdmans, 1977), 5.

[13] AD 180년경 이레니우스는 나병환자 나아만이 요단강에서 몸을 씻고 치유된 것(왕하 5:14)은 영적 나병에 걸린 죄인들이 세례로 정결하게 되는 것의 그림자로 간주했다. 참고. Bercot, *A Dictionary of Early Christian Beliefs*, 52.

례를 베풀었다(마 3:2; 막 1:4; 눅 3:3). 세례 요한은 (AD 70년 이후의) 유
대교의 초신자 세례(proselyte baptism)나 쿰란의 정결의식(lustration)
의 영향을 받았다기보다,[14] 하나님의 직통 계시를 따라 세례를 시행했다
(요 1:33). 퍼킨스(L. Perkins)는 세례 요한의 세례의 특징과 의의를 다음
과 같이 설명한다: 수습(probationary) 기간이나 금욕 규정을 제시하지
않고, 특정 유대인 공동체에 입문시키는 목적이 아니라 종말론적 하나님
나라를 위해서 준비시키며, 반복되지 않는 단회 사건이며, 회개에 걸맞
는 윤리적 행동과 헌신을 강조한다.[15]

　예수님은 세례 요한에게 세례를 받으심으로써, 의 곧 언약의 하나님께
서 사람을 구원하시기 위해서 약속하신 모든 것을 이루셨으며 스스로 자
기 백성과 동일시하셨다(마 3:15-17; 6:33).[16] 출애굽한 이스라엘 백성
이 모세 안에서 세례를 받았다면(고전 10:2), 신약의 새 출애굽한 크리스
천은 세례로써 예수님의 죽음과 부활에 연합하여 그분의 옷을 입고 산다
(롬 6:4; 갈 3:27; 골 2:12).

1.2. 초대교회의 세례

---

14 R. H. Stein, "Baptism and Becoming a Christian in the New Testament," *SBJT* 2/1
(1998), 6; J. D. G. Dunn, "세례," in 『새성경 사전』, ed. by J. D. Douglas, 나용화 외 역
(서울: 기독교문서선교회, 1996), 876; contra S. White, "Baptism," in *A Dictionary of
Jewish-Christian Relations*, ed. by E. Kessler and N. Wenborn (Cambridge: Cambridge
University Press, 2008), 47. 참고로 AD 80-140년경의 디다케에 의하면, 세례를 받는 이
는 1-2일 금식한 후 침례 혹은 물을 3회 뿌리는 방식으로 세례를 받았다. 참고. Bercot, *A
Dictionary of Early Christian Beliefs*, 56.

15 L. Perkins, "Baptism: Inaugural Spirituality- Part I," 3-4.
(file:///C:/Users/user/Desktop/2009-04-Biblical_Theology_of_Baptism.pdf; 접속일
2019년 9월 19일).

16 Perkins, "Baptism: Inaugural Spirituality- Part I," 5.

초대교회가 시행한 세례에 미친 세례 요한의 세례를 완전히 간과할 수 없다. 초대교회는 물세례를 시행했는데, 그것은 하나님의 구원의 은혜에 대한 반응이었다(행 2:38, 41; 8:12-13; 16:33; 18:8).[17] 예를 들어, 바울은 요한의 세례를 받은 에베소의 제자 12명을 만나, 주 예수님의 이름으로 다시 세례를 베풀자 성령이 임했다(행 19:1-7). 그리고 바울 자신도 다메섹 도상에서 회심한 즉시 세례를 받았다(행 9:18; 22:16). 성경은 은혜언약의 표지인 할례에 근거한 유아세례를 금하지 않는다(창 17:11-12; 골 2:11-12; 참고. WC 28:4; WLC 166; BC 34; HC 74). 신약성경 여러 군데 유아세례의 흔적이 나타나는데, 가장이 신앙을 고백한 경우 유아도 함께 고백했다는 언급은 찾아 볼 수 없다(행 16:15, 33; 18:8; 고전 1:16).[18]

바울에 의하면, 세례는 신자들로 하여금 '그리스도로 옷 입고 그리스도 안에' 있는 상태로 들어가게 함으로써, 그리스도의 역사적인 죽음과 부활은 그들의 영적인 체험의 일부가 된다(롬 6:3; 고전 6:11; 12:13; 갈 3:27 이하). 출애굽한 이스라엘이 구름과 바다에서 세례를 받은 것(혹은 하늘의 만나와 반석의 물에 참예함)이 그 죄악의 대가를 치르는 것을 막아주는 방패가 되지 않았던 것처럼, 기독교인들에게도 세례(그리고 성찬)는 자신의 불충성과 죄악에 대한 하나님의 심판을 면제해 주는 면죄

---

[17] 침례(immersion) 대신 (14세기부터 보편화된) 물을 뿌리는(sprinkling) 방식은 출 24:8, 막 7:4, 행 2:41, 16:33, 디다케 등의 지지를 받는다는 주장은 Smit and Van der Walt, "Die Doop in die Gereformeerde Kerkorde," 66-67을 보라.

[18] 김병훈, "유아 세례의 신학적 의미와 설교," 『헤르메네이아 투데이』 48 (2009), 30-31. 참고로 서방교회는 세례에서 롬 6:3-4를 따라 예수님의 죽음과 부활에의 참여를 강조하고, 동방교회는 막 1:9-11을 따라 성령의 기름부음이라는 은사와 수세자에게 삼위 하나님의 현존과 하나님의 상속을 강조한다. 그리고 유아세례를 실행한 흔적은 2세기 말로 거슬러 올라가며, AD 390년경의 사도헌장(Apostolic Constitutions)은 유아 세례를 명한다. 참고. Bercot, *A Dictionary of Early Christian Beliefs*, 60; S. K. Wood, "Baptism," in *Dictionary for Theological Interpretation of the Bible*, ed. by K. J. Vanhoozer (London: SPCK, 2005), 81.

부가 될 수 없다(고전 10:1-11). 그럼에도 불구하고 기독교인에게 있어서 세례는 옛 사람과 새 사람을 구분하는 분수령이 된다(골 3:8-10). 세례 받은 성도가 계속해서 범죄하면 해방된 노예가 다시 이전의 주인에게 예속되는 것과 마찬가지다(롬 6). 바울은 세례를 통해 새 생명의 원천인 성령님에 의해 이전의 죄악의 속박에서 성도가 해방된 것을 강조한다(엡 5:25; 골 2:12).

1.3. 크리스천의 세례적 정체성[19]

제6회 세계 개혁신학회에 남아공, 콩고, 호주, 미국, 영국, 화란, 인도네시아를 비롯한 총 18개국에서 약 50명의 외국 개혁주의 신학자 및 목회자와 한국에서는 약 10명의 신학자가 참석했다. 주제는 '크리스천의 정체성'이었는데, 사회-정치적 상황, 종교적 상황, 그리고 문화적 상황 안에서의 집중적으로 다루었다. 여기서 모스테르트(C. Mostert)의 '세례적 정체성'(baptismal identity)을 아래에 요약하여 소개한다.[20]

성도의 정체성은 특별히 관계 속에서 곧 자신이 누구에게 속해 있는가를 규명함으로써 알 수 있다. 궁극적으로 성도는 하나님에게 속해 있기에 매우 독특한 정체성을 가지고 있다. 성찬은 물론, 세례는 성도와 예수 그리스도 사이의 관계를 확증하는 중요한 사건이다. 그러므로 세례적 정체성은 성도의 정체성을 설명하는 중요한 한 가지 방식이다. 어떤 의미에서 성도의 신앙은 세례 없이는 완전해 진다고 할 수 없다. 세례적 정체성의 몇 가지 차원을 아래와 같이 생각해 볼 수 있다.

---

19 이 단락은 송영목, 『신약신학』(서울: 생명의 양식, 2010), 350-353을 약간 수정하여 재인용함.
20 C. Mostert, "Christian Identity as Baptismal Identity" (제6회 The International Reformed Theological Institute, 2005년 7월 5-7일, 서울교회당).

1.3.1. 기독론적 차원

크리스천은 자신을 위해 죽으시고 부활하신 예수 그리스도와 동떨어진 어떤 정체성도 생각할 수 없다. 크리스천은 자신을 죄에서 해방하신 그리스도의 죽으심에 동참하여 우리 죄악이 장사 지낸바 되었다. 이것은 아버지 하나님의 구원 계획을 예수님께서 수행하신 결과이다. 따라서 세례는 삼위일체적이다. 세례는 성부, 성자. 성령의 이름과 명예를 걸고 우리에게 새로운 신분을 확증하는 의식이다.

1.3.2. 성령론적 차원

세례를 통하여 하나님은 크리스천을 예수 그리스도의 소유로 삼으시고, 더불어 중생의 씻음 곧 성령님의 새롭게 하심을 주신다(딛 3:4). 물론 수세자는 세례 시에 처음으로 성령님을 받는 것은 아니다(행 10:44, 48). 중생하여 회개한 성도는 성령님을 통하여 세례에 합당한 신앙고백을 할 수 있음을 다름 아닌 세례 시에 확증한다.[21] 그러므로 수세자는 세례를 받은 후 성령 충만하여 성령의 다스림을 받으며 살겠다는 각오를 다져야 한다.[22]

1.3.3. 교회론적 차원

동일한 성령으로써 받는 세례는 한 개인을 한 몸 된 교회의 완전한 구성원으로 가입하게 한다(고전 12:13-14).[23] 성경은 무교회주의가 아니라, 가시적인 지역교회를 통해서 신앙생활을 할 것을 가르치는데, 지속적인

---

21 Stein, "Baptism and Becoming a Christian in the New Testament," 10.
22 L. Perkins, "Baptism: Inaugural Spirituality- Part II," 7 (file:///C:/Users/user/Desk-top/2009-04-Biblical_Theology_of_Baptism_Paul.pdf; 접속일 2019년 9월 19일).
23 K. Roy, *Baptism, Reconciliation and Unity* (Cumbria: Paternoster Press, 1997), 71-72.

신앙생활은 공동체적으로 가능하다. 세례를 받은 후 성찬에 참여하고, 사도의 가르침과 성도의 교제와 기도 등에 본격적으로 참여하여 공동체로서의 삶을 추구한다.

1.3.4. 종말론적 차원

세례를 받은 사람은 이미 죄에 대해 죽고 새 아담이신 그리스도로 옷을 입는다. 하지만 세례 후에도 성도에게 여전히 죄악 된 요소가 남아 있기에 '이미 그러나 아직 아니'의 긴장 속에 산다.[24] 여기서 주목할 사실은 세례를 받을 때, 우리는 현재적으로 우리의 육체적인 죽음도 내다본다는 점이다. 환언하면, 세례는 죄에 대해 죽고 하나님과 의에 대해 사는 것이기에, 우리가 주님의 죽으심과 부활에 동참한다는 과거적인 의미와 더불어서, 불특정한 미래적인 종말론적인 특성도 가진다. 즉 우리가 장차 죽고 영원한 부활 생명을 입을 미래적인 종말론적인 특성도 세례적 신분에서 강조되어야 한다는 것이다. 즉 우리는 우리가 받은(이미 죽고 살아난) 세례로부터(from our baptism) 살 뿐 아니라, (앞으로 죽고 살) 세례를 향하여(towards our baptism) 산다. 성도의 신분을 결정지은 그리스도의 세례 받으심 곧 십자가 사건은 성도의 현재 세례적 신분뿐 아니라, 미

---

24 Horton, "Sacrament," 711. 성경에 나타난 이미 그러나 아직 아니는 다양하다. (1) 천국은 이미 임했지만(마 12:28; 눅 17:21; 롬 14:17; 고전 4:20; 히 6:5), 아직 완전히 임하지 않았다(마 19:26; 고전 16:22; 계 22:20). (2) 크리스천은 죄용서와 구원을 이미 받았지만(요 5:24; 6:47; 골 1:13; 2:14; 3:10), 아직 완전하지 않다(골 3:4, 9). (3) 크리스천은 칭의를 이미 받았지만(롬 3:28; 8:1, 30; 고전 6:11), 계속 의로워져야 한다(마 6:33; 고후 7:11; 계 22:14). 성도가 의롭게 사는 것은 성화이다(살전 4:4; 딛 2:12-14; 벧전 1:2, 16; 벧후 1:5-7). (4) 크리스천은 죄에 대해 이미 죽었으나(롬 8:2; 갈 2:20), 계속 죽어야 한다(롬 6:11; 고전 15:31). (5) 크리스천에게 부활의 능력이 이미 임했지만(요 11:25; 고전 15:20; 벧전 1:3), 아직 완전하지 않다. (6) 사탄은 이미 패배했지만(요 16:33; 계 12:11), 계속 활동 중이다(엡 6:11-18; 벧전 5:8). 그리고 사탄의 세력에 대한 하나님의 심판(마 24:3-34; 행 2:20; 계 18:20)은 이미 그러나 아직 아니라는 틀로 이해해야 한다(계 20:12). (7) 신천지는 이미 임했지만(행 3:21; 고후 5:17; 계 21:5), 아직 완성되지 않았다(벧전 5:4; 벧후 3:13).

래 신분도 이미 결정지어 버렸다. 이것이 가능함은 예수님의 온 교회적이며 만유적 인격 때문이기도 하고, 언약에 신실한 하나님 덕분이다. 그러므로 남이 세례를 받는 것을 보는 것은 물론, 부활 생명을 기념하는 주일 예배는 우리로 하여금 세례적 신분을 계속해서 상기시킨다. 이것은 성찬적 신분(eucharistic identity)에서도 마찬가지로 적용된다.

1.3.5. 윤리적 차원

세례를 받는 것은 새로운 윤리적 삶을 명령받는 것이다. 이것은 세례적 신분의 자연스러운 실천과 관련된다. 새로운 삶 즉 성화가 뒷받침되지 않는 신분은 무의미하다. 세례는 우리를 그리스도의 일꾼, 제자, 하나님의 동역자로 만듦으로써, 구체적인 사회-문화-정치적인 이슈나 체제 속에서 세례적 신분에 걸 맞는 윤리적 삶을 표출하도록 명령한다.

세례적 신분은 성도의 신분을 다양하게 설명하는 하나의 중요한 방식이다. 사실 성도의 신분은 다양한 방식으로 설명되는데, 소금, 빛, 양 떼, 가지, 신부와 같은 은유와 상징으로도 종종 나타난다. 이 사실은 크리스천이 삼위 하나님과의 관계 속에서 이미 가지고 있는 정체성은 통전적이며 매우 풍성함을 의미한다. 중요한 것은 이런 정체성이 의미가 있으려면, 이것을 깨닫고 삶으로 실천해야 할 책임이 있다. 크리스천의 신분(identity)은 예수님과의 동일시(identification) 곧 주님을 닮아감을 촉구한다. 물론 크리스천은 참 교회에 속하지만 완전하지 않다.

1.4. 베드로전서와 요한계시록의 세례

거듭난 성도는 세례를 받을 때, 선한 양심으로 살겠다고 서약(ἐπερώτημα)

을 한다(벧전 3:21; 개역개정은 '간구'). 베드로에 의하면, 기독교 세례는 유대교의 정결예식을 능가한다. 그리고 세례는 하나님의 새로운 가족과 하나님 나라에 편입한 이가 새로운 행실을 통해서 고난과 악에 맞서 싸우겠다는 맹세의 표시이다.[25] 세례를 받은 성도는 새 모세이신 예수님과 더불어 유리 바닷가에 서 있는데(계 15:3; 참고. 고전 10:2), 그들은 새로운 출애굽이라는 구원을 향유해야 한다.

1.5. 요약

구약의 제의적 정결 의식과 홍수 및 홍해 도하는 세례의 그림자들이다. 죄가 없으신 예수님이 받으신 세례는 하나님의 구원을 이루기 위한 특수한 경우인데, 성도는 세례로써 주님과 연합한다. 초대교회는 세례를 시행하면서, 기독론, 성령론, 교회론, 종말론, 윤리론적 의미를 잘 밝혔다. 베드로는 선행을 위한 서약으로서, 그리고 계시록은 새 출애굽으로서 세례를 이해했다.[26]

덧붙여 개혁교회는 성찬상과 세례반(font; 고대교회는 침례탕을 'fons'[생명의 샘]라 부름)을 강대상 앞이나 옆에 비치한다. 따라서 목사가 세례를 거행할 때 도우미가 따로 없다.

---

25 L. Perkins, "Baptism: Inaugural Spirituality- Part III," 2-4.
(file:///C:/Users/user/Desktop/2009-04-Biblical_Theology_of_Baptism_Peter.pdf; 접속일 2019년 9월 19일).

26 예배 공간을 PFT(pulpit, font, table)를 중심으로 점검해 보아야 한다. 강대상, 세례반(洗禮盤, font), 그리고 성찬상이 정 위치된 예배 공간은 예배 중에 무엇이 일어나는지 웅변적으로 말한다. 강대상(pulpit)은 말씀을 듣는 자들에게 말씀하시는 하나님의 방문과 현존 즉 소위 '새로운 신현'(fresh theophany)을 일으킨다. 강대상에 성경을 시각적으로 디자인하는 것도 필요하다. 그러나 이동식 소형 독경대(lectern)로 강대상을 대체한다면 말씀 사역의 중요성과 권위가 약화된다. 강대상 뒤쪽 벽면에 삼위일체 하나님께서 불의 혀 같이 갈라지는 모습으로 임재하는 디자인을 한 경우도 있다. 혹은 그룹의 날개가 강대상 위를 덮고 있는 디자인

2. 성찬

성찬은 '주님의 만찬'(Lord's Supper)이라 불리는데, 주님이 주인으로서 자기 백성을 초대하셔서 베푸시는 잔칫상이다. 그러므로 크리스천은 성찬을 통해서 주 예수 그리스도의 실제적이고 영적인 현존을 경험해야 한다. 그리고 성찬은 '거룩한 교제'(Holy Communion)라고도 불린다. 왜냐하면 성도가 부활하신 주님 그리고 동료 지체들과의 사랑의 연합을 확인하는 시간이 성찬이기 때문이다. 또한 성찬은 '감사'(Eucharist)인데, 하나님께서 예수님을 이 땅에 보내시고 천국을 심게 하시고 십자가와 부활하심으로써 우리를 구속하신 이 모든 것을 감사하면서 재림하실 주님을 사모하면서 축하하는 시간이기 때문이다. 성찬에서 그리스도의 몸인 공동체가 그리스도의 몸을 먹음으로써, 하나님의 전적인 은혜를 발견하고 감사한다.

하나님께서 설정해 두신 세상 역사의 올바른 진행 방향을 좇아 살기 위해서, 사방에서 천국(작은 우주) 잔치에 몰려든 이들을 위한 '식탁 메

도 있다. 성령의 나타남과 능력과 확신으로 진리의 복음이 은혜와 생명력 있게 전파되어야 함을 시각화한 것이다. 세례반은 교회당 어두운 구석에 둘 성격이 아니다. 왜냐하면 세례는 단지 교인 숫자가 늘어난다는 것을 가리키지 않고, 그리스도와 함께 죽고 살아나는 예수님의 몸 전부에게 새로운 정체성이 무엇인지 가르쳐주고, 반복적으로 신앙을 깨우고 영양분을 공급하는 사건이기 때문이다. 디다케가 선호한 생수가 흐르는 방식으로 세례반을 디자인하고, 집례하는 방식이 무엇인지 고민할 필요가 있다. 주로 세례반 옆에 위치하는 성찬상 (table)은 실제 영적 임재설을 따라 예수님을 시각적으로 보고, 후각적으로 냄새를 맡고, 촉각적으로 만지고, 미각적으로 맛보는 시간이다. 지금처럼 성찬식 없는 예배가 대부분이라면, 성도로 하여금 시각, 후각, 촉각, 미각을 잃어버리게 만들지 않는가? 솔로몬 성전 뜰의 물두멍과 놋 바다, 성소 안의 떡 상, 지성소의 두 돌 판을 가진 법궤는 각각 생명의 떡이신 예수님, 생수이신 성령을 보내신 예수님, 성육하신 말씀이신 예수님의 현존으로 대체, 성취되었다. 예배의 공간은 그리스도의 임재와 영광을 생생히 누리도록 디자인되어야 할 것이다. 참고로 강대상 뒤나 옆에 자리 잡은 예배 집례자를 위한 의자(celebrant's chair)는 교황의 보좌(?)를 연상시키지 않는 단순하고 소박하고 안락한 의자로 충분하다. 참고. J. F. White, "Liturgy and the Language of Space," *Worship* 52/1 (1978), 57–66.

뉴'는 뷔페처럼 다양하다: 마지막 아담께서 주시는 생명나무의 과실(계 22:14), 아브라함의 승전한 후손을 위해 새 멜기세덱께서 준비하신 빵과 포도주(창 14:18), 새 여호수아께서 주시는 젖과 꿀과 열매(수 5:6, 12), 새 아히멜렉께서 주시는 진설병(삼상 21:6), 새 솔로몬께서 주시는 기쁨의 양식(왕상 4:20-22), 원수의 목전에서 절망에 빠진 백성을 소성케 하는 빵과 물과 보이는 달콤한 말씀(왕상 19:5; 에 9:20-22; 시 19:10; 23:5), 그리고 질투하시는 신랑이시자 참 목자께서 주시는 하늘 만나(요 6:32-59), 새 포도주와 기름(사 25:6; 렘 31:12; 슥 9:15; 눅 22:20; 요 2:10), 아버지께서 돌아온 탕자를 위해 배설한 잔치 음식(눅 15:32), 부활 공동체를 위로하시는 떡(행 20:11-12), 그리고 생명수(계 19:9; 22:17).[27] 이런 메뉴와 더불어 '식탁 매너' 역시 중요하다(눅 14:7-15; 고전 10:21; 11:22, 28; 갈 2:12). 하늘이 크리스천에게 열려있는 이유는 성령님께서 말씀으로 크리스천의 마음을 여셨을 뿐 아니라, 크리스천의 믿음을 인치는 교제의 식탁인 성찬의 문도 열어주셨기 때문이다. 크리스천은 열린 하늘의 잔치를 통해서 보호와 영양분을 공급받아 주님께 순종하며 산다.[28]

2.1. 구약에 나타난 성찬에 대한 그림자

2.1.1. 모세오경

---

27 *The Worship Sourcebook* (Grand Rapids: Calvin Institute of Christian Worship, 2004), 305-306; P. J. Leithart, *Blessed are the Hungry: Meditations on the Lord's Supper* (Moscow: Canon Press, 2000), 11-12, 23, 43, 56, 59, 70, 75, 86, 103, 122. 참고로 AD 80-140년경 디다케에 의하면, 성찬의 빵은 불멸의 약이며, 사망의 해독제이다. 참고. Bercot, *A Dictionary of Early Christian Beliefs*, 251.

28 P. J. Strauss, "Toelating tot die Nagmaal: 'N Gereformeerd-Kerkordelike Perspektief," *In die Skriflig* 53/1 (2019), 3.

타락 이전에 에덴동산에서 아담 부부는 먹고 마시며 하나님과 기쁨으로 교제했으며(창 1:29), 출애굽 후 하나님은 자기 백성이 하늘 양식(예. 만나, 메추라기, 진설병)을 먹고 마심으로써 자신과 교제하도록 허락하셨다(출 16:15; 17:6; 25:30; 신 14:23-26; 참고. 고전 10:3-4).[29] 시내산 언약은 언약 체결을 축하하는 피로연으로 마친다(출 24:9-11). 모세와 아론과 나답과 아비후 그리고 장로 70명이 산 중턱에 올라가 보니, 하나님의 발아래는 사파이어를 편듯하고 하늘같이 청명했다. 그들은 화목제의 고기를 먹음으로써 언약의 식사를 했다. 그들은 존귀한 자로 인정되었고 하나님의 임재를 직접적으로 보았지만 죽지 않았다. 이렇게 즐기는 순서는 예배가 잔치임을 극명하게 보여준다. 이 잔치는 성찬의 그림자이다.

2.1.2. 역사서

다윗이 요나단의 아들 므비보셋에게 베푼 만찬(삼하 9)은 죽은 개와 같이 허무한 인생에게 왕의 자녀로서의 지위를 준 자비로운 사건이다. 다윗은 요나단과 맺은 약속을 실천하는 차원에서 므비보셋을 환대했다. 다윗의 실체이신 예수님은 므비보셋과 같은 자기 백성을 왕의 자녀로 삼으시고, 명예와 힘과 특권이 있는 언약의 식사에 초대하신다.[30]

2.1.3. 시가서

---

29 김광열, "개혁신학의 성찬론의 특징과 그 구원론적 함의," 『신학지남』 85/1 (2018), 115-116; 조병수, "성찬의 의미," 『헤르메네이아 투데이』 48 (2009), 63

30 P. J. Leithart, 『하나님 나라와 능력』 (*The Kingdom and the Power*, 안정진 역, 서울: CLC, 2007), 147-148; 조병수, "성찬의 의미," 78.

(1) 시편 23

언약체결은 먹고 마시는 것 곧 친교의 식사와 관련있다. 예를 들어, (1) 이삭과 아비멜렉은 땅과 물에 관한 다툼을 해결한 후 같이 먹고 마시고 서로에게 맹세를 했다(창 26:30). (2) 야곱과 라반 사이에 가축과 레아와 라헬이라는 딸들을 두고 벌어진 갈등이 해결되었을 때, 서로 맹세하고, 제사를 드리고 음식을 먹었다(창 31:5). (3) 모세가 언약서를 읽고 난 후, 이스라엘 백성은 "우리가 주님이 말씀하신 모든 것을 준행하겠습니다."라고 말했다. 그리고 모세와 아론과 나답과 아비후와 장로 70명이 하나님을 보고 먹고 마심으로써 언약 체결을 축하했다(출 24:11). (4) 다윗 시대에 정치 및 군사적인 갈등이 있었다. 종속된 왕(봉신, vassal)이 큰 왕 혹은 주와 언약 혹은 조약을 맺을 때, 그들은 식사 자리에서 먹고 마심으로써 정치적인 협정을 확정해야 했다. 왜 그래야만 하는가? 봉신 혹은 종속된 사람은 대왕의 손님이기 때문이다. 봉신으로서 다윗은 보호를 받는 자리인 하나님의 식탁에 앉아 있다. 하나님과 함께 앉아 있는 식탁은 '축하'와 '보호'를 상징한다. 시 23편의 문맥은 대적으로부터의 보호이다. 하나님은 주인, 대 군주, 지도자, 보호자, 목자이시다. 식탁이 배설되고 언약은 체결된. 종주이신 하나님의 보호는 식사로 보증된다. 종속된 사람을 강하게 만드는 음식과 음료수가 배설된다. 부족한 것은 없고, 갈증도 사라진다. 이것은 원수의 목전에 준비된 것이기에 '대담한 식사'이다. 다윗은 하나님이 가까이에 계심을 보고 경험한다. 이와 관련된 세가지 은유는 (1) 안전과 안식의 지팡이와 막대기, (2) 기쁨과 승리의 기름과 식탁, 그리고 (3) 힘과 축하의 음식과 잔이다.

그리스도 안에서 인침을 받아 하나님의 언약 만찬에 초대된 손님으로서 우리는 특별히 현대의 사악함과 파괴하는 세력 앞에서라도 잔치를 즐겨야 한다. 이것은 우리의 매일 삶 속에서 벌이는 영적 전쟁과 같다. 이 영적 전쟁을 수행할 때 우리는 계속해서 악의 파괴하는 세력으로 둘러싸여 있을 때, 우리가 그리스도 안에서 제공된 음식과 음료로 잔치하도록 하나님의 언약적 사랑의 식탁에 앉아 있음을 기억해야 한다. 그리고 이스라엘의 사령관이요 왕이었던 다윗이 그러했듯이 우리도 말해야 한다: "아버지 감사합니다. 당신의 아들을 우리의 식탁으로 만들어 주셔서 감사합니다. 우리의 만나로서 그리스도를 보내주셔서 감사합니다. 우리의 보호자로서 주 중의 주를 우리에게 보내셔서 감사합니다."[31]

(2) 잠언 9장

잠언 9장을 지혜기독론(Wisdom Christology)으로 읽는다면, 성찬 모티브를 찾을 수 있다.[32] 지혜이신 예수님이 짐승을 잡고 포도주를 혼합하여 상을 차리신다(잠 9:2). 교회의 머리이신 예수님이 교회 안에 생명의 잔치를 베푸신다. 잔치집 주인이신 예수님은 흥을 돋우는 고기와 포도주를 정성껏 배설하신다.[33] 유월절 최후의 만찬에서 예수님은 언약의 피와 자신의 살을 상징하는 포도주와 떡을 제자들에게 주시면서 생명의 잔치를 주관하셨다(참고. 눅 22:14-20). 지혜가 파송한 여종은 "와서 내 음식을 먹고 내가 혼합한 포도주를 마셔라. 어리석음을 버리고 생명을 얻으라."라고 외쳐야 한다(잠 9:5-6; 참고. 사 55:1; 요 6:51, 55).

---

31 시 23편에 나타난 성찬은 2008년 4월 13일에 대학교회당에서 행한 Van der Stelt교수의 설교('잊혀진 은유')를 요약한 것이다.
32 참고. 조병수, "성찬의 의미," 78.
33 Leithart, *Blessed are the Hungry: Meditations on the Lord's Supper*, 72.

2.1.4. 요약

에덴동산과 광야 40년 동안 성찬의 몇몇 그림자들이 나타난다. 다윗은 성찬의 주인이신 예수님의 그림자 역할을 했다. 시가서는 종주권 언약의 관점에서 성찬을 언약의 식사로 소개하며, 잠언서는 지혜가 베푼 생명 잔치를 기독론적으로 소개한다.

2.2. 신약의 성찬

2.2.1. 복음서

예수님은 식탁교제와 식사를 소재로 삼은 비유, 그리고 표적을 통해 천국을 교훈하셨다(마 9:9-13; 11:19; 눅 13:29; 14:15; 요 6:32-33). 예수님이 성찬식을 제정하신 최후 만찬을 공관복음은 유월절 식사라고 밝히고(마 26:2; 막 14:12; 눅 22:1), 요한복음은 유월절 준비일의 식사로 소개한다(요 13:1). 유대인들은 상이한 달력들을 사용했기에, 예수님이 유월절 식사를 연이어 이틀 동안 거행한 것으로 볼 수 있다.[34] 성찬은 최후 만찬은 물론, 부활하신 날에 엠마오로 가던 두 제자와 나눈 식사에서도 기원한다(눅 24:30-31).[35] 데오빌로와 같은 누가복음의 1차 독자와 현대 크리스천은 지상의 예수님을 목격하지 못했지만, 성찬을 통하여 손으로

---

[34] K. A. Mathison, 『성찬의 신비: 칼빈의 성찬론 회복』(Given for You: Reclaiming Calvin's Doctrine of the Lord's Supper, 이신열 역, 부산: 고신대학교 개혁주의학술원, 2011), 222. 참고로 조병수는 최후 만찬에 유월절 당일에 먹던 양고기가 배설되지 않고 포도주와 떡만 준비되었기에, 유월절 전날 식사라고 본다(마 26:17-19; 요 18:28). 그렇다면 유월절 당일에는 주님의 시체가 무덤에 안치되었다. 조병수, "성찬의 의미," 66.

[35] 성찬이 주님의 부활에서 기원한 점을 간과한 경우가 적지 않다. 예를 들어, 대한예수교장로회총회 헌법개정위원회, 『헌법』, 79.

만지는 것보다 더 친밀하고 깊은 만남을 누릴 수 있다.**36** 그렇다면 성찬은 예수님의 임재와 부활의 능력 그리고 영생의 기쁨을 생생히 경험하는 시간이어야 한다.

요한복음 6:26-58은 오병이어 표적에 대한 해설인데, 예수님은 떡과 물고기를 따로 가지고 축사하시고 무리에게 직접 나눠주셨는데(요 6:11-12; 비교. 마 14:19; 막 6:41; 눅 9:16), 이 모습은 주님의 최후 만찬 시에 성만찬을 제정하신 것을 바울이 보고한 것과 유사하다(참고. 고전 11:23-26).**37**

부활하신 예수님은 갈릴리 호숫가에서 제자들을 위해서 생선 한 마리와 떡 하나를 아침 식사로 준비하셨는데, 일상 식사를 위해서는 터무니없이 양이 부족하다(요 21:9-13). 요한복음 21:13의 현재 동사 '가다', '가지다', '주다'는 성찬의 현재적 의의 곧 신약 교회가 승귀하신 예수님과 더불어 먹고 마시는 성찬을 강조한다.**38** 그리고 요한복음 21:12의 '묻다'는 흔히 사용되는 동사 ἐρωτάω가 아니라 ἐξετάζω인데, 후자는 '감각으로 느껴 상세히 조사하다'는 뜻이다. 따라서 이 동사는 성찬에 참여한 이는 예수님을 확실하게 알고 믿고 누린다는 사실을 강조한다.**39**

2.2.2. 사도행전

예수님께서 승천하신 후, 초기 예루살렘교회는 가정교회 형태로 매주일이 아니라 날마다 성찬을 거행했다(행 2:42, 46). 매일 성찬은 구약의 돌

---

36 McKenna, "Eucharist, the Resurrection, and the Future," 160.
37 박정곤, "요한복음 6장에 나타난 성찬 연구," 『신학과 목회』 43 (2015), 214-216.
38 김춘기, "요한복음에 나타나는 표적과 성찬의 관계성: 요 6:1-59와 21:1-14를 중심으로," 『신학과 목회』 20 (2003), 77-78.
39 김춘기, "요한복음에 나타나는 표적과 성찬의 관계성: 요 6:1-59와 21:1-14를 중심으로," 81.

성전 제사에서 누릴 수 없는 친밀한 교제로서 신구약 중첩기적 특수 현상이다. 시간이 지나 초대교회는 주일마다 애찬과 더불어 성찬을 거행했다(행 20:7; 고전 11:21; 벧후 2:13; 유 12). 사도행전 20:7-11은 한 주의 첫날인 주일에 드로아교회의 유두고가 부활 후에 떡을 떼어 먹은 성찬을 소개한다.[40] 승천하신 예수님은 성찬으로 드로아교회를 위로하셨다. 예수님의 몸은 승천하신 후 하늘에 계시기에, 성찬은 주님의 실제적인 영적 임재를 표시하는 떡과 포도주를 영적으로 식사하는 시간이다. 성찬을 통해 하늘에 계신 그리스도의 몸을 교회당으로 끌어내릴 수 없지만, 승천하신 예수님은 성령으로써 실제로 임재하신다.[41]

3차에 걸친 전도여행을 마친 후 바울이 로마로 항해하던 중 배위에서 주님께 감사하면서 마지막 식사를 거행한다(행 27:21-44). 배위에서의 식사는 성찬의 특징을 설명한다. 바울이 탄 배는 유라굴로 광풍을 만났는데, 그는 생명의 손상은 없고 배만 손상될 것이라고 말하면서 안심시킨다(행 27:22). 바울은 승선해 있던 사람들에게 음식을 먹도록 권하면서, 머리터럭 하나라도 상하지 않으며 생명에 손상이 없을 것이라고 말한다(행 27:33-34). 바울이 떡을 가지고 하나님께 축사하고 떼어 먹기 시작하니 배에 탄 사람들도 같이 먹은 후, 밀을 바다에 버려서 배를 가볍게 한다(행 27:35-38). 성찬은 폭풍과 환난 가운데서 주님이 주시는 확신의 양식이다. 사도행전의 1차 수신자인 데오빌로는 물론 누가 공동체

---

[40] 초대교회 당시 유대인들은 부활을 세상의 종말 혹은 하나님이 세상에 결정적으로 개입하시는 신호탄으로 간주했다. 초대교회는 주일에 예수님의 부활을 기념하면서 성찬을 거행함으로써, 종말이 이미 도래했음을 고백했다. 이런 의미에서 성찬은 부활적(resurrectional) 성격을 지닌다. J. H. McKenna, "Eucharist, the Resurrection, and the Future," *Anglican Theological Review* 60/2 (1978), 145.
[41] 김광열, "개혁신학의 성찬론의 특징과 그 구원론적 함의," 124.

역시 고난 가운데서라도 성찬을 시행하여 힘을 얻어야 했을 것이다.[42]

2.2.3. 서신서

바울은 고린도전서 10:16–17과 11장에서 성찬의 수직 및 수평적 친교를 강조한다. 세례를 통해서 개인이 그리스도의 몸에 참예하듯이, 성찬을 통해서 그리스도의 몸과 연합한다.[43] '잔'은 예수님의 피로 세우신 '새 언약'을 상징한다(고전 11:25). 옛 언약 백성은 짐승의 피를 흘리고 짐승을 불태워 제사를 드림으로써 하나님을 만나고 죄를 용서받았다. 구약 백성이 제사장을 통해서 짐승을 바치는 제사를 반복적으로 드린 것과 달리, 예수님은 단번에 자신을 십자가에 내 놓으심으로써 영원토록 유효한 희생 제물이 되심으로써 새 언약 백성의 죄를 사하셨다(히 9:23–28). 따라서 성찬을 통해 예수님의 희생 제사가 반복된다고 보는 로마 가톨릭의 화체설(transubstantiation)은 오류이다.[44]

성찬을 통하여 예수님의 대속의 죽음을 돌아본다. 동시에 성찬은 어린 양의 혼인 잔치를 배설하실 신랑 예수님이 다시 오실 것을 내다본다(고

---

[42] 참고로 AD 150년경의 저스틴 마터에 의해 확정된 최초의 예배 순서에 의하면, 회중이 모이기까지 먼저 모인 사람은 신구약 성경을 계속 읽고, 다 모이면 설교를 했다. 그리고 공동기도를 한 후, 떡과 포도주를 가져와 창조와 구원의 하나님께 감사하는 기도를 드리고, 만찬 시에 예수님이 제자들에게 주신 명령을 상기시킨 후 나누어 먹고 마셨다. 집사들은 남은 포도주와 떡을 모아다가 예배에 불참한 사람들에게 나누어 주었다. 그리고 가난한 사람을 돕기 위해 헌금을 했다. 이처럼 AD 2세기 교회의 예배는 성찬과 말씀이 공존했고, 예배에 참여하지 못한 사람과 가난한 이웃까지도 돌보는 구제의 요소도 포함했다. F. F. Bruce, 『바울』(Paul: Apostle of the Free Spirit, 박문재 역, 서울: 크리스천다이제스트, 1992), 304–310.

[43] 참고로 AD 3세기 로마의 히폴리투스의 사도전승에 따르면, 애찬(agape meal)과 성찬은 구분되었다. 김명실, "기독교 성찬성례의 사회윤리적 책임에 대한 연구," 『한국기독교신학논총』 91/1 (2014), 269.

[44] 김광열, "개혁신학의 성찬론의 특징과 그 구원론적 함의," 119.

전 11:26; 계 2:7; 19:9).[45] 주님의 몸을 분변하지 못하고 즉 주님의 대속을 바로 믿지 못하고 먹고 마신다면, 자신의 죄 즉 자신에게 임할 심판을 먹고 마시는 것이다(고전 11:29-30).[46] 요한계시록 19:9의 어린양의 혼인잔치는 이미 시작되었고, 재림으로 완성될 것이다(참고. 마 26:29).

2.3. 요약

복음서는 성찬을 식탁교제와 표적, 그리고 부활 현현으로 설명한다. 초대교회는 매주 성찬이 있는 예배를 즐겼고, 그것은 하나님께서 박해와 환난을 당하던 교회를 위로하시는 방편이었다. 서신서는 새 언약의 식사인 성찬의 과거, 현재, 미래적 의미를 균형 있게 설명한다. 참고로 개혁교회는 1년에 성찬을 평균 4회 정도만 시행한다.[47] 그리고 성찬 후, 자원자들은 점심 애찬을 교회당 마당에서 나누기도 한다.

---

[45] P. F. Bradshaw, "Eucharist," in *A New Dictionary of Liturgy and Worship*, ed. by J. G. Davies (London: SCM, 1986), 228.

[46] 유아의 성찬 참여(paedo-communion)는 교회의 초기시대부터 시행되었지만, 유아 세례를 받은 이가 성장하여 스스로 신앙 지식과 선한 양심을 갖춘 후에 참여하는 것이 옳다. 성찬에 참여하지 못하는 아이들은 성찬의 의미를 배워야 하는 사실은 구약 이스라엘 성인이 유월절의 의미를 자녀에게 가르친 데서 알 수 있다(출 20:26-27). Stam, *The Covenant of Love*, 159-160. 참고로 제4차 라테란회의(1215) 이후로 유아는 성찬에서 제외되었는데, 분별해야 할 '주의 몸'(고전 11:29)은 그리스도의 (신비로운) 몸이 아니라 성찬에 참여하는 그리스도인을 가리키므로 유아의 성찬 참여는 허용되어야 한다는 주장은 프레토리아대학교 교의학 교수 J. Buitendag, "Saam Een Liggaam (1 Kor 10:17): Deelname van Kinders aan die Nagmaal," *HTS Teologiese Studies* 57/1-2 (2001), 531을 보라.

[47] 남아공 화란개혁교회(DRC)의 교회법(2017)에 의하면, 성찬은 '최소 1년에 4회' 시행해야 한다. 하지만 DRC의 대형교회의 경우, 당회가 성찬 전에 방문자를 철저히 검증하지 못하여, 열린 성찬으로 전락할 우려가 있다. 하지만 닫힌 성찬에 참여한 이들은 믿음으로써 인이 쳐진 메시지(verseëlde boodskap)를 받는다. Strauss, "Toelating tot die Nagmaal: 'N Gere-formeerd-Kerkordelike Perspektief," 7-8.

월	세 례	성 찬	구속사적 의미와 적용
모세 오경	노아 홍수와 홍해 도하	에덴동산의 식사와 만나와 메추라기 및 시내산에서의 언약체결 때의 식사	노아와 출애굽 당시 세례와 성찬의 그림자는 종말 백성을 위한 교훈
역사서	물두멍, 놋 바다, 대제사장의 제의적 목욕	다윗과 므비보셋	제의적 의미와 자비가 예수님에게서 성취됨
시가서	없음	종주이신 하나님과 지혜이신 예수님이 베푸신 식사	메시아적 시편 읽기와 지혜 기독론적으로 드러난 성찬
복음서	세례 요한의 세례와 구원을 이루기 위해 예수님이 받으신 세례	식탁교제, 식사 비유, 표적, 부활 현현에 나타난 성찬	예수님의 공 사역에 나타난 세례의 의미 그리고 성찬에 대한 그림자
사도 행전	구원의 은혜에 대한 반응으로서의 세례	하나님은 매주 성찬을 겸한 예배로써 박해 받던 교회를 위로하심	성령의 오심으로 초대교회에 세례와 성찬의 의미가 만개함
서신서	세례의 기독론, 성령론, 교회론, 종말론, 윤리론적 의미를 잘 파악함. 선한 양심의 서약이자 새 출애굽으로서의 세례	과거, 현재, 미래적 의미가 잘 드러난 초대교회의 성찬	초대교회는 세례와 성찬의 신학을 훌륭하게 정립함

나오면서

예수 그리스도의 화목을 위한 죽으심으로써 하나님의 언약적 정의(正義)가 충족되었다(출 24:8; 레 16:14-19; 막 14:24; 롬 3:25; 고후 5:21; 갈 3:13). 예수님의 죽으심에 나타난 화해의 능력은 세례와 성찬에 공통적으로 나타나기에, 교회는 이 두 성례로써 존재한다.[48] 이상의 논의는 위와 같이 도표로 요약된다. 이상의 논의를 성례와 설교를 위하여 몇 가지 방식으로 적용해 보자. 유아 및 성인 세례는 온 가족이 앞으로 나와 증인

---

48 U. Wilckens, "Eucharistie und Einheit der Kirche," *Kerygma und Dogma* 25/1 (1979), 68-71, 85.

으로서 축하하도록 하며, 성찬은 추도식이 되지 않도록 주의해야 하되 공동체적으로 감각적(시각, 미각) 효과를 맛보도록 디자인할 필요가 있다. 성찬은 구원의 은덕을 입은 이들이 영적으로 성장하여 헌신하도록 만드는 인침이며, 하나님과 성도와 누리는 교제의 띠이자 보증이다.[49] 성찬은 예배보다 그리스도의 몸을 더 분명하게 가시화하는 시간이다.

지적으로 분별할 수 없는 유아의 세례로부터 지적 장애인의 세례 역시 정당하다고 추론할 수 있다(신 1:39). "유아세례는 언약적 차원에서 부모의 신앙으로 하나님의 약속과 명령에 순종하여 주어지는 것이다. 마찬가지로 아이와 같은 지적 장애인의 세례도 같은 차원에서 베풀 수 있다고 하겠다. ...... 지적 장애인의 세례가 그의 구원을 보장해주지는 않는다. 그럼에도 불구하고 언약 백성으로서 하나님의 복을 누리고 새 생명을 얻을 수 있을 것이라는 소망은 그 세례를 통해서 부모와 형제가 가질 수 있을 것이다."[50] 물론 지적장애인의 신앙문답과 세례 그리고 그들의 성찬 참여에 관한 신중한 연구가 필요하며, 구원에 있어 하나님의 절대 주권을 늘 인정해야 한다.

교회개혁이 로마 가톨릭의 화체설을 거부했다면, 이제 종교간 대화가 활발한 때에 유대교의 유월절 식사가 성찬에 영향을 미치는 것을 주의해야 한다. 예를 들어, 일부 기독교파에 유월절을 기념하는 니산월 15-16일의 식사(Passover seder)와 창조와 구원을 이루신 성부 하나님의 현재적 현존과 메시아의 오심을 기대하는 큰 감사(the Great Thanksgiving)가 시행되고 있다.[51]

---

49 대한예수교장로회총회 헌법개정위원회, 『헌법』, 79.
50 정승원, "지적 장애인 세례의 신학적 정당성: 최홍석의 유아세례 정당성에 관한 논문에 근거하여," 『신학지남』 82/3 (2015), 72-73.
51 I. H. Jones and E. Kessler, "Eucharist," in *A Dictionary of Jewish-Christian Re-*

부활 주일 직후에 열리는 장로교의 봄 노회의 시작은 성찬이 있는 예배이다. 그런데 그 성찬식은 부활의 기쁨을 축하하기보다, 다시 고난주간으로 돌아가는 경향이 있다. 그리고 교회가 성찬을 자주 시행하지 않기에, 수찬 정지라는 권징의 의미는 옅어지고 있다.

예수님께서 최후 만찬 시에 말씀하셨듯이, 성찬 제정문을 읽은 후 설교를 하는 순서도 고려할 만 하다.[52] 그리고 "성도가 서로 교통하는 것을 믿습니다."라는 고백을 실천하는 시간인 성찬 예배 후, 보편 교회 안에 있는 모든 분열과 차별을 극복하려는 구체적인 노력이 필요하다.[53] 또한 성찬으로 영생을 확인한 공동체 모두가 교회당 근처 이웃에게 전도하거나 봉사하는 것도 바람직하다(고전 11:26).

성례의 의미는 교회당 안에 국한되지 않으므로, 성례에 참여한 이들의 적극적인 공적 실천도 중요하다. 예배는 예배공동체 내의 화목과 연대를 넘어, 예배의 대상인 하나님을 닮아 사회 속에 정의와 구제와 화목을 실천하는 것과 밀접히 연관있다(사 1:11-16; 호 6:6; 암 5:21-24; 마 5:23-24; 눅 20:45-47; 행 2:42-47; 고전 11:20-21; 디다케 14; 사도의 교훈 11:4-5).[54] 주님께서 자기 백성을 성찬의 식사로 초대하심을 본 받아 크리스천은 세상 속에서 환대를 실천해야 한다. 일부 교회에서 분병 및 분잔하기 전에 세상의 주린 자들을 생각하며 구제헌금을 한다. 세상을 위해 자신을 내어놓으신 예수님이 우리 속에 들어와 계시기에, 우리도 우리 몸을 세상을 위해 내어주어야 한다. AD 250년경, 북 아프리카 카르

lations, ed. by E. Kessler and N. Wenborn (Cambridge: Cambridge University Press, 2008), 148-149.

52 조병수, "성찬의 의미," 70, 76.

53 Contra 열린 성찬과 WCC 방식의 교회 일치와 연합을 주장하는 허정갑, "성만찬적 교회론: '성도의 교제'를 중심으로," 『한국기독교신학논총』 52/1 (2007), 204, 208, 216.

54 김명실, "기독교 성찬성례의 사회윤리적 책임에 대한 연구," 265-266.

타고의 주교 키프리안은 "그들 스스로 그리스도를 위해서 피를 흘릴 수 있도록, 그들은 매일 그리스도의 보혈의 잔을 마신다."라고 말했다.[55] 교회가 세상 끝까지 흩어지는 디아스포라가 되려면, 우리의 마음을 먼저 주님만을 향하여 들면서(sursum corda) 성찬의 잔치 상에 자주 모여 양식을 나눠야 한다.[56]

크리스천이 죽음에 대한 해독제이자 영혼의 보약과 같은 은혜의 방편인 세례와 성찬에 참여하면 어떻게 살아야 하는가? 하나님께 감사를 드리는 것(thanksgiving)을 넘어, 매일 감사를 실천하는 날(thanks-living day)로 만들어야 한다. 크리스천이 임마누엘의 은혜를 감사히 누릴 때, 성찬과 재림 사이에 놓인 간극과 긴장은 행복으로 메워지고 연결된다. 그리고 한 걸음 더 나아가 그런 성도는 세상 속에 그리스도의 현존을 드러내는데 힘써야 한다. 선교적 교회가 세상 속에서 예수님을 드러내는 것은 무소부재하신 하나님을 교리나 신앙고백 차원에서 믿는 것을 훨씬 넘어선다.[57]

---

[55] 참고. Bercot, *A Dictionary of Early Christian Beliefs*, 253.

[56] 디다케는 세상의 끝에서 성찬상으로 모이는 것을 강조했다. 참고. Bercot, *A Dictionary of Early Christian Beliefs*, 254. 참고로 남아공 개혁교회(GKSA)에서 성찬 시행 방법은 다양하지만, 센추리온(Centurion)개혁교회의 방식을 소개해 본다. 성찬상 중앙에 집례자가 서고, 집례자 좌우에 의자를 5-6개씩 배치하여, 성찬 시작 때 자원하는 성도가 앉도록 초청한다. 주님께서 생명의 잔치로 초청하는 것을 보여준다. 성찬식 때 큰 빵을 준비하여 집례자가 빵을 떼어(찢어) 가시적으로 빵의 의미를 설명한다. 포도주 잔을 받는 즉시 마시지 않고 기도하다가 집례자의 안내를 받아 성도가 동시에 마신다. 떡도 마찬가지로 모든 성도가 다 받은 후 동시에 먹음으로써 한 형제자매임을 강조한다. 성찬식 중후반으로 갈수로 장차 영원한 천국에서 누릴 어린양의 혼인 잔치에 참여할 소망을 가지는 밝은 분위기로 전환된다.

[57] D. P. Scaer, "Baptism and the Lord's Supper in the Life of the Church," *Concordia Theological Quarterly* 45/1-2 (1981), 51. 참고로 남아공 화란개혁교회(DRC)는 3년마다 개최되는 교단 총회를 성찬식이 포함된 예배로 시작하고, 남아공 개혁교회(GKSA)는 성찬이 없는 예배로 시작한다. 전자는 교단 총회를 확대된 교회로 이해하고, 후자는 세례와 더불어 성찬을 개교회가 시행할 성례로 판단하기 때문으로 보인다. 노회와 총회를 성찬으로 시작하는 여부는 아디아포라의 문제이다.

김광열. "개혁신학의 성찬론의 특징과 그 구원론적 함의." 『신학지남』 85/1 (2018): 113-143.

김명실. "기독교 성찬성례의 사회윤리적 책임에 대한 연구." 『한국기독교신학논총』 91/1 (2014): 263-295.

김병훈. "유아 세례의 신학적 의미와 설교." 『헤르메네이아 투데이』 48 (2009): 15-44.

김춘기. "요한복음에 나타나는 표적과 성찬의 관계성: 요 6:1-59와 21:1-14를 중심으로." 『신학과 목회』 20(2003): 67-84.

대한예수교장로회총회 헌법개정위원회 (ed). 『헌법』. 서울: 대한예수교장로회 총회출판국, 2011.

박정곤. "요한복음 6장에 나타난 성찬 연구." 『신학과 목회』 43 (2015): 199-221.

송영목. 『신약신학』. 서울: 생명의 양식, 2010.

정성국. "선교적 해석학의 한국적 함의." 선교적 성경해석학 세미나: 그리스도를 통해 읽는 삼위 하나님의 선교. 서울삼일교회당, 2019년 11월 25일: 32-52.

정승원. "지적 장애인 세례의 신학적 정당성: 최홍석의 유아세례 정당성에 관한 논문에 근거 하여." 『신학지남』 82/3 (2015): 63-83.

조병수. "성찬의 의미." 『헤르메네이아 투데이』 48 (2009): 63-78.

허정갑. "성만찬적 교회론: '성도의 교제'를 중심으로." 『한국기독교신학논총』 52/1 (2007): 201-226.

Beasley-Murray, G. R. *Baptism in the New Testament*. Grand Rapids: Eerd-mans, 1977.

Bercot, D. W. (ed). *A Dictionary of Early Christian Beliefs*. Peabody: Hendrick-son Publishers, 1998.

Bradshaw, P. F. "Eucharist." In *A New Dictionary of Liturgy and Worship*. Edited by J. G. Davies. London: SCM, 1986: 227-229.

Bruce, F. F. 『바울』. *Apostle of the Free Spirit*. 박문재 역. 서울: 크리스천다이제스트, 1992.

Buitendag, J. "Saam Een Liggaam (1 Kor 10:17): Deelname van Kinders aan die Nagmaal." *HTS Teologiese Studies* 57/1-2 (2001): 531-562.

Davies, J. G. (ed). *A New Dictionary of Liturgy and Worship*. London: SCM, 1986.

Dunn, J. D. G. "세례." In 『새성경 사전』. Edited by J. D. Douglas. 나용화 외 역. 서울: 기독교문서선교회, 1996: 876-879.

Fape, M. O. "세례." In 『IVP 성경신학사전』. Edited by T. D. Alexander and B. S. Rosner. 권연경 외 역. 서울: IVP, 2004: 776-780.

Floor, L. *Die Heilige Doop in die Nuwe Testament*. Potchefstroom: Potchef-stroomse Teologiese Publikasie, 1983.

Horton, M. S. "Sacrament." In *Dictionary for Theological Interpretation of the Bible*. Edited by K. J. Vanhoozer. London: SPCK, 2005: 709-711.

Hunt, J. P. T. "Colossians 2:11-12, the Circumcision/Baptism Analogy, and In-fant Baptism." *Tyndale Bulletin* 41/2 (1990): 227-244.

Jones, I. H. and Kessler, E. "Eucharist." In *A Dictionary of Jewish-Christian Relations*. Edited by E. Kessler and N. Wenborn. Cambridge: Cam-bridge University Press, 2008: 147-149.

Leithart, P. J. 『하나님 나라와 능력』. *The Kingdom and the Power*. 안정진 역, 서울: CLC, 2007.

_____. *Blessed are the Hungry: Meditations on the Lord's Supper*. Moscow: Canon Press, 2000.

Mathison, K. A. 『성찬의 신비: 칼빈의 성찬론 회복』. *Given for You: Reclaiming Calvin's Doctrine of the Lord's Supper*. 이신열 역. 부산: 고신대학교 개혁주의학술원, 2011.

McKenna, J. H. "Eucharist, the Resurrection, and the Future." *Anglican The-ological Review* 60/2 (1978): 144-165.

Mostert, C. "Christian Identity as Baptismal Identity." 제6회 The International Reformed Theological Institute, 2005년 7월 5-7일. 서울교회당.

Perkins, L. "Baptism:Inaugural Spirituality-Part I." file:///C:/Users/user/Desktop p/2009-04-Biblical_Theology_of_Baptism_Peter.pdf(접속일 2019년 9월 19일).

_____. "Baptism: Inaugural Spirituality- Part II." file:///C:/Users/user/Desktop/200

9-04-Biblical_Theology_of_Baptism_Paul.pdf(접속일 2019년 9월 19일).

_____."Baptism: Inaugural Spirituality- Part III." file:///C:/Users/user/Desktop/20 09-04-Biblical_Theology_of_Baptism.pdf(접속일 2019년 9월 19일).

Roy, K. *Baptism, Reconciliation and Unity*. Cumbria: Paternoster Press, 1997.

Scaer, D. P. "Baptism and the Lord's Supper in the Life of the Church." *Concordia Theological Quarterly* 45/1-2 (1981): 37-59.

Smit, C. J. and Van der Walt, J. J. "Die Doop in die Gereformeerde Kerkorde." *In die Skriflig* 23/2 (1989): 59-73.

Stam, C. *The Covenant of Love: Exploring Our Relationship with God*. Winnipeg: Premier Publishing, 1999.

Stein, R. H. "Baptism and Becoming a Christian in the New Testament." *SBJT* 2/1 (1998): 6-17.

Strauss, P. J. "Kerkorde en Doop: Toegespits op Twee Gereformeerde Kerkordes." *In die Skriflig* 53/1 (2019): 1-10.

_____."Toelating tot die Nagmaal: 'N Gereformeerd-Kerkordelike Perspektief." *In die Skriflig* 53/1 (2019): 1-10.

The Worship Sourcebook. Grand Rapids: Calvin Institute of Christian Worship, 2004.

White, J. F. "Liturgy and the Language of Space." *Worship* 52/1 (1978): 57-66.

White, S. "Baptism." In *A Dictionary of Jewish-Christian Relations*. Edited by E. Kessler and N. Wenborn. Cambridge: Cambridge University Press, 2008: 47-48.

Wilckens, U. "Eucharistie und Einheit der Kirche." *Kerygma und Dogma* 25/1 (1979): 67-85.

Wood, S. K. "Baptism." In *Dictionary for Theological Interpretation of the Bible*. Edited by K. J. Vanhoozer. London: SPCK, 2005: 81-82.

성찬의 신학과 실제:
개혁교회의 이해를 바탕으로

윤 석 준

1. 서론: 성찬의 신학이 중요한가?

1.1. 성찬이 중요한가?

우리에게는 일반적으로 성찬이라고 하면 Celebration이나 Ceremony의 성격이 강하다. 말하자면 찬이 '실제적 효용을 가진다.'라고 믿는다기보다는 **기념일에 행하는 행사 같은 성격**이 강하다는 것이다. 그런데 이렇게 성찬을 이해할 때 기억해야 하는 점은, 보통의 사람들 중 누구도 현충일 기념식이나 광복절 기념식 같은 것을 보면서 큰 은혜를 받거나 "이런 기념 예식은 정말로 내 삶에 중요한 일이야!"라고 생각하지 않는다는 점이다. 즉, 우리가 성찬을 이런 기념식의 성격으로 이해해 버린다면 성찬식은 사실은 '죽은 예식'이 되어버릴 것이다.

하지만 만약 본연의 성찬, 성경이 가르치고 있는 성찬이 정말로 Cel-ebration이나 Ceremony일 뿐이라면 그것은 그 나름대로 제자리를 찾고 있는 것이니 괜찮다 할 수 있다. 우리가 참으로 성경의 사람들이라면, 성경이 성찬을 Celebration이나 Ceremony라고 정의하고 있다고 한다면 그게 별로 감동이 되지 않는다고 해서 바꾸거나 변형시킬 수는 없는 노릇이기 때문이다.

문제는, 성찬이 실제로는 그렇지 않다는 데 있다. 말하자면 **본연의 성찬이란 '대단히 강력한 능력을 가진 은혜의 방편'인데** 우리가 이것을 단지 기념식으로 격하시켰기 때문에 여기에서 문제가 생기는 것이다. 고대교회의 교부들 중에는 성찬을 '불사의 약', 즉 죽지 않게 만들어 주는 약이라고 강력하게 표현하는 경우들이 많이 있었는데, 이는 우리 선배들이 성찬을 어떻게 받아들이고 이해했는지를 극명하게 보여주는 부분이다. 종교개혁에서도 성찬의 입지는 마찬가지다. 개혁자들이 화체를 거부했다고 해서 **'성찬에 주님의 몸이 실제로 임하는 것'조차 거부했다고 생각해서는 곤란**하다. 종교개혁자들에게도 성찬은 '강력한 도구'였다. 키이스 매티슨은 바로 이 주제로 책을 썼는데, 간략한 요지가 다음과 같다.

> "칼빈은 그리스도의 몸은 성례에 성령의 역사에 의해 임재하게 된다고 가르쳤기 때문에, 그리스도의 성례전적 임재에 관한 그의 견해는 때로 '영적 임재(spiritual presence)'로 지칭된다. 불행스럽게도 이 용어는 그리스도의 영 또는 신성만이 이 성례에 임하는 것을 뜻한다고 자주 오해된다. 칼빈은 이런 견해를 분명히 부인하였다."[1]

---

1 Keith A. Mathison, 『성찬의 신비: 칼빈의 성찬론 회복』(Given for You: Reclaiming Calvin's Doctrine of the Lord's Supper, 이신열 역, 부산: 개혁주의학술원, 2011), 296.

판 헨더렌의 교의학에서도 이러한 강조점은 동일하게 나타난다.

> "루터와 마찬가지로 칼뱅도 **그리스도가 성찬에 진정으로 임재한다
> 고 믿었다.**"**2**

즉 개혁자들은 주께서 성찬 상에 '실제로' 임하는 것을 의심했던 것이 아
니었다는 것이다. 단지 화체가 가졌던 '물질적 임재'를 부인했을 뿐, '실
제적 임재'는 개혁가들에게 중요한 믿음이었다.

칼빈은 기독교 강요 4권에서 세례와 성찬, 곧 두 성례에 대한 가르침
에 들어가기 전에, 이것을 통칭하는 "성례"를 다루는데(제 14장), 이 때
성례의 의미를 이렇게 말하고 있다.

> "내 생각에는 성례를 간단하고도 적절히 정의하자면 그것은 **주께서
> 우리의 연약한 믿음을 지탱시켜 주시기 위하여 우리를 향하신 그의
> 선하신 약속들을 우리의 양심에 인치시는 하나의 외형적인 표지**
> (sign)이며, 또한 우리 편에서는 주와 그의 천사들과 사람들 앞에서
> 그를 향한 우리의 경건을 인증하는 표지라 할 수 있을 것이다."**3**

성찬을 "우리의 믿음을 지탱해주는 외형적인 표지"라고 말한 것에 주목
하자. 이는 성경에 자주 등장하는 개념인데, 예를 들면 골로새서는 그리
스도께서 이 세상에 오신(성육신) 이유를 이렇게 말씀하고 있다.

---

2 J. van Genderen & W. H. Velema, 『개혁교회교의학』(Beknopte Gereformeerde Dog-
matiek, 신지철 역, 서울: 새물결플러스, 2018), 1308.

3 Inst. IV. 14. 1.

"그는 보이지 아니하시는 하나님의 형상이요 모든 창조물보다 먼저 나신 자니 만물이 그에게 창조되되 ...... 또한 그가 만물보다 먼저 계시고 만물이 그 안에 함께 섰느니라 ...... 친히 만물의 으뜸이 되려 하심이요"(골 1:15-18)

골로새서는 예수님의 성육신을 '보이지 아니하시는 하나님'께서 어떻게 보이는 세상의 피조물들과' 연결되어 계시는지를 설명하기 위해 사용한다. 곧 삼위 하나님 중 성자 하나님의 의의는 **'보이지 아니하시는 하나님께서 어떻게 보이는 세계와 교제하시는지를'** 보여주는 데에 굉장히 강력한 의의가 있다. 비슷한 방식으로 히브리서는 믿음을 다음과 같이 설명한다(히 11장).

"믿음은 바라는 것들의 실상이요"
: "바라는 것"은 보이지 않는 것이며 "실상"이란 그것의 형상화이다.

"보지 못하는 것들의 증거니"
: '보지 못하는 것들'은 보이지 않는 것이며, '증거'는 그것의 형상화이다. '선진들이 이로써 증거를 얻었느니라.'

이렇게 말하면서 히브리서는 이 내용을 창조와 연결시킨다.

"믿음으로 모든 세계가 하나님의 말씀으로 지어진 줄을 우리가 아나니 보이는 것은 나타난 것으로 말미암아 된 것이 아니니라."

이 부분은 다음과 같이 앞서 말한 구도와 같이 설명할 수 있다.

"모든 세계"
: 보이는 것

그런데 "말씀으로 지어졌다"
: 보이지 않는 것으로 인해 보이는 세계가 지어졌다.

따라서 "보이는 것은 나타난 것으로 말미암아 된 것이 아니다."

히브리서는 말씀으로 세상이 창조된 것을 예시로 하여 우리 눈에 보이는 물질 세계의 기원이 사실은 보이지 않는 세계의 것으로부터 말미암음을 논증하고 있는 것이다.

이것이 바로 히브리서 11장, 곧 '믿음장'의 내용이다. 이 말씀이 끝난 후 히브리서는 연속적으로 나타나는 "믿음으로"의 구절을 갖고 있다. 따라서 앞의 내용들과의 연계선상에서 생각하자면 이 "믿음으로"가 반복되는 내용은 모두, 어떻게 믿음의 사람들이 '**보이지 않는 믿음 때문에, 보이는 세상에서의 삶을 승리할 수 있었는지, 곧 보이지 않는 믿음이, 보이는 세계를 살아가는 참된 동력인지**'를 설명하는 것이다. 그렇기 때문에 거꾸로, 보이는 행동이 없으면 믿음이 아닌 것이다.

골로새서와 히브리서의 말씀은 우리에게 '**성육신'의 의미**를 밝혀주고 있다. 그래서 종교개혁의 시대에도 항상 **성찬론의 문제는 궁극적으로는 기독론의 문제**였다. 그리스도께서 보이지 않는 하나님이신데, 보이는 육을 입고 사람으로 오신 것은, 삼위 하나님 중 성자께서 하나님과 물질세계를 잇는 역할을 하는 위격이심을 보여주기 때문이다(요1:14 "말씀이 육신이 되어 우리 가운데 거하시매").

즉 하나님이신 성자께서 물질인 육신을 입으시는 일을 통해서 우리는, 왜 형상이 없으신 하나님께서 물질의 세계를 '창조'하셨는지를 알게 되고, 에베소서에서 그리스도께서 궁극적으로 이 모든 세계를 통합할 구주라고 말씀하고 계신지를 깨닫게 되는 것이다.[4]

따라서 우리는 성찬을 통해서 어떻게 하나님께서 '보이는 물질'을 통해 '보이지 않는 세계'와 연결하시는지, 특히 그 중에 그리스도께서 그 역할을 하시는지를 깨닫게 된다. 말하자면 '성찬'은 '성육신'과 같은 성격의 것으로서, '보이지 않으시는 하나님'께서 '보이는 방식으로 자신을 우리에게 주시는' 가시적인 징표인 것이다.

그래서 교회는 언제나 성례를 이런 의미에서 **'언약의(보이지 않는) 표와 인(보이는)'**이라고 불렀다. 선진들이 항상 눈에 보이는 성례를 이런 식으로 말했고(성례는 '보이는 말씀'),[5] 따라서 칼빈은 기독교 강요에서 성례를 이렇게 표현하고 있다.

> "그리고 성례들은 말씀과는 다른 특징을 갖고 있다. 왜냐하면 그것들은 **약속들을 마치 그림으로 그리는 것처럼** 우리에게 제시해 주기 때문이다……신자들은 자기의 눈으로 성례를 볼 때 육체의 눈에 보이는 그것들에게서 멈추지 않고, 그런 단계를 통해서 더 높이 올라

---

4 "모든 정사와 권세와 능력과 주관하는 자와 이 세상 뿐 아니라 오는 세상에 일컫는 모든 이름 위에 뛰어나게 하시고 또 만물을 그 발아래 복종하게 하시고 그를 만물 위에 교회의 머리로 주셨느니라. 교회는 그의 몸이니 만물 안에서 만물을 충만케 하시는 자의 충만이니라."(엡 1:21-23). 여기에서 그리스도께서 '만물'의 머리이심과, 또 교회가 그 '만물의 충만'임을 주목하라.
5 Keith A. Mathison, 『성찬의 신비: 칼빈의 성찬론 회복』, 7.

가 성례 속에 감추어져 있는 그 고귀한 영적 신비들을 경건하게 바라보는 것이다."[6]

여기에 성찬이 가지는 중요한 '실효적 의미'가 있다. 그것은 우리가 종종 듣는 **'강단과 분리된 삶'의 문제**다.

우리는 자주 '말씀'과 '생활'이 분리되어 있다는 이야기를 듣는다. 말씀은 듣지만 성도들의 삶이 따르지 않는다고들 한다. 하지만 이런 문제의 궁극적인 원인을 여러 다른 곳에서 찾으며, 어떤 면에서는 현실적응력을 높인다고 하여 오히려 더 문제를 악화시키는 것도 볼 수 있다.

성도들의 삶이 말씀과 이격되어 있는 문제는 근본적으로는 말씀의 부재의 문제이겠지만(바른 말씀이 선포되지 않으면 모든 생명의 원천이 차단된다. 사람의 귀를 즐겁게 하는 말씀은 결코 신자를 그리스도인으로 만들지 못한다), 여기에 덧붙여 우리네 문화에서 성찬이 제대로 기능하지 못하는 점이 크다. 왜냐하면 (세례와) 성찬이 **그 자체가 '보이지 않는 말씀'을 '보이도록' 만드는 것**으로 하나님께서 바로 이것을 위하여 주신 방편이기 때문이다. 말하자면 (세례와) 성찬이야말로 **'말씀의 현실화' 그 자체**, 우리가 익숙한 표현으로 말하자면 '삶에의 적용' 그 자체인 것이다.

그렇다면 신자의 삶이 말씀으로부터 이격되어 있을 때 그 해결책은 궁극적으로는 성례를 회복하는 것이다. 교회가 (세례와) 성찬을 강력하게 가르치고 시행할 때, 말씀을 실천하며 사는 신자의 삶의 문제가 근본적으로 치유될 것임에 분명하다.

---

6 Inst. IV. 14. 5.

1.2. 성찬에서의 신학적 문제

성찬이 실제로 '눈에 보이는 말씀'으로서 강력한 실효를 갖는데 마이너스 요인이 되는 중요한 이유가 오늘날 개혁주의 진영의 교회들이 가진 성찬론이 다수 **'츠빙글리화'** 되었다는 사실 때문이다. 앞서 말한 성찬이 Celebration과 Ceremony가 된 것의 상당 부분의 이유가 성찬론의 츠빙글리화라 생각한다. 성찬이 단순히 Memorial이 되고 화석화되게 되었기 때문에 현실에서 실효를 잃어버리게 된 것이다. 원래 종교개혁자들이 가졌던 성찬론은 매우 강력했다!

이 점을 키이스 매티슨 교수가 매우 상세하고도 강력하게 논증하고 있다. 키이스 매티슨 교수는 이 책 전체를 **"왜 오늘날 개혁주의 교회들이 칼빈의 성찬론을 잃어버렸는가?"**를 설명하는 데 할애하고 있다. 그리고 이 내용을 역사적으로 개관하고 있는데, 전체를 인용할 수 없기 때문에 그 요지만 전달해 보도록 하자.

> "개혁교회와 16세기 신앙고백서들은 일반적으로 츠빙글리가 주장하였던 철저한 기념론적 견해를 부인하였다. 그러나 이 견해는 17세기 이후부터 개혁교회의 주된 견해로 자리 잡게 되었다. **츠빙글리의 견해를 점차적으로 수용한 것은 성찬에 관한 성경적이며 개혁주의적인 견해로부터 멀어졌다는 것이 이 책의 주장**이다." 7

> "로마교의 미사에 대한 그의 모든 비판에도 불구하고 루터는 성별

---

7 IKeith A. Mathison, 『성찬의 신비: 칼빈의 성찬론 회복』, "소개의 글."

된 떡과 포도주가 그리스도의 살과 피라는 견해에 도전하지 않았다.......츠빙글리에 의하면 성례는 기독교인이 교회에 대한 그의 충성심을 다짐하고 입증하는 수단이었다. 성찬은 본질적으로 그리스도의 죽음을 기념하는 것이라고 그는 주장하였다......츠빙글리에게 이 문장에 언급된 '이다'라는 단어는 실제로 '~를 상징하다' 또는 '~를 나타내다'를 뜻하였다. 루터는 이러한 해석에 대하여 강력하게 부정적인 방식으로 반응하였다......(사이에 마르부르크 회담의 결렬) **칼빈의 중재적 입장이 루터의 견해보다 츠빙글리의 견해에 더 가까웠다고 보는 것은 잘못된 것**이다. 칼빈은 츠빙글리보다 **루터의 입장에 동조적**이었다. 그는 츠빙글리의 입장에 대하여 동일한 열심을 지니고 있지 않았다......이 점은 기억해야 할 중요한 사안인데 후대에 이르러 칼빈의 계승자들이 점차적으로 그의 입장을 저버리고 더욱 츠빙글리적인 교리 쪽으로 이동했기 때문이다."[8]

성찬의 신학이 무엇이어야 하며, 또 성찬이 츠빙글리화 되었다는 것은 어떤 마이너스를 말하는 것인지를 이하 "성찬의 신학"이라는 제목으로 전반적으로 다루어 보도록 하겠다.

2. 성찬의 신학: 성찬의 의의

성찬을 단순하게 '과거에 있었던 그리스도의 십자가의 죽음을 기념하는 기념식'이라고만 생각하면, 여기에는 별반 다룰 내용이 없게 된다. 만약

---

8 Keith A. Mathison, 『성찬의 신비: 칼빈의 성찬론 회복』, 4-5.

이 정도라면 루터와 츠빙글리가 마르부르크 회담9에서 결별할 필요도 없었을 것이고, 칼빈이 성찬론을 정리할 필요도 없었을 것이다.

신학적 이해 부족으로 인해, 4세기 이후의 삼위일체 논쟁이나, 종교개혁기의 성찬론 논쟁을 '교회 성장은 내팽개쳐 두고 쓸데 없는 신학 논쟁이나 하던 것'이라고 보는 이들이 한국교회 안에는 적지 않은데, 이런 생각은 전적으로 잘못된 것이다. 삼위일체 논쟁은 그야말로 '우리가 누구를 믿는가'에 대한(우리는 삼위 하나님을 믿는다!), 가장 중요한 의의를 발견한 역사이며, 종교개혁기의 성찬론 논쟁은 기독론과 우리의 믿음에 관련한 가장 핵심적인 논쟁이었다. 개혁자들 중 누구도 양보하지 않은 것은 단순하게 말해, 이것이 그만큼 중요했기 때문이다. 개혁자들이 성찬론에 있어 물러서지 않은 것은 단순히 고집 센 늙은이들이 논쟁에 지기 싫어서 중요하지도 않은 문제로 싸운 것이 아니다. 성찬 문제는 작은 문제가 아니었다. 왜냐하면 성찬론은 그 자체로 **'기독론'**이었기 때문이다.

2.1. 로마교회의 화체: 우상숭배, 땅에 속한 종교

로마교회의 화체의 핵심은 아리스토텔레스 철학에 기초를 두고 있다.10

---

9 제2차 슈파이에르 회의(1529. 4)가 종교개혁에 대한 반대안을 다수로 통과시켰기 때문에 헤센의 필립은 프로테스탄트 연맹을 조직하기를 원했고, 이를 위하여 종교개혁자들의 대표자들이 모인 회의가 바로 마르부르크 회의이다. 루터측에서는 루터와 멜란히톤이, 그리고 외콜람파디우스와 츠빙글리가 먼저 모여 예비회담을 가진 후에 각 지역 대표들 60여명이 모여 4차례에 걸친 회담을 열었고, **쟁점은 '성찬에서 빵과 포도주에 실제로 주님의 몸이 임하는가'에 대한 논의였다.** 루터측과 츠빙글리측은 결국 합의에 이르지 못하고 결국 회담은 결렬되었는데, 처음이자 마지막으로 종교개혁 진영이 완전히 합하여 하나가 될 수 있었던 중요한 지점에서 이 회담의 결렬로 인하여 루터파와 이후 개혁파(이후 칼빈의 개혁파는 츠빙글리 쪽과 연합합니다)는 영구히 합쳐지지 못하게 되었다.
10 Keith A. Mathison, 『성찬의 신비: 칼빈의 성찬론 회복』, 255.

아리스토텔레스 철학에서 '존재'는 반드시 그 '실체(substantia)'와 '우유(accidentia, 영어의 accident가 여기서 나왔다)'를 가지고 있는데('실체-우유'를 '본질-속성'으로 말하는 이도 있다), 실체는 그 존재의 본질에 해당하며, 우유는 그 본질이 어떤 방식으로 드러나는 것, 투영되는 것, 형상화되는 것이다.[11] 그렇다면 성찬에서 떡과 주님의 살, 포도주와 주님의 피와의 관계는 **본질이 되는 주님의 살과 피가 우유가 되는 떡과 포도주로 나타나게 되는 것**이다.

이 때 로마교회는 철학 개념을 차용하면서도 시중에서는 볼 수 없는 설명을 도입한다. 즉 우리가 일반에서 보는 모든 대상들은 '본질'이 그대로 있고 '우유'가 변하는데(H_2O에는 변함이 없고 물->얼음->수증기로 양태가 바뀌듯이), 성찬의 떡과 포도주는 놀랍게도 '우유'인 떡과 포도주는 그대로 있고, '본질'이 '떡'에서 '주님의 몸'으로, '포도주'에서 '주님의 피'로 바뀐다는 것이다.[12]

그렇기 때문에 로마교회에서 신부가 성체성사에서 축사를 하고 나면, 그 때부터는 눈으로 보기에는 단지 떡과 포도주일 뿐이더라도, 이들의 믿음에서 이것들은 더 이상 그 본질에 있어서 떡이나 포도주가 아니다.

---

11 예를 들어 H2O가 실체(substantia)라면 '물', '얼음', '수증기'는 이 실체의 우유(accidentia)에 해당한다. 아리스토텔레스 철학에서 우유는 가변적이므로 언제나 열등한 것이다. 실체와 우유에 대한 좋은 설명을 위해서는 Klaus Held, 『지중해 철학기행 : 모든 길은 플라톤으로 통한다』 (Treffpunkt Platon: philosophischer Reiseführer druch die Länder des Mittelmeers, 이강서 역, 파주: 효형출판, 2007)의 I. 11을 참고할 것. 헬라어 단어들과 함께 설명한것으로는 Herman Bavinck, 『개혁교의학 2』 (Gereformeerde Dogmatiek, 박태현 역, 서울:부흥과 개혁사, 2011) 2권 28장, "하나님의 이름들의 분류" 부분에서 철학 용어들을 들어서 설명하고 있다.
12 로마교회는 이것을 '가나안 혼인잔치에서 물이 포도주로 변한 것'을 예를 들어 설명한다. 물이라는 우유로부터 포도주라는 우유로 변했다는 것. 츠빙글리가 이것을 반대한 것은 아카기 요시미츠의 앞의 책 329를 참고하라.

이들에게 축사한 후의 떡과 포도주는 겉모습만 같을 뿐, 완전하게 주님의 살과 피다(그래서 "성체를 훼손한다"는 식으로 이야기하는 것. 그리고 이것이 '진짜' 주님의 살이고 주님의 피이기 때문에 떡을 땅바닥에 떨어뜨리거나 포도주를 흘리는 것은 불가능하다. 주님의 살이나 피가 허비되거나 더러워질 수 있기 때문).

이런 신앙을 생각해 보면, 오늘날 어떤 개신 교회들에서 성찬 후에 남은 떡과 포도주 처리를 땅에 묻는 방법으로만 하는 것(거룩한 떡과 포도주라고 하여)은 화체의 신앙이다. 개혁신앙을 가진 이들은 이렇게 해 서는 안 된다.

화체가 가지는 가장 중요한 신학적 문제를 개혁자 칼빈은 정확하게 지적한다. 종교개혁자들은 로마교회의 성찬(화체)을 두고 "저주받을 우상숭배"라고 했는데, 그 말은 단지 자기들 마음에 안 드니까 싸잡아서 "저건 우상숭배야!"라고 아무렇게나 말한 것이 아니라, 실제로 미사에서의 화체는 참으로 우상숭배이기 때문이다. 왜냐하면 땅에 있는 떡과 포도주가 '참으로' 주님의 살과 피라면, 그것은 **'물질을 숭배하는 것'이 될 수밖에 없기 때문**이다. 그래서 칼빈은 로마교회의 화체를 "하나님을 땅의 물질에 가두어 놓는 것"이라고 설명했다.

> "사탄은 온갖 교묘한 방법을 다 동원하여 사람들의 마음을 하늘에서 끌어내리고, 그릇된 오류로 물들게 만들어 온 것이다. 그리스도께서 떡이라는 성찬물에 붙어 있다고 상상하다니 말이다!"[13]

---

13 Inst. IV. 17. 12.

성찬의 떡이 '실제 주님의 몸'이라고 하는 것은 그리스도를 땅으로 끌어 내리는 것이다.

> "(로마교회의 성찬은) 이 땅에 그대로 남아 있으면서 구태여 **하늘의 그리스도께 가까이 나아갈 필요를 전혀 느끼지 않도록** 만들어 놓으려 한 것이다."[14]

여기서 주목해야 할 점은 로마교회의 성찬론이 '매우 세속적/땅 지향적'이라는 점이다. 말하자면 개혁의 성찬론은 **'하늘에 계신'** 주 예수 그리스도와의 연합이다. 하지만 로마교회의 성찬론은 그 하늘의 그리스도께서 물질로 땅에 와버리셨기 때문에, 그 물질을 섬기는 것이 우상숭배이기도 하지만, 동시에 **하나님을 물질로 소유하게 되어 버리면 더 이상 하늘을 바라볼 이유가 없어지는 것**이기도 한 것이다.

이런 점은 근본적으로 사람이 우상숭배를 원하는 이유와 같다고 할 수 있다. 사람이 우상숭배를 하는 이유를, 김지찬 교수는 "우상이란 **인간의 풍요를 위해 신을 지배하고 조종하기 위해 만든 형상**이다."라고 한다.[15] 우상숭배의 이러한 특성은 강영안 교수의 설명에도 동일하게 등장한다.

> "왜 그렇게 한 곳에다 세워 두고 섬기려고 합니까? ...... 우리가 섬기는 하나님은 눈으로 볼 수도 없고 무소부재하시다면 불안하기 때문입니다. 그래서 마음에 안정을 찾기 위해 한 군데에 위치시키는

---

[14] Inst. IV. 17. 15.
[15] 김지찬, 『데칼로그』 (서울: 생명의말씀사, 2016), 141.

것입니다. ...... 이것을 '매니플레이션 모티브'라고 부를 수 있습니다. 영어의 매니플레이션은 '손으로 마음대로 한다'는 말에서 온 것입니다. 금송아지로 만들어서든지 아니면 어떤 모양으로든 만들어서 딱 세워놓고 나면 그 다음부터는 내 손을 벗어나지 못합니다. ...... **내가 마음대로 주무를 수 있다고 생각하는 것입니다.** 이것이 바로 신상을 만드는 동기입니다."[16]

즉 모든 시대, 모든 종교에서 사람은 하나님을 손아귀에 넣고 싶어했는데, 사람의 손이 닿지 않는 저기 하늘에 계신 하나님보다는 물질로 오셨기 때문에 들고 가서 내 집안에 두고 섬길 수 있는 떡으로 된 하나님이 훨씬 더 인간의 종교심에는 맞다는 것이다. 그리고 몇 가지를 덧붙이자면 기독교 강요 4권 18장은 그 한 장 자체가 "교황제의 미사: 그리스도의 성찬을 더럽힐 뿐 아니라 말살시키기까지 하는 모독 행위임"이라고 되어 있고, 여기에서 칼빈은 화체가 왜 기독론을 망가뜨리는지를 자세하게 설명하고 있다. 18장의 몇 부분을 간단한 인용으로 정리해 보자.

1) 3항, 미사는 그리스도의 죽으심을 은폐한다.

"(히브리서가 구약의 제사가 반복된 것은 그 효력이 영원히 지속되지 않음을 보여주는 것임을 설명하고 있는데, 다시 미사라는 것을 통해 그리스도를 제사로 드린다면......을 설명하고) 그러므로 그리스도께서 십자가 위에서 이루신 그리스도의 제사도 영원토록 정결

---

16 강영안, 『십계명 강의』 (서울: IVP, 2009), 93.

케 하는 능력이 없다고 고백하든가, 아니면 그리스도께서 모든 세대를 위하여 단번에 영원한 제사를 드리셨다고 고백하든가 둘 중의 하나를 택해야 할 것이다."[17]

"주께서 그의 제사의 완전함을 그렇게도 확실하게 보여 주셨는데도, 마치 그 제사가 불완전하기라도 한 것처럼, 그 제사에 날마다 무수한 헝겊 조각들을 덕지덕지 꿰매어 붙여도 괜찮단 말인가? 그리스도의 제사가 단번에 이루어졌고 또한 그 효능이 영원토록 유지된다는 사실을 하나님의 거룩한 말씀이 시인할 뿐 아니라 강력히 외치고 주장하고 있는데, 또 다른 제사를 요구한다면 그것은 그리스도의 제사를 불완전하고 연약하다고 비난하는 것이 아니겠는가?"[18]

2) 5항, 미사는 그리스도의 죽으심을 망각하게 한다.

"만일 각 미사 때마다 그리스도께서 희생되신다면, 매 순간마다 수천 곳에서 동시에 잔인하게 죽임을 당하셔야 할 것이다. 이것은 나의 논리가 아니라 사도의 말이다. 그는 그리스도께서 자신을 자주 드리셨어야 했다면 세상을 창조한 때부터 거듭거듭 고난을 당하셨어야 옳을 것이라고 말하는 것이다."[19]

3) 7항, 미사는 성찬을 무효화시킨다.

성찬은 우리가 하나님으로부터 '받는 것'인데, 미사는 하나님께 **'값을 지불하는 것'**으로서, 도리어 하나님을 빚쟁이로 만든다고 말하고 있다.

---

[17] Inst. IV. 18. 3.
[18] Inst. IV. 18. 3.
[19] Inst. IV. 18. 5.

"성찬 그 자체는 하나님의 선물로서 감사함으로 받았어야 마땅한 것이다. 그러나 미사의 제사는 하나님께 값을 지불하는 것으로서 하나님께서 보상으로 인정하셔서 받으셔야 하는 것이다. ...... 하나님의 은혜의 풍성함을 깨닫고 마땅히 그것에 대하여 감사해야 하는데도, 오히려 하나님을 자기에게 빚진 자로 만들고 있으니 이런 처절한 배은망덕이 어디 있단 말인가?"[20]

2.2. 루터의 공재: 성육신, 그리고 편재의 문제

루터는 기본적으로 로마교회의 화체가 가지는 본질적인 문제를 잘 알고 있었다. 그래서 비교적 초기에 쓴『교회의 바벨론 감금』(1520, 보통 루터의 3대 논문이라고 불리는 것 중 하나)[21]에서 이미 로마 가톨릭의 화체를 부인하였다.

하지만 그는 본질적으로 화체가 가졌던 문제로부터 확연하게 탈출하지는 못하였는데, 그것은 그가 여전히 성찬의 떡과 포도주에 (로마교회와 마찬가지로) **주님의 몸이 '물질적으로' 임한다는 사실을 포기할 수 없었기 때문**이다. 실제로 루터가 마르부르크 회담에서 츠빙글리와 결별할 수밖에 없었던 가장 강력한 이유가 츠빙글리는 성찬을 '상징'으로만 이해했기 때문에, 성찬에 그리스도의 몸이 실제로 임한다고 믿었던 루터의 입장에서는 그것을 절대로 받아들일 수가 없었기 때문이다. 루터가 주장했던 공재의 핵심을 간단하게 정리하면 아래와 같다.

---

20 Inst. IV. 18. 7.

21 Martin Luther, 『말틴루터의 종교개혁 3대 논문』(Martin Luther's three treatises, 지원용 역, 서울: 컨콜디아사, 1993).

2.2.1. 먼저, 화체에서 출발해야 한다.

루터는 로마교회의 아리스토텔레스적 '본질(실체)'의 변화, 곧 substan-tia의 변화를 받아들일 수 없었다. 따라서 "떡의 본질이 그리스도의 몸이라는 본질로 변화한다."는 대신에, 그 떡의 본질과 함께 그리스도의 몸의 본질도 같이 있게 되는 것이라는 견해를 택했다. 이것을 보통 많이 사용하는 전치사로는 "아래에(under)", "안에(in)", "곁에(by)" 같은 말들을 사용하여 표현한다. 즉 루터의 공재설의 핵심은 우유인 떡과 포도주가 그대로인 것은 화체와 같고, 거기에서 본질의 떡과 포도주가 주님의 몸으로 '변화(속성의 변화입니다)'한다고 믿었던 화체에 반대하여, 그런 변화는 없고 다만 주님의 몸의 본질이 떡과 포도주의 본질과 함께, 곧 "아래에, 안에, 곁에" 함께 있다는 것이다.

2.2.2. 이때 루터가 중심개념으로 사용하는 것은 '속성의 교류', 즉 신성과 인성의 교류이며, 이것이 성육신의 핵심 개념이다.

루터는 츠빙글리와의 논쟁에서 나타났듯이 주께서 "이것은 내 몸'이다'"라고 하셨을 때의 이 "~이다"를 그대로 받아들였다(츠빙글리는 이것을 '나타낸다' 내지는 '상징한다'로 이해함). 따라서 성찬의 떡과 포도주는 떡과 포도주이면서 동시에 주님의 몸이기도 해야 한다. 바로 이 때 루터는 "어떻게 성찬의 떡과 포도주가 **'동시에'** 주님의 몸일 수도 있는가"라는 문제에 대해 그 해결책을 '그리스도의 양성적 성격'에서 찾는다. 그리스도께서는 '하나님이시면서 동시에 사람'이신데, 즉 이 신성과 인성의 교류가 성찬의 떡과 포도주가 동시에 그리스도의 몸일 수 있는 열쇠인 것이다.

"따라서 이것은 그리스도에게서 참이듯이 성례에 있어서도 참이다.

신성이 인성의 외형적 특색으로 보존되기 위해서 인성이 하나님의 주거가 될 때 본질의 변화가 필요치 않지 않은가. 달리 말하면 혼합되지 않은 두 개의 성질은 '이 사람은 하나님이시다'와 '이 하나님은 사람이시다'를 말하고 있다. 철학은 이것을 파악하지 못하지만 신앙은 이것을 파악한다. ...... 그렇기 때문에 성례에서 그리스도의 참된 몸과 피가 존재하기 위해 떡과 포도주의 본질에 변화가 일어날 필요는 없다. 이 둘은 동시에 그대로 남아 있어 진정으로 '이 떡은 나의 몸이다, 이 포도주는 나의 피다'라고 말할 수 있고, 또 역으로도 말할 수 있는 것이다. ...... 이와 같이 루터는 떡이 그리스도의 몸이라는 것을 그리스도의 신인 양성의 일치에 대한 유비로 주장하는 것이다. ...... 최후의 만찬 때에 그리스도의 몸은 식탁에 있었음과 동시에 떡 속에도 있었다."[22]

"루터는 이 양성론의 역접적 동일성의 논리를 신학의 대부분 모든 영역에 적용하고 있다."[23]

그러므로 루터는 사실상 성찬의 떡과 포도주에 그리스도께서 임하신다는 것의 역동적 능력이 **'성육신'의 능력**이라고 말하고 있는 것이다. 그리스도께서는 '하나님이시면서 동시에 인간'이다. 그리고 이것이 루터가 이해하는 그리스도이다. 루터는 이 주제를 매우 강력하게 자신의 신학의 핵심으로 삼는다.

---

[22] 아카기 요시미츠, 『종교개혁자의 성만찬론』 (서울: 만우와장공, 2010), 106.
[23] 아카기 요시미츠, 『종교개혁자의 성만찬론』, 107.

"우리는 인성이 그리스도로부터 제거되는 것이 유해한 잘못이라고 생각한다. 그런 제거는 그리스도인으로부터 머리시며 왕이시고 대제사장이신 분의 임재와 내재에 대한 약속을 통해 얻게 되는 최고의 위로를 빼앗는 것이다(성육신 혹은 떡/포도주의 임재가 하나님께서 이 세계에 오신다는 핵심 사안임을 말하고 있다 – 필자 주). 주님은 타오르는 불에 타서 잘려진 나무를 대하시는 것처럼, 우리와 같이 불쌍한 죄인을 대하시는 신성만 그리스도인과 함께 계시는 것이 아니라, 진정으로 그들과 함께 말씀하시고 인성을 통해 모든 시련을 만나시는 것이다. 이야말로 형제인 인간에게 자비를 베풀어주시는, 사람으로서 그가 우리의 형제이며 우리가 그의 육으로 인성에 따르면서 우리의 모든 곤궁 속에서도 우리와 함께 사신다는 약속이다."[24]

아카기 요시미츠는 루터가 "논쟁의 어떠한 장면에서도 **이 성육신의 사실에 서서 논쟁을 하였다.**"라고 하고, "그에게 신성으로부터 조금만이라도 분리되어 있는 인성, 혹은 반대로 인성에서부터 조금이라도 떨어진 신성은 구원과 아무런 관련이 없는 것"이라고 하면서 **"육이 없는 하나님은 무의하다**(Deus sine came nihil prodest)."라는 루터의 말을 인용한다.[25]

루터의 이런 성찬론은 한편으로 굉장히 감동적이고, 또 대단히 구속사적이다. 루터는 그리스도를 그야말로 '고통속에서', 즉 '인생의 고통속에

---

24 아카기 요시미츠, 『종교개혁자의 성만찬론』, 152.
25 아카기 요시미츠, 『종교개혁자의 성만찬론』, 153..

서' 만났기 때문에, 사람을 구원하기 위하여 사람이 되신 그리스도가 그의 신학의 가장 중대한 핵심이었고, 이 점이 그의 성찬론에 '성육신론'으로 그대로 드러나 있는 것이다. 이런 점에서 공재를 너무 쉽게 화체와 똑같은 것으로 여겨서는 안 된다. 루터의 말을 하나 더 인용해 보자.

> **"마리아의 품에 안겨 있는 이 육 외에** 나는 하늘에서도 땅에서도 어떠한 하나님도 알지 못하며 또한 가지고 있지 않다……왜냐하면 하나님은 다른 모든 존재 방법에 의해서도 이해가 불가능하며, **오직 그리스도의 육에 의해서만이 이해 가능하기 때문**이다……성육신하신 하나님만이 사람을 구원하실 수 있다(마지막 문장은 아카기 요시미츠의 것–필자 주)."[26]

2.2.3. 공재는 필연적으로 그리스도의 몸의 '편재'를 상정하게 된다.

여기에는 커다란 문제가 존재한다. 기본적으로 개혁파와 칼빈은 루터의 성찬론에 우호적이지만, 바로 이런 문제점들 때문에 공재를 받아들이지 않았다. 아카기 요시미츠가 루터의 공재에 대하여 제기한 문제를 그대로 가져와 보자.

> **첫째,** 그리스도의 몸은 불후(썩지 아니함, 영원히 없어지지 않는)의 몸이 아니어서는 안 된다.

---

[26] 아카기 요시미츠, 『종교개혁자의 성만찬론』 각주 24와 25, 그리고 루터 인용 중 다수가 모두 WA, 곧 바이마르판 루터전집(Weimarer Ausgabe)에서 가져온 것인데, 현재 4절판 117권이 디지털화되어 있기 때문에(한국루터연구센터 인용), 인터넷으로도 볼 수 있다. http://www.proquest.com/products-services/luther.html.

둘째, 그리스도의 몸은 무한하시면서 편재하시든지, 아니면 어디서든 배찬이 가능하지 않으면 안 된다. 그렇지 않으면 많은 사람이 동시에 그리스도의 몸을 먹는 것이 불가능하며, 성찬이 성립되지 않는다.

셋째, 그리스도의 몸은 성찬의 떡과 반드시 결합되어야 한다. 이것이 되지 않는다면 성찬의 떡을 먹는 것이 그리스도의 몸을 먹는 것이 아니게 된다.

이 문제를 생각할 때 루터파는 '공재'를 유지하기 위해서는 반드시 '편재'(주님의 몸이 어디에나 계심)를 주장할 수밖에 없게 된다. 하지만 이때 문제가 발생하는데(개혁파가 루터파를 비판하는 점), 우리 주님의 물리적 몸은 부활 승천하신 후에 하늘에 계시다는 것이다.

루터는 이 문제를 해결하기 위하여 주님의 몸은 '신성을 입은 인성'이라는 방식으로 설명하였다. 즉 우리의 일반의 몸과 다르다는 것이다. 루터는 이 예를, 부활하신 주님께서는 돌문이 닫혀 있는데도 통과하셨고, 문이 닫힌 방안에도 갑자기 나타나실 수 있었던 사례를 들고 있다. 그러나 칼빈은 이것을 비판한다.

1) 첫째, 공재는 의도하든 의도하지 않든 '가현설'을 야기시킨다.

공재에서 그리스도의 몸은 원컨 원치 않건 우리가 지금 가지고 있는 몸이 아니다. 루터가 말하는 그리스도의 몸은 말하자면 '신성에 잠식당한 인성'으로, '모든 곳에 편재가 가능한 육체'로 이런 몸을 진정한 '육'이라 할 수 없다. 칼빈은 이런 몸을 아래와 같이 비판한다.

"그리스도께서는 아기로 모태에서 나셨고, 자라나셨고, 십자가에 달리셨고, 무덤 속에 갇혀계셨는데 이런 일들은 그가 출생과 사망 등 사람으로서의 직무를 행하시도록 하기 위한 하나의 경륜으로 일어난 일이다."[27]

공재에서 보는 그리스도는 사실은 '사람으로 살고 계시지만 사람은 아니신 분'이게 된다. 인성이 있다고 말하지만 사실 그 인성은 우리가 가진 인성은 아니며, 만약 그렇다면 오히려 루터가 말한 **"우리의 형제로서 성육신하여 오신 하나님"**은 도리어 의미가 없어지게 되고 마는 것이다.

그래서 루터의 공재는 자신이 원하지 않았더라도 '하나님께서 사람으로 오셨으나 사실은 사람은 아니셨다'고 하는 고전적인 가현설이 될 수밖에 없는 이론이 된다. 루터는 여러 가지 방법으로 이것을 설명하지만, 사실은 결론이 거기에 가 닿게 되어 있다.

2) 둘째, 그래서 공재는 후에 승천에 관한 문제를 촉발했다.
공재는 사실상 땅에 계셔서 육을 입고 계신 그리스도께서 **'이미' 하늘의 특성을 다 가지고 계시기 때문에**, 사실은 '땅에 계셔도 이미 하나님'이다. 그래서 이후에 개혁파들은 루터파들에게 "그렇다면 그리스도께 승천이 무슨 의미인가"라고 물었다. 이 질문이 타당한 것은 주님께서는 땅에 계셔도 이미 하늘에 계신 것과 마찬가지이시기 때문에(편재하시니까 모든 곳에 다 계신다고 할 수 있다), 굳이 하늘로 승천하신 이유가 무엇이냐는 것이다.

그래서 공재는 의도하지 않았어도 사실은 **'하늘을 소망하는 신앙'을 좌**

---

27 Inst. IV. 17. 17.

초시키게 된다. 그리스도의 승천은 우리의 신앙이 하늘을 향해 있고, 영광을 소망한다는 것을 보여주는 중요한 구속사적 역할을 가지고 있다. 그런데 공재는 그리스도의 승천의 의미를 없애버렸고, 따라서 승천이 주는 이 구속사적 의미 또한 사라져 버린 것이다.

> "개혁파에서는 성령의 역사가 사람을 통해 물소로부터 하늘로 향하게 하는 것, 다시 말해서 '마음을 위로 향하여(Sursum Corda)'를 말할 때에 성령은 물소의 속에서 역사하신다고 말한다. 왜냐하면 후에 기술하는 것과 같이 루터에서는 하늘과 땅이 표리일체의 관계로 있으며, 공간적으로, 신학적 의미에서도 위에 있는 것이 아니기 때문에 물소 속에서도 천적(天的)으로 하나님은 역사하시는 것이다. 루터는 칼빈과는 다르며 '물소에서 하늘로' 라는 지향은 아니다."[28]

2.3. 츠빙글리의 문제는 무엇인가?

이제 마지막으로 츠빙글리를 생각해 보자. 화체와 공재의 문제가 어느 정도 공통점을 가지고 있어서 함께 다룰 수 있었다면, 츠빙글리는 이와는 전혀 다른 문제를 가지고 있다. 칼빈 선생님은 성찬론을 정립하면서 루터와 손잡기를 원했지만 츠빙글리에게 호의적이지는 않았다. 왜냐하면 앞서도 언급했듯이, 칼빈의 성찬론은 성찬에서의 가장 기초적이고도 중요한 문제인 **"성찬에 그리스도의 몸이 실재하는가?"**라는 질문에 대해서 반드시 "그렇다"라고 대답하기 때문이다.

---

28 아카기 요시미츠, 『종교개혁자의 성만찬론』, 147.

그러나 **츠빙글리에게 있어서 성찬에 주님의 몸은 존재하지 않는다.** 그렇기 때문에 칼빈은 츠빙글리의 성찬론을 받아들이려 하지 않았으며, 그럼에도 불구하고 이 글의 첫머리에 살핀 대로, 이후 개혁주의 신학이 점점 더 사상화, 관념화, 또는 스콜라화되어 가면서 츠빙글리에게로 기울었기 때문에, 지금 우리가 가진 성찬론은 상당 부분 츠빙글리의 가르침과 닿아 있다. 아마도 우리가 만나는 다수의 성도들과 직분자들 또한 칼빈의 성찬론보다는 츠빙글리의 성찬론의 개념으로 성찬을 이해하고 있을 것이다.

서론에서 오늘날 우리의 성찬이 주로 celebration이나 ceremony의 성격을 갖고 있다고 한 것도, 오늘날 대다수 교회의 성도들이 **그리스도께서 실재로 성찬에 임하신다고** 믿지 않기 때문이다. 우리는 주로 츠빙글리를 따라 성찬을 '**기억의 예식**'이라고 여긴다. 그러나 확고하게 이것은 칼빈의 성찬론이 아니다.

2.3.1. 기억의 성찬론, 그 의미

"기억한다는 것은 기념한다는 것 이상을 의미한다. 그리스도의 죽음을 기억한다는 것은 이성적으로 그의 죽음을 회상하는 것과 서로 다르다."[29]

츠빙글리의 성찬론의 기초는 루터를 생각하면서, **루터와 확연히 다른 방법으로 존재를 이해**한다고 생각하면 이해가 쉽다. 말하자면,

---

[29] J. van Genderen & W. H. Velema, 『개혁교회교의학』, 1297.

1) 화체는 성찬에서 '실체(Substantia)'와 '우유(Accidentia)'를 확연하게 구분한다.

2) 루터는 '하나님이 사람이 되셨다'는 기독론에 근거하여 '실체'와 '우유'가 동시성을 가진다. 즉 공재한다.

3) 그런데 잘 생각해 보면, 만약 실체와 우유가 화체에서처럼 따로이거나, 공재에서처럼 동시에 존재하지 않는다면, 사실상 실재의 떡이 실재의 그리스도의 몸이 될 수 있는 방법은 존재하지 않는다. 그렇기 때문에 츠빙글리는 떡이 실재의 그리스도의 몸이라는 사실을 부인하는 것이다.

4) 즉, 츠빙글리에게 있어서 성찬의 떡과 포도주는 **결코 '실재'가 아니며, 단지 '상징'**일 뿐이다. 츠빙글리에게 있어 성찬의 장소는 '주님의 몸이 임하시는' 곳이 아니라, '주님의 죽으심을 **기억하는**' 곳이다.

> "그가 말하는 구원은 그리스도의 십자가를 통한 속죄사와 그것을 믿는 신앙에 있다. 한편 그 신앙은 성령에 의한 하나님의 직접적 인도하심이 있어야만이 가능하며, 따라서 **성례전에 의한 것이 아니다.**"30

> "이 견해에 의하면 성찬은 은혜의 수단이 아니라 단순히 기념하는 것이며, 이를 시행하는 동안 우리는 그리스도께서 신자들을 위해서 성취하신 것을 '**회상**'하게 된다. 달리 말하자면 이는 주로 그의 '**죽음**

---

30 아카기 요시미츠, 『종교개혁자의 성만찬론』, 362.

에 대한 기념식'에 해당된다. 따라서 상징적 기념설은 성례전에 있어서 **어떤 형태의 그리스도의 실재적 임재도 부인한다.**"[31]

"로마 가톨릭의 화체설이 가진 기본적인 문제점 중의 하나는 표징과 표징의 대상을 거의 동일시한다는 점이다. 상징적 기념설은 정반대의 극단에서 오류를 범한다. 로마교가 성례전적 표징과 표징의 대상을 거의 동일시하는 반면, 상징적 기념설은 양자를 완전히 분리시킨다......상징적 기념설이 양자를 분리한 결과는 **성례전을 심리적 회상의 주관적 행위로 축소시키는 것이다.**"[32]

이 마지막 문장이 대단히 중요하다. 츠빙글리는 떡과 포도주라는 이 표징의 대상이 그리스도의 몸으로 변한다는 것을 결코 받아들일 수가 없었다. 그래서 '그리스도의 실재적 임재'를 부인했고, 그 결과는 성찬이 '**심리적인 것**'이 된다는 것이다.

말하자면 성찬에서 우리가 기념하는 것은 '기억행위'일 뿐이게 된다. 주님의 몸이 친히 오시는 일 따위는 일어나지 않는다. 성찬은 '그리스도께서 친히 그 시간에 오시거나', 뒤에서 살펴볼 칼빈 선생님의 말씀처럼 '성령님을 통하여 우리를 하늘로 들어올리시는(Sursum Corda)' 것이 아니라, 그냥 '**우리가**', '**우리 편에서**', 우리가 주체가 되어서 내 머리로, 혹은 내 마음으로 십자가의 그리스도를 회상하고 묵상하는 행위인 것이다. 이것이 츠빙글리 성찬론의 가장 특징적인 것이면서, 칼빈이 결코 받아들

---

31 Keith A. Mathison, 『성찬의 신비: 칼빈의 성찬론 회복』, 276.
32 Keith A. Mathison, 『성찬의 신비: 칼빈의 성찬론 회복』, 278.

일 수 없었던 것이다.

"비록 성례전에 있어서 그리스도의 임재의 정확한 방식에 관하여 기독교인들 사이에 항상 불일치가 있었지만 임재의 사실은 상징적 기념설이 등장하기 전까지는 의심되지 않았다. 로마 가톨릭주의자들, 루터주의자들, 그리고 칼빈주의자들은 그리스도의 **실재적 임재의 방식에 대하여 토론하였지만**, 그들은 그가 어떤 독특한 방식으로 임재한다는 사실에 대하여는 동의하였다. 그러나 상징적 기념설의 지지자들에 의하면, 그리스도는 그가 모든 곳에 항상 임재하는 방식과는 다르게 성찬에 임재하지 않는다. 그는 확실히 성찬에 어떤 특별한 방식으로 임재하지 않는다. 루이스 스페리 쉐이퍼가 설명하듯이 성찬의 요소들은 '**그리스도의 부재에 대한 인식**'이다."[33]

결국 츠빙글리의 성찬론은 '**주관화**'된다. 필자는 이것을 교회에서 가르칠 때 '머릿속에 있는 그리스도', '기억 속에 있는 그리스도'라고 가르치는데, 츠빙글리를 따르자면 성찬상에 그리스도는 오시지 않는다. 그렇다면 그 다음 단계는 어떻게 되냐하면, 그 기억의 주체가 '나'이기 때문에, 실제 성찬의 주체자는 '그리스도'가 아니라 '나'이게 된다.

즉 이전의 성찬론들이 "성찬을 통해 **그리스도께서 어떻게** 은혜를 주시느냐"가 관건이었다면, 츠빙글리의 성찬론은 "그 성찬에 참여하는 **내가 얼마나** 그리스도의 십자가 사역을 제대로 묵상하고 기억하는가"가 되게 된다. 기억의 성찬론은 단지 '내 머릿속의 성찬론'이기 때문에만 나쁜 것이 아니라, 성찬의 주체자가 '내가' 된다는 문제를 갖고 있다. 회상의 주

---

[33] Keith A. Mathison, 『성찬의 신비: 칼빈의 성찬론 회복』, 280.

체, 기억의 주체는 언제나 '나'이기 때문에 성찬에서 '내가 어떻게 하는가 가' 핵심 사안이 되게 되는 것이다. 성찬은 사실은 '은혜의 방편'이 아니게 된다.

2.3.2. 실제적인 문제

칼빈은 성찬에의 그리스도의 임재를 매우 중요하게 생각했다.

> "...... 그는 성례를 공허한 상징으로 간주하는 어떤 해석도 거부한다. ...... 그는 성찬에 있어 그리스도의 참된 임재를 주장한다. ...... (이후 칼빈 인용) '우리의 사고로 이해할 수 없다면 믿음으로 그것을 받아들이도록 하자. ...... 즉 주님께서 정하신 상징들을 볼 때마다 그 상징되는바 실체가 확실히 거기에 있다는 것을 생각하고 또한 그렇게 믿는 것이다. 당신이 그 몸에 진정으로 참여한다는 것을 확신하게 하시려는 의도가 아니라면 주님께서 왜 자기 몸을 상징하는 것을 당신의 손에 들려주시는 것인가? 주님께서 눈에 보이지 않는 실체를 주신다는 사실을 확증하기 위해서 가시적 표징을 주시는 것이 사실이라면, 우리는 그 몸을 상징하는 떡을 받을 때에 그 몸 자체도 우리에게 함께 주어지는 것임을 확실히 믿어야 할 것이다."[34]

> "우리는 표징을 표징의 대상으로부터 구별해야 하지만 이들을 분리할 수는 없다. 표징이 있는 곳에, 실재 또한 존재한다. 그리고 그리

---

[34] Keith A. Mathison, 『성찬의 신비: 칼빈의 성찬론 회복』, 28. 칼빈 인용 부분은 Inst. IV. 17. 10.

스도는 자신이 실재, 즉 성례의 질료와 본질이므로, 표징은 실재적 임재에 대한 서약과 다를 바 없다. 실제로 표징은 그리스도께서 자기 백성에게 자신의 임재를 유효하게 만드는 수단이다. 표징은 실재일 수 없으며 또한 실재가 될 수 없으며, 결여된 실재에 대한 상징도 될 수 없다."[35]

즉, 우리가 칼빈의 성찬론을 따라서 주일에 성찬의 떡과 포도주를 받는다면, 우리는 화체나 공재처럼 주님의 '물리적 몸이' 거기 있다고는 믿지 않더라도, 실재하시는 그리스도의 몸이 우리 성찬상에 임하신다는 것을 확실히 믿는 것이다.

하지만 츠빙글리의 성찬론을 받아들인다면 우리 성찬상에 주님의 몸은 '사실은' 없다. 앞선 인용글의 루이스 스페리 쉐이퍼의 **"그리스도의 부재에 대한 인식"**은 이런 점에서 매우 정확한 말이다. 상징의 성찬론은 사실은 '그리스도께서 거기 없음'을 고백하는 것이 된다.

결국 그리스도의 몸은 '나의 기억 속', '내가 주체가 된 내 생각 속'의 그리스도에게로 집중되고, 결국 성찬의 시간은 **'내가 얼마나 그리스도를 효과적으로 잘 떠올리느냐'**가 핵심이 된다. 성례가 '은혜의 방편'이라는 말은, 성례가 하나님께서 우리에게 은혜를 베풀어주시는 직접적 수단이 된다는 뜻인데, 기억의 성찬론에서 성찬은 은혜의 방편이 아니다.

이것이 서론에서 말한 '성찬의 celebration이나 ceremony화'의 주된 동기인 것이다. 사실은 성찬이 그리스도께서 친히 몸을 주시는 강력한 역사가 일어나게 하는 강력한 수단이 아니라고 확실히 믿기 때문에(이런

---

35 Keith A. Mathison, 『성찬의 신비: 칼빈의 성찬론 회복』, 25.

점에서 차라리 화체를 믿는 이들은 믿음이 매우 강력하다고 할 수 있다. 과학적 사고로 이해가 안 되는 빵이 주님의 살이 되었다는 것을 실제로 믿기 때문이다), 이제 성찬은 '단순한 기념식'이 된다.

오늘날 우리들의 성찬이 주로 생명력이 없는 중대한 이유는 이 성찬이 '과연 주님의 몸이 실재로서 임한 것'이라고 우리가 믿지 않기 때문이며 (그래서 성찬 시간은 단순히 기념식, 장례식이나 추도식이 된다), 이것은 사실은 칼빈 선생님이 가르치신 성찬론과는 전혀 다른 것이라는 점을 기억해야 하겠다.

2.4. 칼빈의 성찬론에서의 주요 요점: 중요한 핵심들

개혁주의 교회들이 모두 기초로 삼고 있는 칼빈의 성찬론은 흔히 '영적 임재설'과 같은 방식으로 불리고 있지만 굉장히 불만족스런 호칭이다. 왜냐하면 '영적 임재설'이란 호칭은 **'기념설'과 같은 의미로 이해될 공산이 굉장히 크기 때문**이다.

하지만 앞서 살핀 대로 칼빈의 성찬론은 루터와 교류가 가능한 것이지 츠빙글리와는 판이하게 다르다. 방금 살핀 것처럼 츠빙글리는 성찬상에 '주님께서 실재로' 임재하신다는 것을 전혀 믿지 않았다. 하지만 루터만큼이나 칼빈에게도 성찬상의 가장 강력한 의의는 '주님께서 성찬상에 실재로' 임재하신다는 것이었다. 그래서 개혁파 성찬론을 받아들이는 입장으로서는 '기념', 즉 '머리로 주의 죽으심을 생각하는 성찬'의 개념을 거부해야 하며, 오히려 우리는 믿음으로, 오히려 **화체보다 더 강력하게** 주님께서 성찬상에 실재로서 임하신다고 해야 한다. 단지 우리의 믿음은 그것이 '물질적인 임재'가 아니라는 것 뿐이다.

칼빈의 성찬론이 루터와 츠빙글리의 입장과 관련하여 어떻게 서술되는지는 앞서 다른 논의들과 함께 두루 살펴졌기 때문에 이들을 참고하면 되겠고, 여기에서는 칼빈 성찬론의 다른 요점들, 곧 앞서 언급한 것들과는 약간 다른 강조점들을 정리해 보도록 하겠다.

2.4.1. "우리의 것"

칼빈의 성찬론이 가진 중요한 요점 중 하나는 **칼빈에 이르러서야 제대로 '참여'의 문제를 다루었다는 점**이다.

앞서 다룬 대로 성찬에서 주님의 몸의 '실재'의 문제는 매우 중요하다. 하지만 이 실재의 문제는 화체와 공재, 그리고 기념에 이르기까지 계속해서 **'떡과 포도주 자체'의 문제에만** 국한되는 경향이 있었다. 말하자면 성찬의 토론은 오직 "저기 있는 저 떡과 포도주가 정말 주님의 몸이냐"라는 것만 토론했다는 것이다.

칼빈은 여기에서 중요한 전환을 이루면서, 성찬의 가장 중요한 특징 중 하나를 정리한다. 바로 **'우리가 믿음을 여기에 합해야 한다'**라는 주제이다. 다르게 말하자면 성찬이 참으로 성찬되는 것은 성도가 믿음을 연합할 때 된다는 것이다. 이는 "루터의 **객체주의적 성찬론**에 대한 비판"[36]이라고 할 수 있다.

하지만 사실은 루터가 객체주의적 성찬론이어서 '성찬 그 자체가' 힘을 갖게 되는 데 반해—내 믿음이 없더라도—[37]츠빙글리나 칼슈타트 같은 이들의 성찬론은 정반대에서 주체주의적 성찬론이어서, 사실은 '성찬 그

---

36 아카기 요시미츠, 『종교개혁자의 성만찬론』, 438.
37 물론 루터파는 이에 대해 다른 대답을 한다.

자체가' 약화된다. 없어도 되는 것이 되는 것이다. 엄밀하게 말하면 **내가 머릿속으로 주님을 정확하게 기념할 수 있으면 성찬은 필요없다.**

따라서 칼빈의 성찬론은 객체주의적 성찬론도 극복하고 주체주의적 성찬론도 극복한 것이라고 할 수 있다. 주님의 성찬에의 '**실재 임재**'를 긍정함으로 주체주의적 성찬론을 극복하고, 동시에 **그 성찬론에서 참여자의 믿음을 강조함으로서 객체주의적 성찬론도 극복**하는 것이다. 아카기 요시미츠는 이것을 '진실하면서도 유효하게'[vere et efficaciter]라는 한 단어로 표현한다.**38**

"칼빈이 말하는 그리스도의 몸과 피는 어디까지나 '**구원을 위한 것**'이었으며, 구원으로부터 동떨어져 그 자체로서 존재하는 것이 아니었다.**39** ...... 그는 ...... 설문 그 자체를 바꾼 것이다. 중세 초기 이래 오랫동안 성찬이라고 하면 물소인 떡과 포도주, 또한 거기에서 나타나는 그리스도의 몸과 피, 더 나아가 양자의 관계를 어떻게 생각하는가 등의 문제를 논하는 것이라고 생각해 왔다. 이에 대해 칼빈은 말한다. '그런 것이 아니다. 문제는 물소와 그리스도의 몸과 피에 대한 실재를 전제로 하여 ...... 어떻게 그리스도를 우리의 것으로 하느냐'라고 ...... 루터파와 츠빙글리파 사이에서 격하게 있었던 성찬 논쟁은 설문 자체가 잘못되었다. ...... 지금까지의 성찬 논쟁은 호기심이 많은 사람들이 그리스도의 몸이 어떠한 방법으로 떡 속에 존재하는가를 정의하려고 했을 때에 일어났다. ...... 그러나 이

---

38 아카기 요시미츠, 『종교개혁자의 성만찬론』, 454.
39 아카기 요시미츠, 『종교개혁자의 성만찬론』, 438.

와 같이 생각하는 사람들도 우리의 죄를 위해 십자가에 넘겨주신 그리스도의 몸이 어떻게 우리의 것이 되는 것일까, 우리를 위해 흘리신 피가 어떻게 우리의 것이 되는 것일까를 우선 첫 번째로 탐구해야만 한다는 것을 생각하지 못했던 것이다."[40]

2.4.2. 불사에의 참여

그 다음, 첫 번째의 것과 그 방향을 같이하는 또 다른 중요 주제 중 하나는 '불사에의 참여'라는 주제이다. 첫 번째의 것이 성찬의 객체주의적/주관주의적 면을 극복한 것이라면, 이 둘째 주제는 **루터파의 편재를 극복한 것**, 곧 승천의 불필요성을 극복한 것이라고 할 수 있다.

칼빈은 앞서 첫 주제에서 살핀 것처럼, 그리스도께서 어떻게 우리의 구원주가 되시는가를 생각하는 입장에서 성찬을 바라본다. 이것은 사실 칼빈 신학 전체의 주제이기도 한데, '호기심에서 탐구하는 신학'이 아니라 '우리에게 구원을 주시는 삼위 하나님'을 발견하려는 것이다.

이렇게 볼 때 성찬의 의의를 한 마디로 이야기하자면 **"그가 우리의 가사성(可死性)을 가진 분이 되셔서, 우리를 그 자신의 아버지되시는 하나님의 불사성(不死性)에 참여할 수 있는 자가 되게 해 주신"**[41] 것이라고 할 수 있다. 인간이 하나님의 불멸에 참여하게 된다는 개념은 칼빈이 처음 사용한 것이 아니고 오래된 것이다. 아타나시우스에게서 이런 내용을 쉽게 찾아볼 수 있다.

"아타나시우스의 관심은 구원론이었다. 예수 안에 피조된 반신반인적

40 아카기 요시미츠, 『종교개혁자의 성만찬론』, 451-452.
41 아카기 요시미츠, 『종교개혁자의 성만찬론』, 440.

본질만 있다면 그는 구원자가 될 수 없다. 아타나시우스는 성자께서 하나님이셔야 우리를 신품화(divinisation) 하실 수 있다고 확신했다."[42]

즉, 칼빈이 성찬을 통해 이루어진다고 굳게 확신한 사실 중 또 다른 하나가 (앞의 '참여'의 주제가 그 하나이고) 성찬이란 것은 그리스도께서 '육신'을 입으시는 방법을 통해서 우리에게 오시고, 그래서 자신의 '신성', 즉 불멸의 속성을 성찬을 통해서 우리에게 나누어주시면, 우리 인간들이 그것을 먹고 우리 또한 **하나님의 불멸 혹은 불사에 참여하게 된다는 생각**이었다.

> humanae nostrae mortalitatis particeps factus, nos divinae suae immortalitatis consortes fecit
> : 우리 인간을 가사성을 가진 사람으로 창조하셨으나 우리를 하나님의 불사성에 참여할 수 있는 사람으로 하시었다.
> accepta nostra mortalitate, sua nos immortalitate donaverit
> : 그가 우리의 가사성을 받아들이시고 그의 불사성을 우리에게 주셨다.

아카기 요시미츠는 이것을 "칼빈의 인생관을 나타내는 전형적인 문장이다."[43]라고 하였다.

---

42 유해무, 『삼위일체론』(파주: 살림출판사, 2010), 48. 덧붙여 "우리가 바로 하나님으로 성화되게 하기 위하여 그는 사람이 되셨다. 우리가 볼 수 없는 하느님의 발상(idea)이 되도록 그분은 육체를 취하신 것이다. 우리가 또한 하느님의 불사불멸성에 동참하게 하기 위해 그분은 인간의 수모를 달게 받으셨다."(아타나시우스, 말씀의 강생론 54).
http://blog.naver.com/PostView.nhn?blogId=anointmt&logNo=150066919387 에서 인용(함세웅 신부의 아타나시우스의 신학).
43 아카기 요시미츠, 『종교개혁자의 성만찬론』, 441.

"루터는 어떻게 하면 구원의 '확실성'을 획득할 수 있을까를 위해 고투하였지만 칼빈은 썩어가는 육체를 가진 인간이 마찬가지로 썩어가는 이 세상에서 어떻게 불사성을 획득할 수 있을까에 대한 문제로 심각하게 고민한 것이다."**44** "칼빈은 구원을 하늘로 올라가는 것으로 해석한 것이다."**45**

2.4.2.1. 이렇게 볼 때 루터의 승천관과 극명한 차이가 발생한다.

우리가 앞서 살펴본 대로 루터는 '이미 땅에 있는 주님의 몸이' 하늘에 있는 주님의 몸과 똑같은 것이기 때문에 승천이 필요 없다. 그러나 칼빈은 루터가 이렇게 해석하는 것을 로마교회의 화체와 함께 **주님의 몸을 "땅으로 끌어내리는 것"**이라고 생각했다. 하지만 칼빈은 우리가 방금 살핀 것처럼, 우리가 어떻게 '하늘로 올라갈 수 있을까'를 고민했기 때문에 이를 강력하게 비판한다.

> "그러나 우리는 그리스도의 그러한 성찬 임재를 생각할 때에 그를 떡이라는 성물에 붙이거나 그를 떡 속에 가두거나 어떤 식으로든 그를 제한시켜서도 안 되며(화체를 비판하고 있습니다—필자 주), 또한 그의 용적을 줄인다거나 그를 분할하여 동시에 여러 장소에 분배한다거나 그를 하늘과 땅 전체에 가득할 정도로 무한히 광대한 존재로 만들어서도 안 된다. 이런 일들은 진정한 인간의 본성과 분명히 모순되기 때문이다(공재를 비판하고 있다—필자 주). ...... (오히

---

44 아카기 요시미츠, 『종교개혁자의 성만찬론』, 442.
45 아카기 요시미츠, 『종교개혁자의 성만찬론』, 444.

려 우리는) 하늘의 이 영광을 손상시키는 일이 없도록 해야 한다. 그리스도를 이 세상의 썩어질 성물들 내부로 끌어들이거나 이 땅의 피조물에 매여 있도록 만들면 그의 하늘의 영광이 손상을 받을 수밖에 없는 것이다."[46]

"루터는 그리스도의 몸과 피와 물소와의 역접적 동일성으로 그리스도가 참으로 성찬에 존재하신다는 실재성을 강조하며 배찬자가 그 몸을 먹고 그 피를 마신다는 것을 주장하였다. 그러나 루터에게는 '땅에서 하늘로'라는 지향성은 없다. 왜냐하면 그리스도인은 지상에 있으면서 동시에 하늘에 있기 때문이다. 이것에 대해서 칼빈은 성찬에서 그리스도가 실재하시는 것을 제정의 말씀을 따라 믿었지만 그 실재의 현상은 **내림과 올려짐이라는 '동적인 것'**이었다."[47]

"왜냐하면 승천론은 신체론과 밀접하게 관련되어 있기 때문이다. 유한의 몸이 아니라면 승천은 있을 수 없다. 무한의 몸이 승천하는 것은 불가능하다. 따라서 루터가 말하는 그리스도의 승천은 무의미한 것으로 되며, 부활에 흡수되어버려 사실상 '은천(隱天)'이라고 부르게 된 것은 당연하다. 그러나 칼빈에게는 승천이 없으면 불사성이라는 구원은 없는 것이다. 따라서 구원의 희망도 없다. 그가 루터파에 대해서 '그리스도 자신을 하늘에서 끌어내려 오시게 한 사람들(qui ipsum Christum e coelo detrahunt)'이라고 부르면서 비난한

---

46 Inst. IV. 17. 19.
47 아카기 요시미츠, 『종교개혁자의 성만찬론』, 445.

것은 이 이유에 있다."**48**

2.4.3. 우리와의 동일성

"그는 그리스도가 성육신, 십자가 부활, 승천에서 일관되게 일정한
척도와 형체를 가지시고 우리와 동일한 참된 육체를 취하고 계시며,
한편으로 현재도 보유하고 계시는 것, 이것이야말로 우리에게 구원
의 희망이 있다는 것을 역설한다."**49**

3. 성찬의 실제

이제 끝으로 실제적인 부분을 다루어보도록 하자. 성찬의 각 요소들을
먼저 생각해 보고, 뒷부분에서는 성찬 예식의 실제 진행의 예를 제시할
것이다. 먼저는 이 성찬의 실제를 좌우하는 중요한 주제이다.

3.1. 성찬은 '주의 만찬'이다.

종교개혁을 통해 개혁자들이 로마교회의 '미사'를 개혁한 가장 중요한 개
념 중의 하나는 성찬을 **'식사'**로 이해한 것이다. 로마교회에서의 미사는
그리스도께서 성찬 예식 중에 다시 죽으시는 것, 즉 '제사'의 개념이다.
로마교회에서 그리스도는 매 미사마다 실제로 다시 죽으시고 살을 찢으

---

48 아카기 요시미츠, 『종교개혁자의 성만찬론』, 448.

49 아카기 요시미츠, 『종교개혁자의 성만찬론』, 447.

50 고재수 교수는 이것을 다음과 같이 표현했다. "그러므로 주님의 만찬은 성격상 식사이고 잔
치이다. 만찬 자체는 제사가 아니고 제사에 근거한 것이다." 고재수, 『세례와 성찬』 (서울: 성
약출판사), 52.

시고 피를 흘리시는 일을 재현한다. **50** 이 부분의 신학적 의미는 앞서 다룬 화체설 부분을 생각하면 같은 궤에서 이해가 될 것이다.

이러한 로마 교회의 입장과는 달리 칼빈은 성찬이 매우 분명하게 '식사'로 정착되도록 한 중요한 역할을 하였다. 개혁주의 교회들에서 성찬에 대한 고정적인 용어는 항상 Lord's Supper, 곧 '주의 만찬'이었다. 즉 종교개혁 이후에 개혁자들과 그들의 후손들은 언제나 성찬이 무엇보다 '주를 먹고 마시는 식사'임을 강조했던 것이다. 이는 기독교강요에 아주 잘 나타난다.

먼저, 칼빈은 성찬을 논하기 시작하는 4권 17장의 제일 첫 절에서 성찬의 정의를 이렇게 말하는 것으로 시작하고 있다. "이것들은 우리가 그리스도의 살과 피로부터 받는 바, **그 눈에 보이지 않는 양식**을 의미한다."**51** 이 "양식"이라는 점을 이어서 조금 더 설명하는데 이렇게 되어 있다.

> "하나님께서 세례로 우리를 중생시키시고 우리를 그의 교회의 교제 속에 접붙이시고 입양을 통해서 우리를 자기 것으로 만드시듯이, 그는 그의 말씀으로 우리를 낳으사 새 생명을 얻게 하셨고, 또한 **그 생명을 유지하시고 지탱하시기 위하여** 계속해서 우리에게 **양식을 공급하심으로써** 사려 깊으신 아버지의 임무를 다하시는 것이다." **52**

즉, 칼빈은 성찬이라는 것이 '우리가 주를 먹고 마시는 것'인데, 그것이 매우 실효적으로 '우리를 살게 한다', '우리의 생명을 유지하고 지탱한다',

---

51 Inst. IV. 17. 1.
52 Inst. IV. 17. 1.

곧 '양식을 공급하는 것이다'라고 말하고 있는 것이다. 칼빈에게 있어서 성찬은 매우 실제적으로 살아갈 힘을 얻을 수 있는 양식의 공급처이다. 이를 쉽게 말해보자면 성찬이란 **'우리의 영이 밥을 먹는 것'**이다.

> "이제 우리는 이 신비한 축복의 목적을 깨닫게 되는데, 그것은 바로 주님의 몸이 단번에 우리를 위하여 희생되셔서 이제 우리가 그 몸을 양식으로 삼으며, 또한 그렇게 양식으로 삼음으로써 그 유일무이한 희생의 역사함을 우리 속에서 느낀다는 사실과, 또한 우리를 위하여 그가 피를 흘리셔서 영원토록 우리의 음료가 되신다는 사실을 우리로 하여금 확증하게 하고자 하는 것이다." [53]

3.2. 성찬은 우울한 추도 예식이어서는 안 된다.

개혁파는 이런 점에서 로마교회의 미사, 즉 제사를 식사로 바꾸는 일을 통해서 성찬의 의미를 상당히 변화시켰다. 따라서 올바른 신앙을 가진 교회, 성도, 목사와 직분자들은 성찬식이 '우울한 추도식'이 되도록 해서는 안 된다.

성찬식이 우울한 추도 예식처럼 되는 이유는 필자의 판단으로는 두 곳에 뿌리를 두고 있다.

첫째, 성찬을 로마교회의 미사와 같은 방식으로 생각하기 때문이다.
둘째, 성찬을 츠빙글리식으로 생각하기 때문이다.

---

[53] Inst. IV. 17. 1.

즉 성찬식을 "그리스도께서 자신을 주심으로 말미암아, 이제 우리의 식사(만나)가 되신 것"이라고 생각한다면 주님을 먹고 마시는 일이 우울한 일이 될 수 없는 것인데, 우리의 이해 부족으로 말미암아 성찬을 집행하면서도 마치 미사를 집행하듯이, **'주님께서 오늘 여기에서 죽으시고 계시다'**라고 믿거나(첫째의 경우), 혹은 **'주님께서 과거에 죽으셨던 일만을 단지 기억하는 것이니, 우울한 추도예식이 되는 것'**(기념식, 둘째의 경우)이다. 필자의 생각으로는 일반적인 기독교계 내에서는 둘째가 좀 더 많아 보인다.

그러나 성찬은 그리스도께서 죽으심으로 말미암아 우리에게 '생명을 먹여 주신' 사건이므로, 결코 슬퍼해서는 안 된다. 뿐만 아니라, 우리는 마치 그리스도께서 **아직 죽지 않으신 것처럼**, 혹은 **아직 부활하지 않으신 것처럼**' 그렇게 살아가서는 안 된다. 우리는 이미 죽으신 후 부활하셔서 영광의 보좌에 앉아계신 그리스도를 모두 소유하고 있다. 따라서 마치 시간이 멈춘 것처럼 주님을 죽으신 상태 그대로 미이라로 보존하듯이 성찬에서 죽으신 그리스도를 슬퍼해서는 안 된다. 우리의 성찬은 그 죽으신 그리스도께서 이루신 모든 영광을 다 떠안고, 이제 그분을 먹고 마시기 때문에 영광의 소망을 가지고 참여해야 하는 예식이다. 그래서 개혁교회는 성찬 예식서에서 마지막 부분에 이 성찬이 "주의 다시 오심을 기다리는 시간"이라는 항목을 넣었다.

"그리스도께서는 당신이 오실 때까지 성찬을 기념하라고 우리에게 명령하셨습니다. 우리는 그리스도의 상에서 그리스도께서 약속하신 풍성한 기쁨을 미리 맛보며, 어린양의 혼인 잔치를 고대합니다. 그 때에 그리스도께서는 당신의 아버지의 나라에서 우리와 함께 포도주를 새로 마실 것입니다. **기뻐하고 영광을 그분께 돌립시다. 어린양의 혼인 잔치가 다가오고 있습니다!"** [54]

3.3. 성찬의 각 요소들

다음에 나오는 성찬의 각 요소들은 고재수 교수의 『세례와 성찬』(서울: 성약출판사, 2005)의 내용을 뼈대로 하고, 거기에 개혁교회들의 성찬 요소들에 대한 내용을 덧붙여 넣은 것이다. 위의 책은 원래 과거에 고재수, 『교의학의 이론과 실제』(천안: 고려신학대학원출판부, 1992)에 실렸던 내용 중 세례와 성찬에 관한 부분만 발췌하여 성약출판사에서 출판한 것이다.

그리고 개혁교회들의 예배(예전)에 관하여는, 현재 개혁교회 예전과 관련된 책들 중 번역된 것들이 거의 없으나 최근에 SFC에서 카렐 데던스 교수의 『Where Everything Points to Him』이 번역되어 출간되었다. 카렐 데던스, 『예배, 하나님만을 향하게 하라』(서울: SFC, 2014) 이 책은 예배 예전에 관하여 예배의 각 요소들이 무엇을 의미하며 어떻게 결정되어야 하는지에 관하여 도르트 교회질서 이후의 개혁교회의 결정적인 내용들을 많이 담고 있는 대단히 중요한 책이다.

3.3.1. 성찬 테이블
성찬 테이블에서 가장 중요한 요소는 이것이 '제단'이 아니고 '식탁'이라는 점이다. [55] 오늘날도 성당의 미사에 가보면, 고대교회로부터 그 뿌리

---

54 캐나다 개혁교회의 "주의 만찬 기념 예식서" 중.
55 고재수, "이것은 하나님께 제사를 드리는 제단이 아니고 하나님께서 그의 백성을 위해서 음식을 마련하신 식탁이다."

를 두고 있는 예배당 구조를 발견하게 되는데, 말하자면 '제단'과 '설교단'의 분리이다. 보통 천주교에서는 예배당 전면에 가장 큰 상은 '설교단'이 아니라 제단이다. 미사 실황을 보면, 사제들이 큰 상은 성찬 시간만 사용하고 우리의 설교에 해당하는 말씀 전례 시간에는 앞에 있는 조그만 단상에 나와 말씀을 강론하는 것을 볼 수 있다.

이것은 예배당의 건물 구조가 신학을 반영하는 것임을 보여준다. 오늘날 한국교회는 예배당을 건축할 때 신학적 입장은 거의 반영되지 않는 것 같다. 실용적 입장만 반영하는 것이다. 신학이 잘 반영된 예배당들이 많이 나왔으면 하는 바람이다.

다음 그림을 보면,[56] 바실리카 양식에서도 그렇고 현대의 양식에서도 그렇고 로마교회 예배당의 중심은 제단이다. 가톨릭평화신문에 실렸던 성당과 전례에 대한 글을 보면 "신자석 앞쪽에는 연단이 있고 단상에는 큰 탁자 같은 게 있습니다. 이 큰 탁자를 제대(祭臺)라고 부르는데 제대가 있는 연단 전체를 제단이라고 부릅니다. 어느 성당에 가든지 이 구조는 기본적으로 같습니다. 그것은 성당의 중심이 바로 제대임을 보여주고 있는 것입니다."[57] 라고 되어 있다.

즉, 로마교회에서 성당 건물 전체의 중심은 제대이고, 이것은 미사의 중심이 희생제사, 즉 성체성사임을 보여준 반면 개혁교회들의 예배당은 설교 중심으로 모든 제단들을 치우고 설교단만 높이 자리하고 있는 것을 볼 수 있다. 따라서 개혁파 교회들에서 제단은 중심의 자리에서 내려와 설교단 아래에 자리하게 된다. 오늘날 한국교회에서 보통 사회자석이나

---

56 그림은 리폼드 가디언 홈페이지에서 가져온 것(https://reformedguardian.com/archives/5189).
57 http://www.cpbc.co.kr/CMS/newspaper/view_body.php?fid=1432&cat=&cid=174715&path=200607.

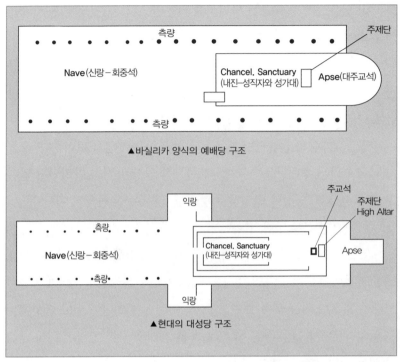

▲바실리카 양식의 예배당 구조

▲현대의 대성당 구조

[그림1] 성당구조 : 바실리카 양식과 현대에서

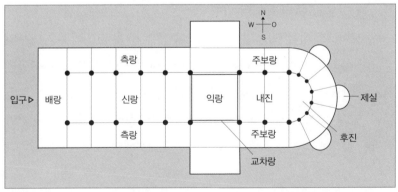

[그림2] 성당구조 : 구조적 명칭

보조강대상으로 생각하고 있는 아랫 강단은 원래 강단이 아니라 성찬상이다. 예전 나무로 된 보조강대상이라 생각하는 단의 전면에 성찬하는 모습이 새겨진 경우들을 기억하는 분들이 계실 것인데, 원래의 용도를 알 수 있는 부분이다. 강단 구조와 강대상의 배치에 관한 신학적 의미와 역사적 발전에 관하여는 유선호 목사가 쓴 『강대상의 배치와 강단장식』 (서울: 하늘기획, 1995)을 참고하라.

3.3.2. 성찬상으로 나옴, 그리고 헌금

고대 교회 때부터 성찬과 헌금은 연결되어 있었다. 왜냐하면 신약교회에서 헌금은 '자비의 봉사'로서 가난한 이들을 돕는 목적이었기 때문이다. 그래서 고대교회의 예배에서는 성찬식으로 나올 때, 가난한 사람들이 예배를 마치고 난 후 가져갈 수 있도록 음식 같은 것을 갖고 나와 드렸다. 그런데 시간이 지나면서 이것이 돈으로 대치되었고, 헌금을 드리는 시간이 되었다.

성찬에는 첫째, 그리스도와의 몸과 연합된 후, 둘째로 그 연합 때문에 '성도가 하나가 됨'이라는 정신이 있다. [58] 즉 성찬 시간은 '성도의 교제'가 가장 극명하게 드러나는 시간이다. [59] 따라서 교회는 언제나 헌금 시

---

[58] 개혁교회 성찬예식서에는 다음의 내용이 있다. "교제: 동일한 성령으로 또한 우리는 한 몸의 지체들로서 참된 형제 사랑으로 연합되었습니다. 왜냐하면 사도바울이 떡이 하나요 많은 우리가 한 몸이니 이는 우리가 다 한 떡에 참예함이니라(고전 10:17)고 말하기 때문입니다. ...... 우리를 먼저 이처럼 지극히 사랑하신 그리스도 때문에 이제 우리는 서로 사랑해야 하며, 이를 단지 말 뿐만 아니라 행동으로 서로에게 나타내 보여야 할 것입니다."(개혁교회 성찬 예식문 중 '교제' 부분).

[59] 하이델베르크 교리문답에서 "성도의 교제" 부분에 대한 설명은, 성도의 교제가 그리스도와의 연합으로 나타나는 부산물임을 잘 설명하고 있다. H.C. 21주일 55문답, "성도의 교제를 당신은 어떻게 이해합니까?"를 참고하라.

간을 성찬시간과 결부지어(오늘날 우리들 교회에서 헌금시간이 예배의 뒷부분에 있는 것은 이런 전통에서 연유했다) 교회 안의 가난한 지체들을 돌볼 수 있는 베이스로 삼았다. 그리스도와의 지체로서의 연합이, '우리들이 서로 하나이다'라는 것을 보여준다는 것을 잘 생각하여, 성찬을 교회 안에 있는 어렵고 힘든 이들을 돕는 집사적 사역이 일어나게 되는 계기로 삼으면 좋을 것이다. [60]

성찬상으로 나오는 데에는 몇 가지 방법이 있다. 한국교회에서는 거의 장로가 떡과 잔을 들고 성도들이 앉아 있는 곳으로 들고 가서 먹고, 마시게 하는 것이 획일화 되었는데, 이것은 마치 성도가 **'서비스를 받고 있는'** 뉘앙스를 준다는 점에서 좋지 않다. 앞서 '신학' 부분에서 보았듯이 성찬에는 **'성도의 능동적 참여'**가 중요한 요소이다. 그런 점에서 성도들이 자리에 앉아서 장로의 서비스를 받으며 성찬에 참여하는 방식보다는 성도들이 성찬상으로 '나오는' 방식이 훨씬 더 좋을 것이다. 실제로 천주교의 미사를 보면 아무리 큰 성당에서도 영성체 때는 모두 앞으로 나와서 사제의 손에서 떡을 받는다. 외국의 개혁교회들에서도 어떤 교회들은 장로가 돌기도 하지만, 많은 경우 성도가 나오는 방식을 택한다.

나오는 방식에는 크게 두 가지가 가능하다. 하나는 나와서 모두가 성찬 테이블에 둘러앉는 방식인데, 어느 정도의 규모까지는 가능하다(두세 번 나와 앉는 것이 가능한 정도까지). 성찬 테이블에 둘러앉는 것은 가장 좋은 방식으로, 성찬이 식사임을 잘 드러내고, 성도가 모두 한 성찬상의 신앙고백적 동지임을 눈으로 보고 체험할 수 있는 좋은 방식이다.

---

[60] "주의 식탁에서 우리는 다른 참여하는 사람들과 함께 하나됨을 느끼며, 가난한 자를 돌봄으로써 하나님께서 우리에게 주신 선물들에 대하여 감사를 표시한다. 주님의 만찬에서 모아진 헌금은 집사들에게 주어 가난한 자들을 돌보도록 하여야 한다."(고재수, 『세례와 성찬』, 89).

개혁교회들 중 다수는 이런 방식을 취하며, 성찬식이 있는 주일에만 앞에 테이블과 접는 의자 등을 펼쳐 놓는 방식으로 하는 교회들이 있다.

다른 방식으로, 나와서 앉기가 곤란한 정도의 규모가 큰 교회들은 성도들이 일렬로 쭉 나와서 성찬을 받고 다시 자기 자리로 가서 앉는 방식을 택한다. 개인적으로는 전자보다 못하다고 생각하지만, 그래도 앉아서 장로가 갖다 주는 방식보다는 좋다고 생각한다. 큰 교회들에는 여전히 시간적 한계는 존재한다.

3.3.3. 식탁이다. 따라서

영화 '인디아나 존스'에 최후의 성배를 찾을 때 금으로 된 잔이 예수님의 잔인 줄 알았는데 실제로는 낡고 초라한 나무잔이 진짜 주님의 성배라는 장면이 있다. 요즘 추세가 성구사들이 성구들을 지나치게 비싼 것으로 만들고, 강대상을 비싼 크리스털 강대상으로 바꾸거나 하는 것이 추세인 것 같은데, 다른 것은 차치하고서라도 성찬의 상은 '식탁'이라는 점이 부각되어야 할 것이다.

곧 성찬이 '**주를 먹는 것이 우리의 평범한 식사가 되는 것**'이라는 취지를 제대로 잘 드러내기 위해서는 '**성찬을 위한 특별한 성구들을 사용**'하는 **것 자체가 이 정신과 맞지 않다는 것이다.** 성찬을 잘 드러내기에 가장 적합한 도구들은 오히려 우리가 **평소에 사용하는 식탁의 도구들**이다. 말하자면 성찬상을 화려하게 치장하지 말고, 주전자나 컵 등을 '성구'로 특별히 구별된 것으로 하기보다는, 우리가 평소 생활에서 접하고 사용할 수 있는 '일상의 용품들'을 사용하는 것이 가장 좋다는 것이다.

3.3.4. 예전적 행위들

이렇게 주의 식탁 앞에 주의 백성들이 둘러 앉을 때, 집례자인 목사가 성찬 상에서 행하는 몇몇 행위들은 역사적으로 지나오면서 어느 정도 '예전적 상징을 갖춘' 행위들로 자리잡았다. 예전적 행위의 대표적인 것들과 의미들은 다음과 같다. [61]

1) 떡을 떼는 것은 그리스도의 몸이 우리를 위하여 찢겨졌음을 의미한다.

2) 포도주를 주전자로 잔에 따르는 것은 그리스도의 피가 우리의 죄를 위해 쏟아진 것을 의미한다.

3) 떡과 포도주를 '나누어 주는 것'(직분자가 성도들에게)은 그리스도의 구원의 일이 우리에게 제시됨을 의미한다.

4) 떡과 포도주를 '받는 것'(성도들이 손으로 받는 것)은 우리가 믿음으로 우리와 우리의 구원을 위한 그리스도의 사역을 받아들임을 의미한다.

떡을 떼고 포도주를 따르는 것이 그리스도의 몸이 찢겨지고 피가 쏟아진 것을 '드러내는' 일이기 때문에, 여기에 상징적 의미를 부여하였다면 이것을 마땅히 **성도들 모두가 볼 수 있는 방식으로 행하는 것이 합당**하다. 종교개혁 시대에는 떡과 잔을 '들어올리는 것'이 우상숭배가 된 위험이 있었기 때문에 개혁자들은 이것을 경계하기도 했지만, 오늘날 그런 위험이 없는 상태에서는 이 상징이 풍성히 드러나는 것이 합당할 것이다. 따라서 성찬을 거행할 때 목사는 모든 성도들이 볼 수 있는 위치에서 떡을 높이 들어올려 '부수고', 또 잔을 나눌 때는 모든 성도들이 볼 수 있는 방식으

---

61 아래의 네 가지 항목은 고재수, 『세례와 성찬』, 58-59를 참고.

로 잔에 '부을' 수 있어야 한다. 오늘날 통상적인 방식의 성찬에서는 떡이 미리 조각조각 잘라져 있고 포도주가 미리 잔에 다 부어져 있지만, 이것은 전적으로 '편의를 위한' 것일 뿐, 예전적 의미를 풍성히 담으려면 한 덩어리의 떡과 한 주전자 안에 있는 포도주로 성찬을 시작함이 더 좋다. **62**

3.3.5. 떡

성찬에서 떡의 의미는 식사에서 '양식'의 의미이다. 구약성경은 떡을 "의뢰하는 양식"(레 26:26; 겔 5:16; 14:13)이라고 말하는데, 이는 사람의 생명을 기본적으로 유지시켜 주는 것을 의미한다. 즉 떡은 우리가 먹고 살아가는 데 동력이 되는 기본적 삶의 자양분을 의미하는 재료이다.

그래서 주님께서 성찬에서 '떡'을 등장시키신 이유는, 이 성찬이 나타내는 바 주님의 십자가에서의 죽으심이, 이제 주의 백성들에게 '양식'이 되기 때문이다. 그야말로 우리가 매일 밥을 먹듯이, 성찬의 떡은 '우리 주님께서 우리의 양식이 되심'을 보여주는 방편인 것이다. 주님께서는 요한복음 6장에서 오병이어의 기적을 행하신 후에 자신이 '생명의 떡'이심을 선언하셨는데, 우리는 성찬에서 바로 이 주님을 '양식으로' 먹게 되는 것이다.

> 31절, 청중: "기록된바 하늘에서 저희에게 떡을 주어 먹게 하였다 함과 같이, 우리 조상들은 광야에서 만나를 먹었나이다."
>
> 32-33절, 예수님: "......하늘에서 내린 떡은 모세가 준 것이 아니

---

62 고재수 교수는 이 글의 내용에서 "심지어 이미 잘라진 것이라 하더라도 통일성을 표현하기 위해서 떡은 덩어리의 형태로 놓는다. 통일성은 또한 포도주를 따르는 주전자가 하나라는 것에서도 볼 수 있다."라고 쓰고 있다. (고재수, 『세례와 성찬』, 59).

라, 오직 내 아버지가 하늘에서 내린 참떡을 너희에게 주시나니 하나님의 떡은 하늘에서 내려 세상에게 생명을 주는 것이니라."

: 모세가 준 떡이 진짜가 아니고, 하나님 아버지가 주시는 참 떡이 있다고 말씀하심.

여기에서 떡이 만나를 가리키고 있기 때문에, 모세가 만나를 준 것이 아니고, 참 만나이신 분을 주시겠다고 말씀하시는 장면

34절, 청중: "이 떡을 항상 우리에게 주소서"

35절, 예수님: "내가 곧 생명의 떡이니 내게 오는 자는 결코 주리지 아니할 터이요, 나를 믿는 자는 영원히 목마르지 아니하리라."

48-51절, 예수님: "내가 곧 생명의 떡이로라. 너희 조상들은 광야에서 만나를 먹었어도 죽었거니와 이는 하늘로서 내려오는 떡이니, 사람으로 하여금 먹고 죽지 아니하게 하는 것이니라. 나는 하늘로서 내려온 산 떡이니, 사람이 이 떡을 먹으면 영생하리라. 나의 줄 떡은 곧 세상의 생명을 위한 내 살이로라 하시니라."

: 구약의 그림자로서의 떡은 '먹어도 죽는 것', 반면 구약의 이 떡-만나-의 실체이신 주님은 먹으면 죽지 않고 영생한다.

3.3.6. 떡 대신 웨이퍼를 사용하는 것에 관하여

보통 떡을 어떤 것을 사용하느냐에 대해서는 두 가지 정도 다루어야 할 점이 있다. **첫째, "무교병을 사용해야 하느냐?"**이다.

여기에서도 우리가 계속 배워왔던 것과 동일한 방식이 적용된다. 우리가 성경을 제대로 적용한다는 것은 '외형적 형태를' 똑같이 따라하는 것이 아니라(특히 구약의 것을 따를 때는 더더욱), 그것이 이루는 '구속적 의미'를 따라 해야 하는 것이다. 따라서 '무교병' 자체를 고집할 필요는 없

다. 왜냐하면 구약 성경에서 무교병의 의미는 '누룩이 함의하는 죄'를 보여주는 것이기 때문에, 그것이 충분하게 성도들에게 알려지는 상태라면 **'무교병인 것' 자체가 중요한 것이 아니다**(세례식을 할 때, 반드시 침수하지 않는 이유와 같다. 기본적으로 세례는 침수가 합당하고 좋지만—죄에 대한 죽음을 온전히 보여주는— 형편상 되지 않을 때에 물을 뿌리더라도, 그 형식 자체가 생명을 주는 것은 아니기 때문에 불가능한 것이 아니다). 따라서 무교병을 고집할 이유는 없고, 무교병이든 유교병이든 아무 것이나 사용해도 괜찮다.

둘째, "웨이퍼가 가능한가?"

> "그러나 로마 가톨릭에서는 무교병을 종이처럼 얇은 웨이퍼로 바꾸었다. 개혁 신학자들은 로마 가톨릭의 미사에서 웨이퍼를 사용하는 것을 정당하게 반대하였는데, 거기에는 음식이라는 생각이 사라지기 때문이다." [63]

현대에는 개신교회에서도 간혹 웨이퍼를 사용하는 교회들이 있다. 하지만 이것은 형식이 의미를 드러내야 한다는 점에서 어려움을 안고 있다. 개혁자들이 정당하게 반대한 대로, 웨이퍼는 **전혀 음식의 형태가 아니기 때문에** '주의 만찬'이라는 점이 전혀 드러날 수가 없기 때문이다.

로마교회에서 떡을 웨이퍼로 바꾼 이유는 그들의 신학의 우상숭배적 성격 때문이다. 떡은 가루가 생기고, 받아먹을 때에 땅바닥에 흘릴 수 있다. [64]

---

63 고재수, 『세례와 성찬』, 74.
64 그래서 천주교 내에서는 지금도 사제로부터 떡을 받을 때 "혀로만 받아야 한다."라고 주장하는 그룹이 있다. 현재 로마교회는 모두 웨이퍼를 '손으로' 받는 것으로 거의 통일되었다.

그렇다면 주의 몸이 소실될 위험이 생기기 때문에 이들은 떡을 딱딱한 재질로 바꾸었다. 즉 떡을 딱딱한 종잇장 모양의 웨이퍼 형태로 바꾼 이유는 그들의 **그릇된 신학 때문인데, 이것을 단순히 '편의성' 때문에 기독교회가 모방한다는 것은** 한편으로는 그들의 잘못에 동조하는 것이기도 하고, 또 앞서 말한 대로 식사의 의미를 완전히 가리는 것이 되기 때문에 합당치 않다.

떡이 떼어지고 나누어질 때 가장 좋은 방식은 그것이 **'음식'이라는 것, '양식'이라는 것이 가장 잘 드러나는 방식**이다. 그래서 할 수만 있다면 눈꼽만큼 주는 것보다 한 입 정도 먹을 수 있는 양을 주는 것도 좋다. 빵의 종류에도 제한이 있는 것이 아니기 때문에, 안에 크림이 들었거나 한 것은 실제로 성찬 때 문제가 되기 때문에 삼가야겠지만 반드시 맛없는 식빵 같은 것만 쓸 필요는 없다. 개혁교회는 전통적으로 하얀 빵을 선호하는데, 대다수의 한국교회가 사용하고 있는 카스텔라 형태의 빵도 매우 좋다고 생각한다.

3.3.7. 떡을 떼는 것

떡을 '떼는 것', 곧 '부수는 것' 기본적으로 **'그리스도의 폭력적 죽음'**을 나타내는 것이다. 고린도전서 11장 24절은 말씀한다.

> "축사하시고 떼어(헬. 클라오, 부수다) 가라사대, 이것은 너희를 위하는 내 몸이니 이것을 행하여 나를 기념하라 하시고"

그리스도께서 빵을 '찢으실'(떼실, 부수실) 때, 그것을 '우리들을 위한 주님의 몸'과 연결시키셨다. 이것은 명백하게, 주님께서 십자가에서 죽으시는 일을 통하여 우리들에게 구원의 복을 나누어 주신 것을 의미하는 말씀이다.

따라서 '떡을 떼는 일'은 **그리스도의 죽으심을 가시적으로 드러내기 때문에** 성찬에서 중요한 행위 중 하나이다. 성찬이라는 것 자체가 성례의 성격, 곧 보이지 않는 것을 보이도록 나타내는 것이기 때문에, 이런 예전적 행위들이 매우 중요하다.

3.3.8. 성찬 후의 떡의 처리

성찬에서 개혁파 성찬론이 믿는 점은 표징이 되는 성찬의 떡과 포도주는 **성도의 믿음과 합할 때에만 성례전적 의미를 갖는다는 것이다.** 로마교회는 표징이 되는 **물질 자체가 이미 그리스도의 몸이 되어 버렸기 때문에** 예배 바깥에서도 여전히 '거룩한 떡', '거룩한 포도주'이다. 하지만 우리는 이것을 믿지 않는다.

따라서 성찬 이전과 성찬 이후의 떡과 포도주는 **단지 떡과 포도주 외에 아무 것도 아니다.** 과거 우리 선배들 중에는 성찬식을 마치고 나면 사용한 떡과 포도주가 각별한 것으로 여겨서 아무 데도 사용하지 않고 땅에 파묻곤 했는데, 이것은 미신적 종교심에서 나온 것이지 올바른 신학에서 나온 행동이 아니다. 성찬 이후의 떡과 포도주를 '거룩한 것'으로 여기는 것은 우리 신학이 아니다.

그래서 성찬식 때 사용하고 남은 떡이나 포도주는 이후 식사 시간 등에 성도들이 나눠 먹는 것이 제일 좋아 보인다. 필자의 교회에서는 오전 예배가 마치면 남은 빵을 아이들에게 나눠주고 있다. 이렇게 나눠 주면서 "성찬 상의 빵은 주님의 몸이지만, 성찬 이후의 빵은 아무것도 아니란다."라고 가르친다. 그리고 성찬식 중간에 아이들에게 종종 질문한다.

"이건 무엇을 나타내는 걸까?" 그렇게 물으면 아이들이 "주님의 몸!", "주님의 피!"라고 곧잘 대답한다.

3.3.9. 포도주

"포도주는 특별한 경우, 특히 잔치에서 사용"[65] 한다. 신명기 14:26에서 포도주는 축제에서 마시는 것임을 말씀하고 있고 욥1:13에서도 그러하다. 요한복음 2장에서도 역시 혼인 예식의 음료였음을 알 수 있다. 이사야 25장은 포도주가 여호와께서 자기 백성을 위해 마련하신 연회의 일부분임을 알 수 있다. 시편 104편과 이사야 22장에서 포도주는 "사람의 마음을 기쁘게 하기 위하여 여호와께서 주신 음료"이다.

그래서 성찬의 포도주는 **"이 식사의 축제적 성격을 강조"**한다. [66] 그리고 성경신학적으로 충분히 살필 여유만 있으면 포도와 포도주가 어떻게 종말론적 성격을 갖는지도 논할 수 있다. 성경에서 포도주는 그야말로 '종말론적 음료'이다.

3.3.10. 포도주스가 괜찮은가?

고재수 교수는 이 책 83쪽에서 "포도주는 주님의 만찬의 의미에 중요하게 기여하였으므로, 이 성례를 행할 때 알코올음료를 유지시켜야 한다."[67]라고 쓰고 있다. 우리나라에서는 술에 대한 과한 거부감 때문에 성찬 때 포도주스를 사용하는 경우들이 있는데, 성찬에 포도주를 사용하는 것

---

65 고재수, 『세례와 성찬』, 81.
66 고재수, 『세례와 성찬』, 82.
67 고재수, 『세례와 성찬』, 83.

에는 '포도'에만 의미가 있는 것이 아니라 '주'에도 의미가 있다. 따라서 할 수 있다면 성찬상에 주스보다는 포도주를 유지하는 것이 좋다.

고재수 교수는 "어떤 이유로 포도주를 마실 수 없는 형제자매를 위해서는 특별한 허용이 가능하다"[68]고 함께 쓰고 있다. 즉 알코올 중독자나 술에 알레르기 반응을 보이는 분들을 위해서는 별도의 조처가 필요하겠지만, 일반의 경우에는 교회에서 담든지 구입을 하든지 포도주를 사용하는 편이 좋을 것이다.

3.3.11. 화이트 와인도 가능한가?

고재수 교수는 "포도주를 택하는 것은 종종 그 색 때문이라고 생각했었다. 포도주에는 붉은 색 아닌 다른 색도 있으나 유월절 예식에서는 붉은 포도주를 요구한 것처럼 보인다. 붉은 색은 사람들에게 그리스도의 보혈을 상기시키기 때문이다. 그러나 성경 어느 곳에서도 색에 주의를 기울이지 않는다."[69]라고 쓰고 있기 때문에 백포도주도 가능하다는 취지로 말하고 있다.

그런데 성례라는 것이 실체를 표징으로 드러내는 것인데, 피를 나타내는 음료로 (구할 수 없으면 몰라도) 붉은 포도주가 있는데 굳이 흰 포도주를 쓸 이유가 있는지 모르겠다. 그냥 붉은 포도주가 좋다고 생각한다. 특별히 나쁘지 않다면 **상징은 실체를 '보다 정확하게' 나타낼 수 있는 편이 더 유익한 것**이다.

---

68 고재수, 『세례와 성찬』, 83.
69 고재수, 『세례와 성찬』, 81.

3.3.12. 한 잔

개혁교회들은 거의 대부분 성찬 때에 '한 잔'을 돌려 마시는 일을 지금도 하고 있다. 과거에는 별반 문제가 되지 않았는데 현대에는 위생 관념의 강화로 문제가 되고 있어서, 한 사람이 마시면 잔을 들고 있는 장로가 손수건으로 닦고 건네주는 식으로 해서, 어쨌든 한 잔을 공유한다.

우리 전통에서는 이미 다 작은 잔에 부어져 있다. 앞의 내용 중 떡에 관하여 고재수 교수는 떡도 잘라진 것 보다는 통으로 된 것이 좋다 하였는데, 잔도 마찬가지이다. 할 수 있으면 부어져 있는 '개별의 잔'보다는 '한 잔'에 참여하는 것이 성경적으로 합당하다. 하지만 현대의 위생관념 때문에 이것이 계속해서 문제가 되고 있고, 질병/전염병 등의 문제가 또 거기 있기 때문에, 고민을 하면서 해결책을 생각해야 할 것이다.

3.3.13. 성찬의 횟수

칼빈은 성찬에 관한 소논문에서 아래처럼 횟수에 대해 말한다.

> "지금 많은 사람이 성찬을 거행하는 관습보다 성찬은 훨씬 더 자주 거행되어야 한다. 왜냐하면 우리의 연약함이 우리를 더욱 더 괴롭힐 때마다 우리는 우리의 믿음을 군세게 해주고 우리의 거룩한 삶을 향상시켜줄 수 있으며 또한 그렇게 하는 것을 더욱 더 자주 실행해야 하기 때문이다. 따라서 잘 조직되어 있는 모든 교회에서 성찬 예식은 신앙 공동체가 그것을 관용할 수 있는 정도까지 매우 자주 거행되어야만 한다." [70]

---

70 J. van Genderen & W. H. Velema, 『개혁교회교의학』, 1299.

즉 성찬은 할 수 있는 한 자주 하는 편이 좋은데, 심지어는 사도행전에서 보여주고 있는 성경의 예를 따르려면, "모든 예배에는 항상 성찬이 있었다." 이 점을 간과해서는 안 된다. 말씀과 성례가 한 묶음으로 예배 안에서 기능해야 한다는 점을 분명하게 하려면, 어쨌거나 가장 좋은 방법은 (실제적인 문제들에 대한 해결책은 따로 강구하더라도) 매 주일마다 성찬이 시행되는 것이다. 실제로 매주 성찬을 시행할 때 성도들이 얻는 유익이 상당하다. 말씀을 가시화하는 성찬의 올바른 시행들을 통하여 더욱 풍성한 은혜의 넘침을 경험하는 우리들이 되기를 소망해 본다.

강영안. 『십계명 강의』. 서울: IVP, 2009.

김지찬. 『데칼로그』. 서울: 생명의말씀사, 2016.

아카기 요시미츠. 『종교개혁자의 성만찬론』. 서울: 만우와 장공, 2010.

유해무. 『삼위일체론』. 파주: 살림출판사, 2010.

Herman Bavinck. 『개혁교의학 2』. *Gereformeerde Dogmatiek*. 박태현 역. 서울: 부흥과 개혁사, 2011.

John Calvin. 『기독교 강요(하)』. *Institutes of the Christian Religion*. 원광연 역. 고양: 크리스찬다이제스트, 2003.

J. van Genderen & W. H. Velema. 『개혁교회교의학』. *Beknopte Gereformeerde Dogmatiek*. 신지철 역. 서울: 새물결플러스, 2018.

Keith A. Mathison. 『성찬의 신비: 칼빈의 성찬론 회복』. *Given for You: Reclaiming Calvin's Doctrine of the Lord's Supper*. 이신열 역. 부산: 개혁주의학술원, 2011.

Klaus Held. 『지중해 철학기행 : 모든 길은 플라톤으로 통한다』. *Treffpunkt Platon: philosophischer Reiseführer druch die Länder des Mittelmeers*. 이강서 역. 파주: 효형출판, 2007.

Martin Luther. 『말틴루터의 종교개혁 3대 논문』. Martin Luther's three treatises. 지원용 역. 서울: 컨콜디아사, 1993.

N. H. Gootjes. 『세례와 성찬』. Baptism and the Lord's Supper. 서울: 성약출판사, 2005.

Standing Committee for the Publication of the Book of Praise of the Canadian Reformed Church. *Book of Praise : Anglo—Genevan Psalter*. Winnipeg, Manitoba: Premier printing LTD, 1993.

성경신학에서 본 교회직분

송영목

성경과 교회질서에서의 장로:
장로란 누구인가?

윤석준

성경신학에서 본 교회의 직분

송 영 목

들어가면서

초대교회는 '성도의 어머니'인 교회가 갖추어야 할 세 요소로 성경, 신앙
고백(교리문답, 교회정치[교회질서]), 그리고 직분을 꼽았는데, 이들은
마치 하나의 의자를 지탱하는 다리 세 개와 같다.[1] 이 셋 중에서 직분과
관련하여, 일하시는 하나님의 영원한 계획과 통치는 구약과 신약의 교회
의 직분자를 통해서 이루어진다(엡 4:7).[2] 예수님은 성부의 말씀을 전하
셨고, 성부께서 맡기신 사역을 행하셨다(요 17:4-8). 마찬가지로 교회
직분자는 예수님께서 맡기신 말씀과 일을 수행한다(요 17:1).[3]

'직분'(職分)은 한자로 "벼슬을 나눈다."는 뜻이다. 하지만 바울에 의하
면, APEST(사도, 선지자, 복음전파자, 목사, 교사)와 같은 교회의 직분

---

[1] A. van de Beek, "The Church as Our Mother: New Perspectives on Apostolic Succession," *NGTT* 45/3-4 (2004), 717.

[2] 남아공 노쓰-웨스트대학교 봉사신학 교수 G. Breed, "Diakonia in the New Testament and a Vision for a Biblically based Ministry Plan," *In die Skriflig* 53/1 (2019), 2.

[3] Breed, "Diakonia in the New Testament and a Vision for a Biblically based Ministry Plan," 6.

자는 벼슬 자체를 누리는 사람이 아니다(엡 4:11). 오히려 직분자는 성도로 하여금 봉사의 일에 참여하도록 만들어 예수님의 몸을 세우는 일꾼이어야 한다(엡 4:12).4 성령님은 교회의 머리이신 예수님의 영으로서 설교, 성례 그리고 은사를 활용하는 직분자를 통하여 교회를 다스리시고 세우신다. 남아공 스텔렌보쉬대학교의 판 드 베이크(A. van de Beek)에 의하면, 직분의 오용과 남용과 권징의 부재로 인해 성도를 양육하는 어머니 교회가 병들어 이상한 여인이 되고 말았기에, 이제 우리 어머니를 돌보아야 할 시점이다.5 성경적 직분의 회복이 시급한 시대에 성경적 직분의 교훈을 되새겨 보는 것은 유의미하다. 항존직인 목사직, 장로직, 집사직의 개혁은 교회 개혁의 중심에 자리 잡고 있다고 보아도 지나치지 않다.

   이 글은 먼저 구약의 주요 직분들이 계시사적으로 신약 교회의 직분으로 어떻게 이어지는가를 살핀다. 그 다음 직분자들의 교회 안의 기능을 살피고, 마지막으로 직분자들이 수행할 수 있는 대사회적인 역할까지 찾아본다.

1. 구약의 직분

남아공 프리 스테이트대학교의 교회법 교수 클레인한스(E. P. J. Kleynhans)는 왕, 제사장, 선지자라는 3직분을 아담 기독론(Adam

---

4　엡 4:11의 APEST는 말씀을 통하여 교회의 설립과 관련된 주요 직분자들이다(엡 2:20). 따라서 그 구절은 모든 직분자의 목록을 포함하지 않는다는 주장은 C. E. Arnold, *Ephesians* (ZECNT; Grand Rapids: Zondervan, 2010), 256을 보라.

5　Van de Beek, "The Church as Our Mother," 726.

Christology)에서 다음과 같이 추론한다. 에덴동산에서 아담은 동산을 다스리는 왕, 에덴동산을 거니시고 말씀하시는 하나님과 교제하는 제사장, 그리고 하나님을 대신하여 동물에게 이름을 지어주는 선지자로 부름을 받았다. 아담의 타락은 그가 감당하던 3직분의 타락이다. 마지막 아담이신 예수님은 십자가의 희생으로써 3직분의 회복을 이루셨는데, 그것은 믿음으로써 그리스도의 몸에 접붙임을 받은 크리스천이 감당할 직분의 근거이다.[6]

왕정시대 이전에 이스라엘 백성은 장로와 천부장과 백부장(출 18:25; 24:14)과 사사에 의해 통치되었다. 구약에서도 성령님은 기름부음 받은 이들이 직분을 감당하도록 이끄시는 분이셨다(삼상 10:10; 16:14; 시 51:11).[7]

왕은 하나님의 대리 통치자로서 기름부음을 받아 임직했다. 왕은 왕위, 성전, 영토와 재산, 그리고 정의를 안전하게 보존해야 했다. 특이하게 다윗은 3회에 걸쳐 기름부음을 받았다(삼상 16:13; 삼하 2:4; 5:3).[8] 하나님께서 다윗을 왕으로 삼으신 것(삼상 16)은 곧바로 다윗이 골리앗을 죽임으로 입증되었다(삼상 17). 왜냐하면 전쟁은 왕의 중요 임무였기

---

6 E. P. J. Kleynhans, *Gereformeerde Kerkreg: Deel 2-Kerk en Amp* (Pretoria: NGKB, 1984), 24: Van de Beek, "The Church as Our Mother," 726.

7 참고. P. Leithart, *A Son to Me: An Exposition of 1 & 2 Samuel* (Moscow: Canon Press, 2003), 96.

8 다윗은 베들레헴의 자기 가족으로부터 시작하여 헤브론의 남 유다 지파를 거쳐, 전체 이스라엘 지파의 왕으로 점진적으로 인정받았다. 다윗의 후손이신 예수 그리스도의 왕권도 점차적으로 온 세상으로 확대되었다. 유대인의 왕이신 그리스도는 처음에 이방인인 동방 박사들로부터 경배를 받으셨다(마 2:2, 4). 그 후 예수님은 공생애 가운데 왕으로 광범위하게 인정받으셨다. 첫 번째 기름부음 받은 후 성령이 다윗에게 임하자, 그는 사울에게 역사한 악령을 물리쳤다(삼상 16:23). 예수님도 공생애 중에 여러 차례 마귀를 쫓아내셨다. 사도행전과 계시록의 경우, 예수님의 왕권은 우주적인 교회의 확장과 맞물린다.

때문이다. 다윗은 골리앗을 죽이기 전에 사울 왕을 가까이서 보필했는데 (삼상 16:14-23), 하나님의 백성은 까다로운 왕에게도 순종해야 하는 법 이다.

제사장은 기름부음을 받았다(출 29:7; 레 4:3; 7:36; 대상 29:22; 시 133:1-2). 제사장은 거룩과 제사를 보존하고, 백성에게 율법을 가르쳤다 (대하 17:8-9). 더불어 제사장의 제사를 돕고 전문적으로 찬양하는 레위 인들의 역할도 중요했다(대상 23). 그리고 선지자도 기름부음을 받았다 (왕상 19:16). 선지자들은 장차 오실 메시아에 대해 예언했지만, 그들의 주요 임무는 하나님의 뜻을 왕을 비롯한 당대 언약 백성에게 전달해야 했다(사 1:2). 구약에서 기름부음을 받은 사람들은 3직을 통합하여 성취 하실 바로 그 직분자(the office-bearer)이신 예수 그리스도의 그림자들 이다(마 1:1; 12:41-42; 히 7:15; 9:23-28).[9]

2. 신약의 직분

구약의 주요 3직분(munus triplex)은 예수 그리스도에 의해 통합되므로, 교회의 머리이신 예수님은 진정한 직분자이시다(참고. 웨스트민스터 대 교리문답 42-45). 예수님은 만왕의 왕이시며(요 18:37; 계 19:16), 스스 로 계시자이시자(요 18:37; 히 1:2) 성부께서 자신을 계시하시는 결정체 이시며(요 1:18), 종말의 대제사장이시다(겔 45:17; 히 9:11, 26).

신약교회의 직분과 연결하면, 정확하지는 않지만 '개괄적으로' 볼 때

---

9 첫 아담이 에덴동산과 세상을 다스리는 직무를 하나님께 받았다면, 마지막 아담도 화해와 심판을 위한 직무를 수행하신다. K. Schilder, 『그리스도와 문화』(*Christ and Culture*, 손성 은 역, 서울: 지평서원, 2017), 87-91.

예수님의 왕직은 장로, 선지자직은 목사, 그리고 제사장직은 집사로 이어진다고 볼 수 있다.[10] 이 3직 가운데 더 높거나 낮은 것은 없으며, 어느 정도 3직은 중복되거나 유동적이다. 예를 들어, 장로의 직무가 구제와 완전히 무관하지 않으며, 집사 스데반과 빌립은 말씀 사역을 수행했다(행 6:8-10). 그런데 신약의 직분자는 물론, 모든 성도가 왕이며(계 1:6), 선지자이며(행 2:16-18), 제사장이다(벧전 2:9).[11] 구약과 마찬가지로 신약시대에도 성령은 직분의 영이시다(딤전 4:14; 딤후 1:6).[12] 교회의 머리이신 예수님은 직분자들의 연약하고 불완전한 봉사를 통하여 교회를 다스리시기를 기뻐하신다.[13]

초대교회에 예수님의 증인으로서 복음을 전파한 사도의 목양 사역은 중요했으며(엡 2:20; 계 21:14), 주로 성도의 가정집에서 주일 예배로 회집했다(행 2:46; 12:12; 18:1-3, 7; 20:7; 롬 16:3, 23; 고전 16:15; 골 3:15; 몬 2). 따라서 초대교회 당시에 직분자는 가정교회에서 활동했는데, 한 도시 안에 여러 가정교회가 연합되었을 가능성을 배제할 필요는 없다.[14]

---

10 Kleynhans, *Gereformeerde Kerkreg: Deel 2-Kerk en Amp*, 25. 참고로 고신헌법 교회정치 제5장 제41조 '목사의 직무'에 따르면, 기도와 찬송 지도 그리고 복을 비는 것이 포함된다. 이런 일들은 구약 선지자의 임무라기보다 제사장과 레위인의 임무였다. 목사가 찬송을 지도하기 위해서, 신학교의 교과과정에 교회음악이 포함되어야 하며, 목사와 교회음악가의 협업이 필요하다.

11 B. van Wyk, "The Application of Ephesians 4:11 in the Recent Missional Debate with Reference to Scripture," *In die Skriflig* 52/3 (2018), 8.

12 참고. M. Turner, "영적 은사," in 『IVP 성경신학사전』, ed. by T. D. Alexander and B. S. Rosner, 권연경 외 역 (서울: IVP, 2004), 906.

13 교회 정치의 골격은 질서 곧 평화와 품위이다(고전 14:40). 사랑으로 진리를 말해야 하기에, 사랑이 교회정치를 지배하지 않으면 사랑이신 교회의 머리께서 사라지고 만다. J. J. van der Walt, "Christus as Hoof van die Kerk en Art. 46 van die Kerkorde," *In die Skriflig* 8/32 (1974), 6-7.

14 K. N. Giles, "Church Order, Government," in *Dictionary of the Later New Testament & Its Developments*, ed. by R. P. Martin and P. H. Davids (Leicester: IVP,

그런데 바울서신에서 '봉사자'(διάκονος)와 같은 명사보다는 '섬기다', '수고하다', '다스리다'와 같은 동사가 자주 사용되므로, 방점은 지위(position)보다 역동적인 역할과 기능(function)에 있다(갈 6:6; 살전 5:12; 참고. 막 10:45; 벧전 4:10).[15] 교회의 항존직(恒存職)인 목사, 장로, 집사의 자격과 임무를 살펴보자.[16]

2.1. 목사

목사는 하나님의 은혜와 긍휼로 부름을 받고 직무를 수행한다(사 6; 렘 1:4-5; 겔 2:1-7; 마 4:19).[17] '목사'(牧師, pastor)에 해당하는 헬라어 명사는 '목자'(ποιμήν)이다(엡 4:11). 양 떼의 목자는 야웨이시며(창 48:15; 시 23) '큰 목자'는 예수님이시다(겔 34:23; 요 10:3; 히 13:20; 계 7:17). 그러므로 목사는 하나님의 양 무리를 하나님의 뜻을 따라 자

1997), 223. 참고로 사도행전은 참 교회의 표지들을 다양하게 소개하는데(예. 성도의 교제, 기도하면서 인내함, 구제 등), 벨직신앙고백 29조에 나타난 교회의 3표지를 포함하되, 그것을 넘어 선다. B. J. van der Walt, *Anatomy of Reformation: Fleshes and Fragments of a Reformational Worldview* (Potchefstroom: PUCHE, 1991), 292-297.

15 R. Banks, "Church Order and Government," in *Dictionary of Paul and His Letters*, ed. by G. F. Hawthorne et als (Leicester: IVP, 1993), 134.

16 엡 4:11의 '사도, 선지자, 복음 전하는 자'라는 세 직분은 사도시대로 국한된다(참고. 행 11:27-28; 21:8-9; 고전 12:28; 엡 2:20; 3:5; 빌 4:3). 순회 전도 사역을 펼친 '사도'와 달리, '복음 전하는 자'는 복음의 구속사적 메시지를 깨닫고 지역 교회 안에 머물며 가르친 이들로 보인다. Arnold, *Ephesians*, 259. 혹은 복은 전하는 자는 사도의 순회 전도 사역을 보조하는 역할을 수행했을 수 있다(딤후 4:5). J. H. Roberts, *The Letter to the Ephesians* (Cape Town: Lux Verbi, 1991), 121. 하지만 복음 전하는 자는 교회당 울타리 밖의 잃어버린 양들을 찾아 전도하여 교회를 설립하는 사역을 담당하기에 사도 시대에만 국한되지 않는다는 주장은 G. W. Knight III, "Two Offices (Elders or Bishops and Deacons) and Two Orders of Elders (Preaching or Teaching Elders and Ruling Elders): A New Testament Study," *Covenant Seminary Review* 11/1 (1985), 9를 보라.

17 Kleynhans, *Gereformeerde Kerkreg: Deel 2-Kerk en Amp*, 29.

원함으로써 돌보아야 한다(요 21:16; 벧전 5:2-3).[18] 그리고 목사의 권위는 자신이 아니라 목자장(ἀρχιποίμην)이신 예수님으로부터 나온다(벧전 5:4).[19] 그런데 목사에게 소명이 무엇보다 중요하다. "목사가 할 수 있는 일 외에도 다른 일을 할 수 있는 사람은 절대 목사가 되지 마라. 그런 사람에게 목회는 세상에서 가장 최악의 일이다. 하지만 가장 최고의 일이기도 하다. ...... 성실하게 목사의 일을 수행하기 위해서는 그리스도 안에서 죽은 사람으로 목회를 해야 한다. ...... 죄와 자기 자신에 대해 명백히 죽은 사람의 삶을 통해서만 하나님은 사람들에게 부활을 가져다주신다."[20]

목사는 초대교회에 이미 안수(按手)로 임직했다(딤전 4:14; 5:22; 참고. 행 6:6).[21] 목사가 수행해야 할 직무는 다양하다: 설교와 가르침(딤전 5:17), 양 떼를 돌봄(행 20:28), 양 떼의 본이 됨(벧전 5:3), 예수님의 몸을 세움(엡 4:12), 교육 및 거짓 교훈을 논박함(딤전 3:2; 딛 1:9), 환자 심방과 기도(약 5:14) 등.[22] 목사는 무엇보다 설교와 교육에 수고하는 교무

---

18 E. Beyreuther, "Shepherd," in *NIDNTT*, Volume 3, ed. by C. Brown (Grand Rapids: Zondervan, 1986), 565-568.

19 G. Breed, "The Diakonia of the Elder according to 1 Peter," *In die Skriflig* 50/3 (2016), 5, 7. 참고로 제사장(priest)과 장로(presbyter)의 인도-유럽 어원은 '안내자' 혹은 '리더'라는 의미이다. C. W. Burger, "Die Predikantsamp. Deel 4: Predikantwees in die Gereformeerde Tradisie in die 21ste Eeu: Nuwe Uitdagings en Nuwe Tendense," *NGTT* 45/3-4 (2004), 533.

20 W. Still, 『목사의 길』(*The Work of the Pastor*, 장호준 역, 서울: 복 있는 사람, 2011), 135, 139-140.

21 참고. S. E. Porter, 『바울 서신 연구: 사도 바울의 생애와 사상』(*The Apostle Paul*, 임재승 · 조명훈 역, 서울: 새물결플러스, 2019), 727.

22 Breed, "The Diakonia of the Elder according to 1 Peter," 7; G. Breed, "'N Begronde Bedieningsmodel vir die Diakonia van die Gemeente," *HTS Teologiese Studies* 68/2 (2012), 6. 참고로 고신교회 헌법처럼, 1619년 도르트 교회질서(16조)도 목사의 첫 번째 임무를 기도라고 밝힌다. 기도하는 목사는 하나님께 올바르게 아뢰는 '성도의 입'이어야 한다.

(教務)장로이다(갈 6:6; 딤전 5:17; 히 13:7; 약 3:1; 벧전 4:11). 바로 이 교무를 위해, 영혼의 돌봄(cura animarum)을 위해 부름 받은 목사는 복음을 가르치며, 성령 충만한 가운데 성도를 심방해야 한다(마 18:12; 눅 15:4; 행 9:32; 15:41; 16:4; 고전 4:19; 16:5–8).[23]

감독(監督, ἐπίσκοπος, 행 20:28; 빌 1:1) 곧 가르치고 다스리는 장로가 갖추어야 할 자격은 수준이 높고 다양하다(딤전 3:2–7; 딛 1:5–9).[24] 디모데전서 3:2–3에 언급된 목사의 자격들은 예수님의 삶을 떠올리게 하는데, 디모데전서 3:2의 신적 필연성을 강조하는 동사 '반드시 –해야 한다'(δεῖ)는 그 자격의 엄중성을 더한다.[25] 그리고 여러 자격 중 하나인 '한 아내의 남편'(딤전 3:2; 딛 1:6)은 기혼자만 목사가 될 수 있다는 의미는 아니다.[26]

목사 곧 교사(엡 4:11)는 설교와 성례를 집례한다. 특히 목사의 설교와 교리교육은 천국의 열쇠를 활용하는 사역인데, 음부의 권세 곧 지옥의 문을 깨트리고(마 16:18–19), 성도를 전투하여 승리하는 교회로 무장시

---

23 남아공 화란개혁교회(DRC) 헌법 제9조 목사의 직무 7개 중 여섯 번째는 '적절한 심방과 교인을 목회적으로 돌보는 것을 강화하는 것'(behoorlike huisbesoek en behartiging van die herderlike sorg van die gemeente)이다. Kleynhans, *Gereformeerde Kerkreg: Deel 2-Kerk en Amp*, 45. 그런데 이 헌법에 따르면, 흥미롭게도 목사의 다섯 번째 직무인 치리(regering)와 권징(tug)을 장로는 물론 집사와 더불어 시행하도록 명시한다. 참고로 1574년 도르트총회는 장로가 부족할 경우, 집사가 당회원이 될 수 있다고 결정했다(4조).

24 '감독'이 교회를 책임감을 가지고 지도하고 다스리는 직무를 강조한다면, '장로'는 성도의 삶과 윤리를 안내하는 책임성과 권위를 강조한다. 참고로 여성 목사를 위한 성경적 근거가 없다는 설명은 송영목, "여성 목사 안수," 『고신신학』 19 (2017), 75–106을 보라.

25 D. A. Carson (ed), *NIV Biblical Theology Study Bible* (Grand Rapids: Zondervan, 2018), 2171.

26 참고로 라틴어로 존칭어 '주'(master)를 가리키는 명사는 도미네(domine)이다. 남아공 개혁교회는 목사를 라틴어 도미네에서 유래한 '도미니'(Dominie, 약칭은 Ds.)라 존경을 담아 부른다.

키는 사역이어야 한다.**27** 참고로 강해설교자인 칼빈이 사역할 제네바는 목사의 자격을 풍부한 성경과 교리 지식, 신행일치(스 7:10; 딛 1:9), 그리고 말씀을 회중에게 전달하는 능력으로 판단했다(참고. 히 13:7, 17).**28**

2.2. 장로

사도 시대에 목사와 장로가 갖추어야 할 자격은 동일했다(딤전 3:2-7; 딛 1:5-9; 참고. 창 24:2-4; 50:7; 출 3:16-18; 민 11:16; 삿 8:14; 왕상 8:1; 스 10:8).**29** 다스리며 돌보는 장로(長老, Οἱ προεστῶτες πρεσβύτεροι, 딤전 5:17; 참고. 행 14:23; 20:17)는 다스리는 직책을 위해서 목사와 더불어 교회를 치리한다(참고. 행 11:30).**30** 넓게는 치리, 좁게는 권징은 천

---

27 Giles, "Church Order, Government," 223.

28 이정숙, "칼뱅의 목회와 선교," 『선교와 신학』 24 (2009), 100. 참고로 이른바 목회자 이중직에 대한 근거와 그것의 필요성과 효능에 대해서는 총신대 실천신학교수 양현표, "두 직업 목사(Bi-vocational Pastor)의 합당성 연구," 『성경과 신학』 92 (2019), 251-282를 보라.

29 존 낙스가 작성을 주도한 스코틀랜드장로교회의 『제1치리서』(1560-61)에 따르면, 장로와 집사의 자격은 말씀에 대한 탁월한 지식, 신실하고 정결한 삶, 정직한 언행, 경건의 모범이다. 임기는 1년이지만 연임이 가능하고, 회계집사는 임기가 끝나면 3년 동안 휴무해야 한다. '장로교주의의 아버지' 앤드류 멜빌(1545-1622)이 작성에 주도한 『제2치리서』(1578)는 천주교에 의해 미신적 방식으로 오용된 안수가 장로교회 안에서 정리가 되자 장로 임직시에 허용했다. 박경수, "스코틀랜드 『제1치리서』에 나타난 장로교회 정치체제의 근간," 『신학논단』 97 (2019), 51-52.

30 장로 위에 장로가 없으며, 장로는 권위주의와 강압이 아니라 책임감과 모범에서 나오는 인격적 영향력과 리더십을 행사해야 한다. M. D. McDill, "The Authority of Elders in the New Testament" (Ph.D. Thesis, Southeastern Baptist Theological Seminary, 2009), 13-14. 참고로 신약 성경에 나타난 장로는 치리장로가 아니라 예외 없이 교무장로라고 간주하는 에스라성경대학원대학교 이진섭의 주장은 다음과 같이 요약된다. 전통적으로 치리장로의 근거 구절인 딤전 3:1-7과 딛 1:5-9는 치리가 아니라 가르치는 사역을 담당하는 교무장로의 사역을 강조한다. 이 주장을 하워드 마샬과 존 스토트도 지지한다. 그런데 칼빈은 치리장로의 근거 구절로 목회서신이 아니라 롬 12:8과 고전 12:28을 제시하지만(기독교강요 4.3.8), 그 구절에 '장로'는 명시적으로 언급되지 않는다. 따라서 오늘날 치리장로는 엄격

국 열쇠를 활용하는 사역이다(마 18:15-20; 스코틀랜드장로교『제2치리서』, 4.10). 이를 위해, 장로는 구역장으로서 심방하며,**31** 구역원이 설교를 삶에 실천하는지 확인해야 한다. 장로의 심방이 하나님의 뜻을 따라 말씀의 심방이라면, 그들은 말씀으로써 천국을 건설하는 문화세력으로서 기능한다.**32** 캄펀신학교 교회법 및 교회사 교수 바우만(H. Bouwman)의 『개혁주의 교회법』(Gereformeerd Kerkrecht, 1928)에 따르면, 말씀의 심방은 목사의 설교가 성도의 삶에 열매를 맺고 있는가를 확인하고, 그들의 고백과 실천이 말씀을 따르는가를 확인함으로써, 심방을 받는 개인과 가정의 웰빙은 물론 더 나아가 교회를 세우는 사역을 가리킨다.**33** 또한 장로는 치유공동체를 이루도록 노력해야 한다(약 5:13-16).**34** 프레토리아대학교 교의학 교수 펠리시르(G. M. Pellissier)는 『심방: 장

한 과정을 거쳐 모두 교무장로로 전환하여, 목사와 더불어 가르치고 돌보고 다스리는 사역을 감당해야 한다. 요약하면 항존직은 셋이 아니라 둘인데, 교무장로와 집사이다(빌 1:1; 딤전 2:2, 8; 디다케 15:1). 하지만 이진섭의 주장에 비평이 필요하다. 치리장로에 대한 칼빈의 이해에 동의할 수 있고, 장로 중에서 가르침과 다스림의 은사가 구별된 점을 인정하며(딤전 5:17; 참고. 모든 성도는 서로 가르칠 수 있음[골 3:16]), 예루살렘교회에서 오늘날 목사의 역할에 가까운 직분자인 사도를 보조했던 장로의 사역을 고려하고(행 15:22), 가르침을 전담하지 않은 장로의 뿌리를 구약으로 거슬러 올라가면(출 24:9) 치리장로를 인정할 수 있다. 신약 성경 이외에 3직분(bishop, presbyters, deacons)에 대한 첫 언급은 AD 105년경 안디옥의 주교 이그나티우스의 글에 나타난다. 참고. 이진섭, "치리장로 개념은 성경적인가?: 치리장로직 관련 본문에 대한 연구," 『성경과 교회』 5 (2007), 232-52; 카버넌트신학교의 Knight III, "Two Offices (Elders or Bishops and Deacons) and Two Orders of Elders (Preaching or Teaching Elders and Ruling Elders)," 6-7, 11-12; D. W. Bercot (ed), *A Dictionary of Early Christian Beliefs* (Peabody: Hendrickson Publishers, 1998), 156.

31 Kleynhans, *Gereformeerde Kerkreg: Deel 2-Kerk en Amp*, 67-70. 참고로 개혁교회의 경우, 장로는 구역원의 가족 전체가 모인 저녁에 심방한다. 장로는 성찬식을 전, 연말, 혹은 특별한 경우에 심방한다.

32 Schilder, 『그리스도와 문화』, 223.

33 Kleynhans, *Gereformeerde Kerkreg: Deel 2-Kerk en Amp*, 67에서 재인용.

34 D. J. Tidball, "교회," in 『IVP 성경신학사전』, ed. by T. D. Alexander and B. S. Rosner, 권연경 외 역 (서울: IVP, 2004), 580.

로들의 매뉴얼』(Huisbesoek: 'N Handleiding vir Ouderlinge, 1951)에서, 이런 장로를 '교회의 참된 힘'(die ware krag van die kerk)이라 불렀다.[35]

개혁교회는 장로가 구역원을 심방하기에, 구역원은 수동적인 돌봄의 대상이나 방관자로 머물고, 구역원 간의 교제는 매우 취약하다. 이를 보완하기 위해, 어떤 개혁교회는 장로가 구역(wyk)의 사역팀을 지도하기도 한다. 그리고 구역의 사역팀은 구역 리더(wyksleier)인 집사와 권찰(wyksuster) 그리고 도우미로 구성된다.[36]

목회자와 장로의 적극적인 심방은 목회 사역에 필수 요소이다. 여기서 더 발전한 심방의 형태는 교인 간의 자발적인 상호 돌봄이다. 이런 상호 돌봄을 촉진하려면, 남의 자율성을 존중하고 배려하면서, 남의 필요를 파악하고, 서로를 지지하고 지원하며 자라가도록 해야 한다(롬 15:7; 갈 6:2; 벧전 2:2).[37]

개혁교회의 경우, 장로와 집사의 임기는 2~3년으로 제한하며, 심방과 치리에 수종드는 장로의 수는 회계 봉사와 구제하는 집사보다 훨씬 많다.[38] "역사적으로 볼 때 칼빈의 원리를 따라서 형성된 개신교회는 다음과 같은 이유로 장로의 한시적 봉사를 더 선호하였다. 첫째, 교회 내부에서 독재와 교권주의를 예방하기 위해서이고, 둘째, 교회 치리에 교인의

---

[35] 참고. Kleynhans, *Gereformeerde Kerkreg: Deel 2-Kerk en Amp*, 53.

[36] Breed, "'N Begronde Bedieningsmodel vir die Diakonia van die Gemeente," 7.

[37] 김용민, "상호돌봄으로서의 목회적 돌봄과 페리코레시스," 『복음과 실천신학』 23 (2011), 254-268.

[38] 도르트 교회질서(1619)는 해당 교회의 상황이나 유익에 의해 다르게 요구하지 않는 이상, 장로와 집사의 봉사 기간은 2년이며, 매년 절반씩 교체하도록 하였다(27조). 참고. 성희찬, "돌트교회질서(1619년)와 한국장로교회: 돌트교회질서 400년을 기념하며" (http://cafe.daum.net/churchinsejong/1T4Q/433?q=%EA%B5%90%ED%9A%8C%EC%A7%88%EC%84%9C; 2019년 12월 18일 접속).

영향을 보다 더 증대시키기 위해서이며, 셋째, 교회에 잠재해 있는 다양한 능력과 은사가 가능하면 더 많이 드러나도록 만들기 위해서이다."[39]

2.3. 집사

집사(執事, διάκονος)의 자격은 장로의 자격 못지않다(딤전 3:8-13). 예루살렘교회의 7(일곱)일꾼에 뿌리를 둔 집사는 구제의 봉사(διακονία)를 수행한다(행 6:1, 4; 고전 12:28; 빌 1:1; 딤전 2:8; 벧전 4:11).[40] 집사는 회계업무 및 동산과 부동산 관리를 당회의 지도 아래 담당하는데, 이웃 교회나 사회 기관과 협력하여 봉사의 장을 확대할 필요가 있다.

남아공 개혁교회(GKSA)의 경우, 예배 중 수전과 성찬식 때 분병과 분잔은 집사의 임무인데, 그들의 섬김은 섬김의 직분을 잘 드러낸다.[41] 그

---

39 성희찬, "장로 임기제, 어떻게 봐야 하나?"(http://reformedjr.com/board02/978; 2019년 11월 27일 접속)에서 인용. 참고로 성희찬은 이전 교회헌법에 나타난 장로의 임기제에 주목한다: 1980년판(고신 헌법): 14장 장로 집사의 선거와 임직 72조 임기: 치리 장로와 집사의 칭호는 종신이고 시무정년은 만 70세가 되면 자동적으로 시중지가 된다(단, 3년 마다 한번씩 시무투표를 할 수 있고, 그 표결수효는 3분지 2 이상으로 하며 노회는 시무 투표 시일을 정하여 각 당회장으로 실시하게 하고 노회에 보고하게 한다). 이런 임기제는 1957년과 1972년 고신 헌법에도 나타났고, 2011년판에서는 '윤번 시무규정'으로 재등장했다.

40 스데반과 빌립의 경우에서 보듯이(행 6:8-10; 8:4-8), 초대교회의 집사의 사역은 구제에만 국한되지 않았다. 참고. C. G. Kruse, "Ministry," in *Dictionary of the Later New Testament & Its Developments*, ed. by R. P. Martin and P. H. Davids (Leicester: IVP, 1997), 742-743; Carson (ed), *NIV Biblical Theology Study Bible*, 2130. 참고로 G. Breed & D. G. Breed, "Besinning oor die Diakonale Dienswerk na Aanleiding van Handelinge 6:1-7," *In die Skriflig* 44/3-4 (2010), 627-653은 행 6:1-7에서 집사직의 기원과 업무를 찾을 수 없다고 본다. Breed & Breed는 이 단락을 교회의 급속한 성장에 동반된 봉사(디아코니아)의 어려움을 해결하기 위한 성령님의 역동적 사역을 묘사한다고 본다.

41 스승 '사'(師)를 사용하는 '목사'(牧師), 선비 '사'(士)를 사용하는 권사(勸士)와 달리, '집사'(執事)는 일 '사'(事)로 표기한다. 치리회인 당회가 영적 업무를 수행하는 머리라면, 제직회는 집사와 권사를 중심으로 하는 행정회로서 몸에 해당한다.

리고 개혁교회 집사회는 매주일 구제헌금을 모으며, 나이 많은 성도가 교회당 인근에 거주하도록 돕고(예. 실버타운), 그들을 위로하고 봉사하는 일에도 관여한다. 한국의 서리집사는 장립(안수)집사를 도와야 하는데, "이 사람들을 먼저 시험하여 보고, 그 후에 책망할 것이 없으면 집사의 직분을 맡게 할 것이요"(딤전 3:10)에서 기인한 것으로 추정된다. 전도사와 강도사가 목사의 직무를 돕듯이, 장립(안수)집사와 서리집사가 소규모의 한 팀이 되어 동역하는 사역 시스템이 필요하다. 지난 세기 중반까지 한국교회는 서리 집사의 봉사 기간을 매년 자동적으로 연장하지 않았고, 투표로 결정했다. 참고로 항존 직분자에 준하는 권사(勸士, ex-horter)는 미국 감리교회의 영향을 수용한 한국 장로교에서 성도를 위로하고 심방하는 직분이다(참고. 딤전 5:10).[42] 목사와 장로가 치리를 위한 직분자라면, 집사와 권사는 봉사를 위한 직분자이다.

2.4. 요약

우선적으로 목사, 장로, 집사는 교회의 직분이다. 그러나 직분자를 비롯한 모든 크리스천은 왕, 제사장, 선지자로서 세상 속에 선교적 교회를 구현해야 한다. 직분자가 직무를 잘 감당하는 건강한 교회는 교회를 유지하는 차원을 넘어서기 마련인데, 세상을 향한 하나님의 선교(missio Dei)에 동참한다.[43] 이 사실은 다음의 표와 같이 요약 가능하다.

---

42 AD 2세기 초의 총독 플리니, 3세기 초의 디아스칼리아, 터툴리안, 알렉산드리아의 클레멘트가 언급한 여집사와 직책(order)으로서 과부에 대해서는 송영목, "디모데전서 5장의 과부," in 『신약신학. 증보판』(서울: 생명의 양식, 2016), 371을 보라.

43 W. A. Dryer, "Missional Ecclesiology as Basis for a New Church Order: A Case Study," *HTS Teologiese Studies* 69/1 (2013), 4.

	목사	장로	집사, 권사
자격	딤전 3:1-7; 딛 1:5-9	롬 12:8; 고전 12:28; 딤전 3:1-7; 딛 1:5-9	딤전 3:8-13; 행 6:3
교회당 안의 임무	설교, 교육, 치리, 심방 기도, 성례 집례, 찬송 지도	심방과 치리와 교육	구제와 회계 업무
교회당 밖의 임무	직분에 내재된 선교적 DNA를 교육함. 성부의 가족, 성자의 몸, 성령의 전인 성도가 세상 속에서 복음을 생생하게 주해하도록 선교적 목회(missional ministry)를 지향함44 경목(警牧) 활동 혹은 직장 신우회 등을 지도함	세상 속에서 선교적 성도로 모범을 보이고, 성도가 교회당 안팎의 삶을 일치시킴으로써 선교적 교회로서 살도록 지도함	이웃 교회 및 사회 단체와 연계하여 대사회 구제 봉사

나오면서

예수 그리스도는 자신의 교회를 직분이라는 선물을 통해서 다스리시기 기뻐하시는데, 그분의 통치는 교회를 통하여 만유로 확장된다. 이를 위해 직분의 영이신 성령께서 직분자에게 지혜와 믿음을 주신다. 따라서 교회의 직분이라는 지위도 중요하지만, 직분의 기능이 가지는 포괄성과 역동성을 잘 숙고해야 한다. 교회는 하늘과 땅의 모든 것들을 교회와 만유의 머리이신 예수 그리스도의 발아래 통일시켜야 하는 임무를 지니므로(엡 1:10; 4:6), 모든 직분자는 선교적 DNA를 강화해야 한다. 따라서

---

44 남아공 개혁교회(NHKA; Nederduitsch Hervormde Kerk van Afrika)는 2007년의 제68회 총회와 2010년의 제69회 총회에서, 크리스천의 DNA는 선교적이므로 선교적 목회를 지향하도록 결의한 바 있다. 세상 속에서 존재와 삶으로써 복음을 현시하는 선교적 교회는 성도가 성령 충만을 받아야만 실현 가능하다. Dryer, "Missional Ecclesiology as Basis for a New Church Order," 4.

직분자 가운데 목사는 지역 교회가 사회 속에서 선교적 교회로 발돋움하도록 방향성을 제시할 수 있어야 하고, 장로는 성도가 교회당 밖 곧 세상 속에서 복음을 사랑으로 실천하도록 감독해야 하며, 집사와 권사는 교회와 사회를 잇는 역할을 수행할 수 있어야 한다.[45] 특히 목사는 설교, 교육, 목회적 돌봄이라는 전통적 3가지 임무를 현대 상황에 더 세밀하게 적용하도록 지혜를 모아야 한다. 이에 대해 스텔렌보쉬대학교의 뷔르허 (C. W. Burger)는 다음과 같이 몇 가지 사항을 제안한다. (1) 목사는 설교로써 교인이 세상 속에서 증인으로 살면서 교회의 본질을 구현하도록 돕는 중개인이다. (2) 목사는 설교는 물론 전체 예전을 선교적 교회답게 디자인해야 한다. (3) 목사는 전문적인 기술이나 목회 계획을 실행하는 데 에너지를 소진하지 말고, 먼저 하나님 앞에서의 소명과 인격적 신앙과 헌신을 매일 점검해야 한다. 왜냐하면 목사는 교인들이 자신을 보고 하나님을 인식하도록 만드는 '하나님의 상징'(symbol of God; Urban Holmes의 용어)이기 때문이다.[46]

세 직분자들 이외의 모든 성도 역시 그리스도의 몸을 구성하고 있을 뿐 아니라 성령의 은사를 가지고 있기에, 그들도 직분자들과 더불어 사역하도록 격려해야 한다.[47] 이런 동역의 경험은 비직분자가 앞으로 직분

---

45 Breed, "Diakonia in the New Testament and a Vision for a Biblically based Ministry Plan," 6; Van Wyk, "The Application of Ephesians 4:11 in the Recent Missional Debate with Reference to Scripture," 7–8.

46 Burger, "Die Predikantsamp. Deel 4," 530–536. 그런데 뷔르허는 선교적 교회에 적절한 직분론은 종교개혁의 전통을 계승한 것이라고 주장하지만, 그의 주장은 기존의 직분자들이 교회 내에서 수행해야 하는 임무를 소홀히 만드는 위험성을 띤다고 평가할 수 있다.

47 G. Lotter and T. van Aarde, "A Rediscovery of the Priesthood of Believers in Ephesians 4:1–16 and Its Relevance for the Missio Dei and a Biblical Missional Ecumenism," In die Skriflig 51/2 (2017), 2, 9. 개 교회에서 시행하는 직분자 세미나에 비직분자를 위한 적실한 메시지가 없다면, 그들은 구경꾼이 되기 십상이다.

자로서 사역을 하는데 밑거름이 된다.

　오늘날 교회는 직분자의 소명의식과 책임감을 고취하고,[48] 성경의 원리를 따라 '사역내용설명서'(job description)를 구체적으로 작성하여, 직분자의 역할 분담을 분명하게 교육해야 한다.[49] 그리고 안수집사와 서리집사가 한 팀을 이루고, 장로와 집사가 한 팀을 이루어 사역을 하는 방식도 장려할 만하다. 직분은 일차적으로 교회를 위하지만, 이차적으로 세상을 향한다.

* 부록: 개혁교회의 직분자인 박사 혹은 신학 교수[50]

칼빈은 에베소서 4:11에 근거하여, 교회의 4직분을 목사, 장로, 집사 그리고 박사(신학 교수[doctor theologiae])로 나누었다. 1581년 화란 개혁교회의 미델부르흐(Middelburg)총회는 박사 직분을 유지했으며(13조), 도르트총회(1618-19)의 교회질서도 마찬가지였다(18조). 박사의 직무는 성경을 해설하여 이단과 오류에 대항하여 순전한 교리를 세우는 일을 하는 것이다. 1859년에 설립된 남아공 개혁교회(GKSA)의 경우, 제1차 레덜스부르흐(Reddersburg)총회(1862)에서 도르트총회의 4직분을 수용하고 확인했다.

---

48 명사 '봉사'(디아코니아) 안에 하나님으로부터 특정 임무를 위해 보냄을 받아서 보고해야 한다는 의미가 있다. Breed, "'N Begronde Bedieningsmodel vir die Diakonia van die Gemeente," 5.

49 참고. 임창호, "교회 직분자들을 위한 사역내용설명서(Job Description) 제정에 관한 연구" (한국로고스경영학회 학술발표대회논문집, 2007), 161-175.

50 부록은 남아공 노쓰-웨스트대학교 교회법(교회정치) 교수 A. L. du Plooy, "Calvyn se Vierde Diens, die Doktore-Amp, en Artikel 18 van die Kerkorde van Dordrecht 1618 en 1619: 'N Kritiese Refleksie," *In die Skriflig* 48/2 (2014), 8-10에서 요약.

1961년 남아공 개혁교회 헌법에 '교회의 교사'라고도 불리는 '박사' 직분이 삭제되었다가 1964년에 회복되었다. 그런데 1964년 헌법은 기존의 표현을 여러 군데 수정했다. 예를 들어, '박사 혹은 신학 교수'(doctor or professors in theology)를 '신학교 교수'(professors at theological school)로, '직무'(office)를 '의무들'(duties)로, 그리고 두 직무(성경 해석, 이단과 오류로부터 순수한 교리를 방어)를 확장하여 세 의무들로(말씀의 사역자 양성, 성경 해석, 이단과 오류로부터 순수한 교리를 방어)로 나누었다. 이런 변경 사항은 비평적으로 검토되어야 한다. '신학 교수'를 '신학교 교수'로 변경한 것과 관련하여, 전자는 목사로 임직한 교수가 교회의 신학적 관심사 일체를 책임지고 연구한다는 의미이지만, 후자는 굳이 목사가 아니더라도 신학자가 신학교라는 기관을 위해 일하는 직분자라는 협소한 뉘앙스를 풍긴다. 그리고 '직무'보다 더 넓은 의미의 '의무들'로 변경한 것은 바람직하다고 평가된다. 그런데 신학 교수의 세가지 의무 가운데, '성경 해석'과 '이단과 오류로부터 순수한 교리를 방어'는 '말씀의 사역자 양성'을 포함하면서 불가분의 관계에 있다. 따라서 두 가지 의무로 표기해도 무방하다.

1945년에 교단총회와 대학교가 협의하여, 포첩스트룸대학교와 신학과와의 협력 관계를 명문화했다. 왜냐하면 총회 직영 기독교대학교 안의 신학과와 총회가 직영하는 별도의 신학교가 존재한다면, 이 두 기관은 갈등과 충돌을 빚을 것이기 때문이다. 그리고 기독교대학교는 신학과 없이는 불완전하다. 기독교대학교와 그 안의 신학과는 협력하되 독립을 유지해야 한다. 대학교는 학문으로서의 신학의 수준을 높이 유지하고, 총회 기관으로서의 신학과는 교회를 위한 학문을 수행해야 한다. 대학교는 신학의 학문적 성취를 고양시키며, 목회자가 신학석사와 박사 학위를 취득하는데 도움을 주어야 한다.

대부분 유럽의 개혁교회처럼, 남아공 개혁교회는 학부에서 신학을 수학한 사람만 신학대학원에 진학할 수 있다. 학부 과정은 대학교에서 고전어와 성경 과목 중심으로 공부하는데, 이 때 신학교 교수의 지도를 받기도 한다. 그 다음 신학대학원에 진학한다. 학부 신학과와 신학대학원 간의 커리큘럼의 연계가 원활하기에, 정상적인 신학 교육이 가능하다.

김용민. "상호돌봄으로서의 목회적 돌봄과 페리코레시스." 『복음과 실천신학』 23 (2011): 246-274.

박경수. "스코틀랜드 『제1치리서』에 나타난 장로교회 정치체제의 근간." 『신학논단』 97(2019): 41-70.

성희찬. "돌트교회질서(1619년)와 한국장로교회: 돌트교회질서 400년을 기념하며." http://cafe.daum.net/churchinsejong/1T4Q/433?q=%EA%B5%90%ED%9A%8C%EC%A7%88%EC%84%9C. 2019년 12월 18일 접속.

_____. "장로 임기제, 어떻게 봐야 하나?" http://reformedjr.com/board02/978. 2019년 11월 27일 접속.

송영목. "디모데전서 5장의 과부." In 『신약신학. 증보판』. 서울: 생명의 양식, 2016: 357-374.

_____. "여성 목사 안수." 『고신신학』 19 (2017): 75-106.

양현표. "두 직업 목사(Bi-vocational Pastor)의 합당성 연구." 『성경과 신학』 92 (2019): 219-249.

이정숙. "깔뱅의 목회와 선교." 『선교와 신학』 24 (2009): 89-118.

이진섭. "치리장로 개념은 성경적인가?: 치리장로직 관련 본문에 대한 연구." 『성경과 교회』 5 (2007): 225-257.

임창호. "교회 직분자들을 위한 사역내용설명서(Job Description) 제정에 관한 연구." 한국로고스경영학회 학술발표대회논문집, 2007: 161-176.

Arnold, C. E. *Ephesians*. ZECNT. Grand Rapids: Zondervan, 2010.

Banks, R. "Church Order and Government." In *Dictionary of Paul and His Letters*. Edited by G. F. Hawthorne et als. Leicester: IVP, 1993: 131-137.

Bercot, D. W. (ed). *A Dictionary of Early Christian Beliefs*. Peabody: Hendrickson Publishers, 1998.

Breed, G. "Diakonia in the New Testament and a Vision for a Biblically based Ministry Plan." *In die Skriflig* 53/1 (2019): 1–7.

_____. "N Begronde Bedieningsmodel vir die Diakonia van die Gemeente." *HTS Teologiese Studies* 68/2 (2012): 1–11.

_____. "The Diakonia of the Elder according to 1 Peter." *In die Skriflig* 50/3 (2016): 1–8.

Breed, G. & Breed, D. G. "Besinning oor die Diakonale Dienswerk na Aanleiding van Handelinge 6:1–7." *In die Skriflig* 44/3–4 (2010): 627–653.

Beyreuther, E. "Shepherd." In *NIDNTT*. Volume 3. Edited by C. Brown. Grand Rapids: Zondervan, 1986: 564–569.

Burger, C. W. "Die Predikantsamp. Deel 4: Predikantwees in die Gereformeerde Tradisie in die 21ste Eeu: Nuwe Uitdagings en Nuwe Tendense." *NGTT* 45/3–4 (2004): 529–537.

Carson, D. A. (ed), *NIV Biblical Theology Study Bible*. Grand Rapids: Zondervan, 2018.

Dryer, W. A. "Missional Ecclesiology as Basis for a New Church Order: A Case Study." *HTS Teologiese Studies* 69/1 (2013): 1–5.

Du Plooy, A. L. "Calvyn se Vierde Diens, die Doktore–Amp, en Artikel 18 van die Kerkorde van Dordrecht 1618 en 1619: 'N Kritiese Refleksie." *In die Skriflig* 48/2 (2014): 1–11.

Giles, K. N. "Church Order, Government." In *Dictionary of the Later New Testament & Its Developments*. Edited by R. P. Martin and P. H. Davids. Leicester: IVP, 1997: 219–226.

Kleynhans, E. P. J. *Gereformeerde Kerkreg: Deel 2–Kerk en Amp*. Pretoria: NGKB, 1984.

Knight III, G. W. "Two Offices (Elders or Bishops and Deacons) and Two Orders of Elders (Preaching or Teaching Elders and Ruling Elders): A New Testament Study." *Covenant Seminary Review* 11/1 (1985): 1-12.

Kruse, C. G. "Ministry." In *Dictionary of the Later New Testament & Its Developments.* Edited by R. P. Martin and P. H. Davids. Leicester: IVP, 1997: 741-746.

Leithart, P. *A Son to Me: An Exposition of 1 & 2 Samuel.* Moscow: Canon Press, 2003.

Lotter, G. and Van Aarde, T. "A Rediscovery of the Priesthood of Believers in Ephesians 4:1-16 and Its Relevance for the *Missio Dei* and a Biblical Missional Ecumenism." *In die Skriflig* 51/2 (2017): 1-10.

McDill, M. D. "The Authority of Elders in the New Testament." Ph.D. Thesis. Southeastern Baptist Theological Seminary, 2009.

Porter, S. E. 『바울 서신 연구: 사도 바울의 생애와 사상』. *The Apostle Paul.* 임재승 · 조명훈 역. 서울: 새물결플러스, 2019.

Roberts, J. H. *The Letter to the Ephesians.* Cape Town: Lux Verbi, 1991.

Schilder, K. 『그리스도와 문화』. *Christ and Culture.* 손성은 역. 서울: 지평서원, 2017.

Still, W. 『목사의 길』. *The Work of the Pastor.* 장호준 역, 서울: 복 있는 사람, 2011.

Tidball, D. J. "교회." In 『IVP 성경신학사전』. Edited by T. D. Alexander and B. S. Rosner. 권연경 외 역. 서울: IVP, 2004: 575-581.

Turner, M. "영적 은사." In 『IVP 성경신학사전』. Edited by T. D. Alexander and B. S. Rosner. 권연경 외 역. 서울: IVP, 2004: 898-907.

Van de Beek, A. "The Church as Our Mother: New Perspectives on Apostolic Succession." *NGTT* 45/3-4 (2004): 714-727.

Van der Walt, B. J. *Anatomy of Reformation: Fleshes and Fragments of a Reformational Worldview.* Potchefstroom: PUCHE, 1991.

Van der Walt, J. J. "Christus as Hoof van die Kerk en Art. 46 van die Kerkorde," *In die Skriflig* 8/32 (1974): 5–9.

Van Wyk, B. "The Application of Ephesians 4:11 in the Recent Missional Debate with Reference to Scripture." *In die Skriflig* 52/3 (2018): 1–8.

성경과 교회질서에서의 장로: 장로란 누구인가?

윤 석 준

1. 서론: 구속 역사의 발현으로서의 은사와 직분

우리가 교회의 직분을 '하나님의 말씀으로부터 출발하여' 곧 신적 계시로 부터 '받은 것'으로서 여기지 아니하고 세상, 사회로부터 배운 사고방식을 그대로 가지고 와서 생각하게 되면, 직분이라는 것은 대략 다음과 같은 방식으로 생각되게 된다.

1) 어떤 공동체이든지 다스리고 질서를 정리하기 위한 리더들이 필요하기 때문에 교회에도 역시 이런 리더들이 필요하다.

2) 혹은 직분을 어떤 벼슬 같은 것으로 생각하는 것, 교회라는 조직체 속에서 한 사람이 신앙 생활의 경력이 쌓여가면서 일종의 서열이 올라가는 일(승진)이 있게 되는데, 직분이라는 것은 이렇게 보통의 사람(평신도)이

차차 그 집단에서 중요한 위치를 가진 사람으로 올라가게 되는 과정이다.

3) 이런 방식으로 보자면(성경이 직분에 대해 가르치는 것과는 상관없이) 교회라는 조직체 속에는 일종의 CEO로서의 목사(리더)와 이사단 격의 장로단이 존재하게 된다. 이런 사고의 방식에서 '집사'는 더 높은 직위인 장로로 승격하기 위한 계단적 직분 정도의 위치를 차지하게 된다.

4) 그리고 이런 방식들과는 좀 다른 동향도 최근에 생겨났는데, 현대목회가 발흥하면서 윌로우크릭이나 새들백 같은 교회들이 성장하며 '대중적 리더십' 같은 이미지도 생겨났다. 공동체의 대표라는 점에서는 3)번과 비슷하지만, 3)번이 매우 권위적인 구조로서의 옛날 회사 같은 느낌이라면, 4)번의 리더십은 오너가 사원들과 함께 소통하는 현대적 IT 회사들 같은 느낌이 강하다. 하지만 4)번의 경우는 3)번보다 직분에 대한 '신적인 권위' 같은 것이 현저히 약하다. 4)번에서 직분은 매우 강력하게, 단지 '사람들의 리더일 뿐'이게 된다. 현대 목회가 매우 강력하게 '교회'를 '사람들의 공동체'로 이해하는 면은 우리가 신학교에서 자유주의의 아버지라며 배우고 있는 슐라이에르마허 등을 통해 일어난 신학의 타락 양상(기독교를 단지 '사람의 감정의 문제'로 보는 것)과 동일선상에 있다는 점을 기억해야 한다.

하지만 성경은 직분을 '공동체적 관점'에서 바라보거나, '집단의 리더'라는 식으로 이해하지 않는다. 성경에서 직분은 전혀 다른 기원을 갖고 있다.

1.1. 에베소서에서의 직분

"혹은 사도로, 혹은 선지자로, 혹은 복음 전하는 자로, 혹은 목사와 교사로 주셨으니"(엡 4:11)라는 말씀은 하나님께서 교회에 직분을 주셨다는 데 대한 중요한 근거 구절 중의 하나이다. 그런데 에베소서 4장은 이러한 직분을 어떻게 주셨는가를 설명하면서 이 직분들은 다름 아닌 '그리스도의 구속 사역을 통하여 교회에 주어진 선물'이라는 점을 강조한다.

7절: 우리 각 사람에게 그리스도의 선물의 분량대로 은혜(헬. 카리스)를 주셨나니
: "주다(헬. 디도미)". "그리스도의 선물"이 "은혜"가 주어졌다.

11절: 사도, 선지자, 복음 전하는 자, 목사/교사를 주셨다.
: 역시 "주다(헬. 디도미)"를 사용하여, 앞서 말한 그리스도께서 주신 선물, 은혜가 바로 교회의 직분들임을 설명한다.

8-10절: 그런데 그리스도께서 이렇게 교회에게 주신 **선물/은혜/직분**은 8절부터 10절까지의 그리스도의 사역을 통하여 주어진 것이다. 이 그리스도의 사역은 "위로 올라가실 때(부활 후 승천) 사로잡힌 자를 사로잡고 사람들에게 선물을 주셨다(7절의 그 선물)"이고, 9절과 10절에서는 그리스도께서 땅으로부터[1] 하늘로 승천하시면서 이 일을 하셨다는 것을 설명하고 있다.

---

1 개역개정은 '땅 아래 낮은 곳', 개역한글은 '땅 아랫 곳'이라고 번역하고 있지만, '땅 보다 더 낮은 아래'를 의미하는 것이 아니라, 하늘에 대비하여 '땅 곧 아래의 곳'이라는 의미로 해석해야 한다. 이 부분에 대한 해설로 길성남, 『에베소서 어떻게 읽을 것인가?』(서울: 성서유니온선교회, 2005)를 참고하라.

즉, 에베소서 4장 말씀은 그리스도께서 죽으심과 부활, 승천을 통하여 구속사역을 다 이루셨을 때, 그 구속사역을 다 이루신 선물로 교회에 선물을 주셨는데, 그 선물이 바로 직분이라고 말씀하고 있는 것이다.

1.2. 목적

이어서 목적도 나오고 있는데, 12절을 보면 "이는 성도를 온전케 하며, 봉사의 일을 하게 하며, 그리스도의 몸을 세우려 하신다."라고 말씀하고 있다. 즉 그리스도께서 구속 사역을 이루시는 일을 통하여 교회에 직분을 선물로 주신 이유는 "성도를 온전케", "봉사의 일", "그리스도의 몸을 세우는 것"이다. 이 부분은 전치사가 각각 다른데, 전치사를 정확히 해설해야 의미를 분명히 알 수 있다.

> "성도를 온전케" 앞에는 '프로스(πρός)'가 붙어 있다.
> "봉사의 일"과 "그리스도의 몸을 세운다."에는 둘 다 '에이스(εἰς)'가 붙어 있다.

이 전치사들의 의미에 관하여 길성남 교수는 다음과 같이 설명한다.

> "기본적으로 전치사 '프로스'는 목적을, 전치사 '에이스'는 방향이나 목표를 나타낸다......이렇게 볼 경우에 그리스도께서 교회에 사역자들을 주신 직접적인 목적은 성도들을 준비시키는 것이다. 성도들을 준비시키는 목표는 성도들로 봉사의 일을 하게 하는 것이고, 또

성도들이 봉사의 일을 하는 목표는 그리스도의 몸을 세우는 것이다."2

즉, 그리스도께서는 구속사역의 결과로서의 선물을 교회에 주실 때, 그것이 '직분'이 되게 하셨는데, 그 직분을 통해 교회는 자라는 것이다. 성도가 "온전케"(καταρτισμὸν, NT hapax. 의미는 '준비시키다', '구비시키다') 되고, 그래서 "봉사"(섬김, διακονία, 식탁 봉사, '집사'라는 단어)를 하게 되고, 그리하여 "그리스도의 몸이 세워지게 되는 것"이다.3 그리고 목적에 대해 한 가지를 더 언급하자면 10절을 말할 수 있다.

"이는 만물을 충만케 하려 하심이니라"

이 말씀은 8절부터 10절의 그리스도의 구속사역의 요약의 결과로 나오는데, 그리스도께서 이렇게 선물을 주신 이유가 "만물을 충만케 하기 위해"라고 하시는 것이다. 그런데 이 문구는 이미 에베소서에서 나왔던 문구로서, 1장 마지막에서 사도께서는 "또 만물을 그 발아래 복종하게 하시고 그를 만물 위에 교회의 머리로 주셨느니라."(1:22)하시면서, "교회는 그의 몸이니 만물 안에서 만물을 충만케 하시는 자의 충만이니라."(23

---

2 길성남, 298.

3 참고로 여기에서 그리스도의 몸이 "세워진다"(헬. 오이코도메오)는 말은 "집을 짓는다"('오이코스'가 '집'입니다)에서 왔는데, 이 문구를 보면 **마 16:18이 생각나게끔** 되어 있다. 여기서 주님은 베드로에게 "내가 이 반석 위에 내 교회를 세우리니(오이코도메오)"라고 하시는데, 이 구절이 예수님의 공생애에서 교회 설립과 관련하여 가장 중요한 구문이다. 그리고 우리는 여기에서 로마교회처럼은 아니지만, 그리스도께서 직분자들을 통해 교회를 세우시는 것의 기초를 발견하게 된다.

절)라고 하였다.

그러므로 4장 10절의 목적, 곧 부활과 승천을 통하여 주께서는 "이는 만물을 충만케 하려 하심이다"라는 말의 뜻은 '교회'를 겨냥하고 있다. 만물의 충만인 교회를 위하여 선물을 주신 것이다.

1.3. 직분자를 세우는 일

이런 성경의 가르침에 비추어 볼 때, 직분자를 세우는 일은 결코 사람의 일이 아니다.

> 고전 12:28 **"하나님이 교회 중에 몇을 세우셨으니** 첫째는 사도요 둘째는 선지자요 셋째는 교사요 그 다음은 능력을 행하는 자요 그 다음은 병 고치는 은사와 서로 돕는 것과 다스리는 것과 각종 방언을 말하는 것이라"

고린도교회의 직분자들이 오늘날 교회의 직분자들과 마찬가지임에도 주어가 "하나님"임을 유의해야 한다. 고린도전서 12장은 교회 중에 직분자들이 세워진 것을 "하나님께서 세우셨다"라고 말씀하고 있다. 이것은 사도행전 1장에서도 마찬가지이다.

> 행 1:24-25 "그들이 기도하여 이르되 뭇 사람의 마음을 아시는 주여 이 두 사람 중에 **누가 주님께 택하신바 되어** 봉사와 및 사도의 직무를 대신할 자인지를 보이시옵소서 유다는 이 직무를 버리고 제 곳으로 갔나이다 하고"

이 이야기를 하고 있는 이들은 유다를 대신할 사도를 뽑을 때 이 선출을 **제비를 뽑아 했음에도 불구하고** 이를 "주님께 택하신바 되었다"라고 표현하였다. 곧 이 선출을 하나님께서 하시는 것으로 여겼다는 것이다. 동시에 이 직분을 버린 것, 즉 이 직무로부터 이탈한 것에 대해서도 유다를 지칭하면서 "유다는 이 직무를 버리고 제 곳으로 갔나이다."라고 한다. 직분을 받는 것이 자기 의사대로 하는 것이 아니기 때문에 함부로 버릴 수 없음이 말씀되고 있다.[4]

따라서 직분자는 하나님께서 주시는 권위를 가진다. 벨직신앙고백서 31조의 "교회의 직분자들" 부분을 인용해 보자.

> "우리는 하나님의 말씀의 사역자들과 장로들과 집사들이 하나님의 말씀에 규정된 대로 기도와 선한 질서로 교회의 합법적인 선거를 통하여 선출되어야 함을 믿습니다. 그러므로 우리 모두 각자가 잘못된 방법으로 살짝 들어가지 않도록 주의해야 할 것입니다. 각 사람은 자신이 하나님께 소명을 받게 될 때를 기다려서 확실한 증거를 가질 수 있어야 하고, 이렇게 하여 자신의 소명이 주께로부터 온 것

---

4 그런데 왜 하나님께서는 사람의 봉사를 필요로 하시는지는 칼빈의 설명을 참고할 것. "......
그러나 그는 눈에 보이게 우리들 중에 계시는 것이 아니므로 우리는 그가 사람들의 봉사를
이용하셔서 자신의 뜻을 우리들에게 말로 명백하게 선포하신다고 말했다."(Inst, IV, 3, 1)
"또 이것은 겸손을 위한 가장 훌륭하고 유익한 훈련이 된다. 우리와 같은, 대로는 우리보다
못한 사람들을 통해서 말씀이 선포될 때 우리가 말씀에 복종하는 습관을 가지도록 하신다. 하
나님께서 하늘에서 말씀하신다면 모든 사람이 즉시 귀를 기울이고 마음을 다해 경건하게 그
말씀을 받아들일 것이다. ...... 그러나 흙에서 나온 보잘 것 없는 인간이 하나님의 이름으로
말할 때, 그가 우리보다 나은 점이 없을지라도 그를 하나님의 일꾼으로 여겨 배우는 태도를
보인다면 여기서 우리는 하나님께 대한 우리의 경건과 순종을 가장 잘 증명하게 된다. 그러
므로 하나님께서 하늘 지혜의 보화를 약한 질그릇에 숨기신 것은(고후 4:7) 우리가 얼마나
그 보화를 귀중히 여기는가를 시험하시기 위함이다."(Inst, IV, 3, 1).

임을 확신해야 합니다.

　말씀 사역자들은 그들이 어디에 있든지 간에 동일한 권세와 권위를 가집니다. **왜냐하면 그들은 모두 유일한 우주적 감독이시고 교회의 유일한 머리이신 예수 그리스도의 종들이기 때문입니다.** 하나님은 이 거룩한 규례가 훼손되거나 거부되지 않도록 하기 위하여 우리는 모두 각자가 말씀 사역자들과 교회의 장로들을 **그들의 사역 때문에** 특별히 존경해야 하며 불평이나 다툼이 없이, 할 수 있는 대로 그들과 화평하게 지내야 한다고 선언합니다."[5]

여기에서 볼 수 있듯이, 벨직신앙고백서는 직분자들의 권위를 "머리이신 예수 그리스도로부터 옴"이라고 분명히 말하고 있다. 또한 교회의 직분자들을 존경해야 하는 이유도 '인간적 이유에서'가 아니라 "그들의 사역 때문에" 즉, 그들이 머리이신 그리스도를 드러내고 있기 때문에 존경해야 한다고 말한다. 그렇기 때문에 이는 동시에 직분자들의 입장에서도 경계해야 할 점이 된다. 다음은 유해무 교수의 지적이다.

　"직분의 뿌리는 스스로 목자장(벧전 5:4)이요 큰 목자(히 13:20)이신 그리스도의 사역에서 찾을 수 있다(마 26:31; 요 10:14 참고). 그리스도는 또 영혼의 목자와 감독이다(벧전 2:25). 그의 직분적 사역은 섬김이요 그는 자기를 세우신 이에게 충성했다(히 3:2). 이로써 그는 직분과 직분자에게는 섬김이 목적이요 존재 이유임을 십자가에서까지 증거하셨다. 그러므로 섬기는 자는 그리스도의 이러한 본을

5　벨직신앙고백서의 번역은 클라렌스 바우만, 『벨직 신앙고백서 해설』(서울: 솔로몬, 2016)에서 가져온 것.

사랑으로 따라야 하며, 직분자의 권위는 섬김 자체에 있음을 명심해야 한다. 주님은 이런 섬기는 자를 통하여 교중 가운데 임재하시기를 원하신다. 그러므로 직분자들은 그리스도의 사신(대사)이 되어 그의 이름으로 주님을 대리한다(고후 5:20; Inst, IV, iii, 1). 우리는 하나님의 형상을 사역의 입장에서 이해했는데, 직분도 같은 방식으로 이해할 수 있다.6 **직분자들은 결코 자기 이름으로 말하거나 등장해서는 안 된다. 그러면 그는 절도요 강도며(요 10:1) 삯꾼이다 (요 10:12)."7**

1.4. 정리

결국 에베소서를 통해 우리가 알게 되는 바는, 교회의 직분이라는 것은 결코 세상의 직위적인 개념, 공동체와 리더십이라는 개념, 혹은 편의를 위하여 기능적으로 이해할 수 있는 개념이 아니라는 것이다. 에베소서가 가르치고 있는 교회의 직분은 **'그리스도께서 구속사역의 완성을 통하여' 이 땅에 있는 교회에 내려주신 '선물'**이다. 어떤 면에서는 "그리스도 구속사역의 절정의 결과물이 교회의 직분을 통해 나타난다."라고 말할 수 있는 것이다.

따라서 우리는 교회의 직분에 대해 접근할 때 기능적으로 접근해서는 안 된다. 오히려 우리는 그리스도께서 **직분을 통하여 그리스도의 구**

---

6 여기에 유해무 교수의 '아담의 사역'과 '직분적 사역' 등에 대한 성경신학적 이해가 드러난다. 유해무 교수의 입장에서 아담이 하나님의 형상으로 지어졌다는 뜻은 하나님의 사역을 '대리한다'는 뜻이다. 이런 관점에서 직분이란 '하나님의 사역의 대리'가 된다.

7 유해무, 『개혁교의학』(서울: 크리스찬다이제스트, 1997), 568.

속사역을 이 땅에 현시하고 있다, 드러내고 나타내고 있다는 점을 생각해야 한다. 이런 점에서 개혁주의 진영에서 전반적으로 받아들이고 있는 교회의 세 직분(목사, 장로, 집사)이 그리스도의 삼중직(선지자직, 왕직, 제사장직)을 드러내고 있다고 보는 견해는 매우 설득적이며 유익하다. 또한 실제적인 면에서도 우리가 이 점을 중요하고도 겸허하게 받아들여야 하는 이유는

1) 만약 교회에서 목사의 직분적 사역이 제대로 드러나지 못한다면 교회 안에서 그리스도의 선지자직이 나타나지 않게 될 것이고,

2) 만약 교회에서 장로의 직분적 사역이 제대로 드러나지 못한다면 교회 안에서 그리스도의 왕직이 나타나지 않게 될 것이고,

3) 만약 교회에서 집사의 직분적 사역이 제대로 드러나지 못한다면 교회 안에서 그리스도의 제사장직이 나타나지 않게 될 것이기 때문이다.

그렇다면 우리 교회들이 전반적으로 직분을 성경의 내용들 그대로 현시하지 못하고 있는 점에 대하여는 반성의 여지가 있다. 한국 교회는 '전반적으로 **삼중직의 사역이 모두 목사에게 집중되어 있는 교회**'라고 할 수 있다. 뒤에서 살피겠지만 장로의 다스림의 사역의 가장 대표적인 일인 심방이 우리에게는 목사의 사역이 되어 있고, 집사의 긍휼히 여기는 사역의 가장 대표적인 일인 구제 사역은 한국 교회 안에서는 거의 사라져 있기 때문(재정 결정권의 귀속도 마찬가지로 목사에게)이다.

만약 우리에게 장로직과 집사직의 사역들이 제대로 나타나지 않게 된

다면, 우리는 **그리스도의 왕직과 제사장직의 부재 속에 살아가는 교회**가 될 수밖에 없다. 오늘날 많은 교회에서 직분이란 단지 '벼슬'이나 '관직'과 비슷한 것이 되어 있는데, 이런 점에서 직분적 사역의 회복이 매우 중요하다.

2. 장로의 기원

2.1. 구약시대

우리가 지금 알고 있는 신약의 장로제도는 신약교회와 함께 발생한 것이 아니라 원래 구약시대 때부터 존재했던 직분이었다. 예를 들자면 이스라엘 백성들이 **애굽에 있었을 때에도 이미** 장로들이 있어서 모세가 이스라엘 백성을 애굽으로부터 이끌기 위해서 의논한 사람들은 이스라엘의 장로들이었다(출 4:29 "모세와 아론이 가서 이스라엘 자손의 모든 장로를 모으고").

언제부터 장로가 있었는지는 성경에 나타나지 않기 때문에 알 수 없지만, 이방인들에게서도 장로제도가 발견된다고 해서(예를 들면 애굽 땅에는 요셉 시대때도 장로들이 있었다. "요셉이 자기 아비를 장사하러 올라가니 바로의 모든 신하와 바로 궁의 장로들과 애굽 땅의 모든 장로와", 창 50:7) 이스라엘의 장로제도를 이방의 그것과 똑같은 것이었을 거라고 섣불리 판단해서는 곤란하다.

2.1.1. 구약시대 장로의 역할

1) 첫째, 이스라엘 안에서 이스라엘 백성들을 대표하는 역할을 했다. 민수기 11:16 이하에 보면 이스라엘의 70장로들은 이스라엘 백성들 전체의

짐을 짊어지는 사람들이다. 그리고 그들이 이스라엘 전체를 대표했기 때문에 언약궤를 실로에서 가져오기로 결정할 때나(삼상 4:3), 사무엘에게 나아가 왕을 세워달라고 청원할 때(삼상 8:4,5; 10:1) 장로들이 사무엘에게 이스라엘의 대표로 나아갔다. 후에 다윗이 왕위에 오를 때에도 백성을 대표해서 장로들이 청원하여 왕위에 오른 것으로 되어 있다(삼하 3:17).

2) 둘째, 하나님 편에서는 백성들에게 하나님을 나타내는 역할을 했다.

3) 셋째, 하나님을 나타내는 방편으로서 장로들은 말씀을 가르쳤다. 출애굽기 4장과 12장 등에 보면 모세는 장로들을 통해 백성에게 말씀을 듣고 유월절 규례를 배우게 했다. 뿐만 아니라 이후에도 보면 신명기 31:9-11 등에 보면 모세가 율법을 받아 그것을 제사장과 장로들에게 주어 장로들은 이 율법을 백성들에게 낭독할 책임을 받았다.

4) 넷째, 백성들이 말씀을 따라 순종하는지를 감독할 의무도 지고 있었다. 예를 들어, 신명기 27장에 보면 가나안 입성을 준비하면서 백성들이 율법을 따라 순종하는지 살펴볼 일이 장로에게 주어졌다.

5) 다섯째, 장로들은 생활과 관련된 모든 판단과 재판을 담당하였다. 신명기 19:11,12; 21:1-8; 여호수아 20장 등에 보면, "도피성으로 살인자가 도망할 때 처리가 장로들에게 맡겨졌다든지, 피살당한 시체를 발견했을 때 처리가 장로들에게 맡겨졌다든지 일반적인 생활에서의 재판할 문제들을 장로들이 맡았다는 것을 알 수 있다.

2.2. 신약시대

신약시대에 접어들어서도 장로는 그대로 유대인의 회당과 그리스도인의 공동체에서 유지되었다. 사도들을 통해 유대교와 구별되는 신약교회가 세워진 후 **최초로 장로에 관한 언급이 나오는 것은 사도행전 11:27-30**인데(예수님 시대에도 장로들이 나온다. 그들은 유대교의 지도자였음) 큰 흉년이 들어서 어려움을 겪는 교회들에게 줄 헌금을 모아서 바나바와 바울을 시켜서 장로들에게 보냈다고 되어 있다. 여기서 장로는 역시 **교회의 대표자**로 나타나는데, 이는 기독교가 새로 성립되고 이방인 지역에 교회가 성립되었어도 유대교의 장로제도를 그대로 받아들여 교회 내부적으로 장로들을 가지고 있었다는 의미이다. 이후 본문들에서도 이방에 세워진 기독교회들 안에서 장로의 모습이 종종 발견된다(행 14:23; 15:4; 21:18 등).

그리고 신약 성경에 나타나 있는 기독교회의 장로에 관한 언급들은 이제, 오늘날 우리 교회들의 장로 직분에 관한 본격적인 그림이 된다. 그러므로 신약 교회에서의 장로의 모습, 역할 등을 살피는 것이 구체적으로 오늘날 장로의 상, 역할을 이해하는 데 가장 실제적인 부분이다.

3. 장로의 역할에서 기억할 것

3.1. 모든 직분이 '만인제사장'적 기초 위에 있음을 기억할 것

직분의 문제에서 가장 바탕에 깔고 있어야 할 점은 직분적 사역이 **'모든 성도들에게 주어졌다는 점'**이다. 이 핵심은 Van Dam 교수가 장로에 대

해 쓰면서 제일 첫 부분에 기본으로 깔고 이야기를 전개하고 있다.[8]

민수기에서 모세는 자신의 직분적 사역을 장로 70인에게 나누어 줄 때, 나아오지 않았던 엘닷과 메닷이 진중에서 예언하자 여호수아가 충성심으로 "내 주 모세여 금하소서."라고 하자, 이를 삼가게 하면서 "여호와께서 그 신을 **모든 백성에게 주사 다 선지자 되게 하시기를** 원하노라"(민 11:29)라고 말한다.

이 예언의 정확한 성취가 요엘서이다. 요엘서는 흔히 CCM에서 잘못 불려지고 있는데, 가장 중요한 잘못은 이 일이 "먼 훗날 장래에" 일어날 것으로 그리며 부르고 있는 점이다. 하지만 요엘서의 "자녀들은 예언할 것이요"의 말씀은 사도행전 2장의 오순절 성령 강림에 그대로 인용되면서, 베드로는 성령 강림사건을 두고 "이는 곧 선지자 요엘로 말씀하신 것이다"(행 2:16)라고 하였다. 즉 오순절 성령 강림이 요엘서의 성취이지, 예수님의 재림 때를 겨냥한 것이 요엘서의 내용이 아니다.

그리고 이 때 요엘서의 내용을 보면 "자녀들이 장래 일을 말하고", "늙은이가 꿈을 꾸고", "젊은이가 이상을 볼 것"(욜 2:28)이 나오고 있는데, 여기 언급된 진술들은 모두 '선지 사역'이다. 장래를 말하는 것이나 꿈, 이상은 구약 시대 계시의 방편이었다. 따라서 이 28절의 내용과 바로 그 다음 29절 "그때에 내가 또 내 신으로 남종과 여종에게 부어줄 것이다"를 함께 읽으면, 이 말씀은 신약 시대가 되면 **선지자적 사역이 "모든 사람에게"** 주어질 것을 예언한 것이다. 오순절 성령강림 때 과연 이 일이 이루어졌고, 모든 사람이 다 성령을 받았다.

---

8 Cornelis Van Dam, 『성경에서 가르치는 장로』(The elder: today's ministry rooted in all of Scripture, 서울: 성약출판사, 2012).

그리고 성령을 받는 시대가 될 때 '모든 사람이 다 하나님의 말씀에 대하여 알게 될 것'은 예레미야에 나오는 '새 언약'의 핵심이다. 예레미야 31장은 새 언약의 시대를 말하면서 "내가 나의 법을 그들의 속에 두며 그 마음에 기록할 것"(렘 31:33)이기 때문에 사람들이 모두 저마다 다른 이들을 향하여 "여호와를 알라 하지 않을 것"(34절)이라고 말씀한다. 이유는 "작은 자부터 큰 자까지 다 여호와를 알기 때문"(34절)이다. 즉 성령 시대가 되면, 구약 시대와 달리 모든 사람이 다 선지자가 될 것이다.

이것이 우리가 흔히 잘 아는 베드로전서의 '만인제사장직'의 근거이다. "오직 너희는 택하신 족속이요 왕 같은 제사장들이요 거룩한 나라요 그의 소유된 백성이니"(벧전 2:9).

루터는 이 말씀을 근거로 하여 중세의 성직 제도를 파괴하였다. 따라서 개신교회가 직분에 대해 이해할 때는 항상 이 내용을 배경에 깔고 있다는 것을 잊어서는 안 된다. 분명히 교회의 직분은 "신자들 모두에게 부여된 일반적인 직분과 구별이"9 된다. 직분자들은 일반 성도들 중에 분명히 특별히 가려 세운 사람들이지만, **그럼에도 불구하고 이 직분적 사역이 항상 '모든 성도들에게 주어진' 것을 대표하는 것이라는 점을 잘 기억해야** 하는 것이다. 교회의 성도들은 모두가 '장로적' 사역으로 상호 감찰하고 가르쳐야 하고, 모두가 '집사적' 사역으로 상호 긍휼히 여겨야 한다.

3.2. 장로는 '말씀'과 연관되어 있다

---

9 Cornelis Van Dam, 『성경에서 가르치는 장로』, 15.

동시에 장로에 대해 반드시 기억해야 할 또 다른 점은 장로의 사역이(집사의 사역도 사실은 마찬가지) 언제나 '말씀과 연관되어 있다'는 것이다. 사도행전 20장 말씀은 바울과 '에베소 장로'들의 만남을 다루고 있는 본문인데, 이 부분은 뒤에 나오는 '목사'와 '장로'의 역할과 관련된 문제에서도 중요하다.

> 행 20:28 "너희는 자기를 위하여 또는 온 양 떼를 위하여 삼가라 성령이 저들 가운데 너희로 **감독자를 삼고** 하나님이 자기 피로 사신 **교회를 치게** 하셨느니라."

사도행전 20장에서 바울은 밀레도에서 사람을 에베소로 보내어 장로들을 청한다(17절). 그리고 자기가 예루살렘으로 가게 될 것을 말하고 이별할 것을 이야기하면서, 교회를 장로들에게 맡기는데, 여기에서 **장로는 "감독자"로 지칭**되었으며, **"하나님이 자기 피로 사신 교회를 치는(목양하는) 자"로** 언급되었다. 즉 우리는 여기에서 교회의 **말씀이 "장로"들에게 위탁되었다는 사실**을 볼 수 있으며, 장로의 역할이 주님께서 교회의 '목자'가 되셨듯이 교회를 목양하는 것임을 알 수 있다.

뿐만 아니라, 이어지는 말씀은 교회를 '치는' 방식이 '말씀선포'와 관련된 것임을 보여주고 있다. 따라서 이를 통해 우리는 에베소의 장로들이 사실은 "말씀 사역자"로서의 역할을 하는 사람들임을 엿볼 수 있게 된다.

> "내가 떠난 후에 흉악한 이리가 너희에게 들어와서 그 양떼를 아끼지 아니하며 또한 너희 중에서도 제자들을 끌어 자기를 좇게 하려고 어그러진 말을 하는 사람들이 일어날 줄을 내가 아노니"(행

20:29-30).

이 말씀의 결론은 실로 '복음전파의 직무'에 대한 부탁이다.

"지금 내가 너희를 주와 및 그 은혜의 말씀께 부탁하노니 그 말씀이 너희를 능히 든든히 세우사 거룩케 하심을 입은 모든 자 가운데 기업이 있게 하시리라"(행 20:32).

베드로전서 5장 말씀에도 '장로' 호칭을 가진 이들에게 같은 임무가 위탁되었다.

"너희 중 장로들에게 권하노니 나는 함께 장로 된 자요 그리스도의 고난의 증인이요 나타날 영광에 참여할 자로라 **너희 중에 있는 하나님의 양 무리를 치되** 부득이함으로 하지 말고 오직 하나님의 뜻을 좇아 자원함으로 하며 더러운 이를 위하여 하지 말고 오직 즐거운 뜻으로 하며 맡기운 자들에게 **주장하는 자세를 하지 말고 오직 양 무리의 본이 되라** 그리하면 목자장이 나타나실 때에 시들지 아니하는 영광의 면류관을 얻으리라"(벧전 5:1-4).

신약성경의 이런 모습을 볼 때, 신약교회 안에서 장로가 오늘날 우리가 말하는 '목사'와 역할이 겹치는 사람임을 알 수 있다. 이를 통해 생각해 보면, 성경에서 '장로'는 오늘날 우리가 사용하는 '장로'와 의미가 좀 다름을 알 수 있다. 이 점에서 두 직분인가, 세 직분인가의 문제를 생각해 볼 수 있다.

4. 두 직분인가, 세 직분인가?

허순길 교수의 『잘 다스리는 장로』에 이 문제에 대한 해설을 볼 수 있다.[10] 장로 직분에 관한 아래의 정리를 보자.

> "장로를 '가르치는 장로'와 '다스리는 장로'의 두 종류로 나누어 생각하는 것은 종교개혁 후 개혁주의 교회(개혁교회와 장로교회)의 일반적인 경향이었다. 칼빈이 장로제도를 개혁교회에 처음 도입하면서 이것이 사도적 교회의 제도이고, 성경적 직분이라고 확신했지만 목사도 기본적으로 장로라는 사실에 대해 점차 확신을 갖게 된 것으로 보인다. 그는 처음 성경에 나타난 '장로'와 '감독'은 동의어임을 확인하고 모두 가르치는 직분(목사)을 가리킨다고 보았다(이후 장로제도가 왜 변질되었는지에 대한 간략 한 설명)[11] …… 그리고 그는 다스리는 장로에 대한 성경적 근거를 롬 12:8과 고전 12:28에서 찾았다 …… 그런데 곧 칼빈은 두 종류의 장로를 언급하는데 '바울은 또한 두 종류의 장로들, 즉 말씀에 수고하는 자들과 말씀 전하는 일을 하지 않고 다스리는 자들(딤전 5:17)을 구별한다.'고[12] 말했다."[13]

---

10 참고로 장로와 집사에 관한 책으로 성약출판사에서 대단히 중요한 두 책이 나와 있다. 코넬리스 반담, 『성경에서 가르치는 장로』 (서울: 성약출판사, 2012)와 김헌수, 코넬리스 반담, 윈스턴 후이징아, 『성경에서 가르치는 집사와 장로』 (서울: 성약출판사, 2013). 더불어 『교회의 직분자가 알아야 할 7가지』 (서울: 세움북스, 2017)와 『담임목사가 되기 전에 알아야 할 7가지』 (서울: 세움북스, 2016)를 참고할 만하다.

11 사도시대 때 감독과 장로는 같은 직분이었으나 차츰 교황 중심의 교권 제도가 확립되면서 장로를 목사를 돕는 조사들에게 적용함으로써 장로의 기능이 죽어버리게 된 것. 집사 제도도 마찬가지이다. 이런 방식의 직분 재편으로 집사는 로마교회 안에서는 '부제'라고 불리게 된다.

12 Inst. IV. 11. 1.

13 허순길, 『잘 다스리는 장로』 (서울: 도서출판 영문, 2007), 54-55.

4.1. 성경에서 정리

성경에서 '장로'와 '감독'이 같은 말임을 다음과 같이 정리해보자.

1) 첫째, 사도행전 20장에서 '장로'와 '감독'은 같은 말이다. 앞서 살핀 사도행전 20장의 말씀을 보면 에베소 장로들은 17절에서 분명히 "교회 장로"로 불리웠다(17절 "바울이 밀레도에서 사람을 에베소로 보내어 **교회 장로들을 청하니**"). 그런데 같은 대상의 사람들을 향해서 28절에서는 "**감독자로 불렀다**"고 말한다(28절 "...... 성령이 저들 가운데 너희로 감독자를 삼고 ......"). 이 점을 볼 때 성경에서 "장로"와 "감독"은 같은 표현이다.

2) 둘째, 디도서 1장에서도 장로와 감독은 교호적으로 사용되었다. 5절에서 바울은 디도를 그레데에 떨어뜨린 이유에 대해 설명할 때 "각 성에 **장로들을** 세우게 하려 함"이라고 말했다. 하지만 장로를 세우는 일에 대해 구체적인 설명을 하는 부분인 그 다음 구절에 보면(7절부터), 이 사람들을 "감독"이라고 지칭한다(7절 "**감독은** 하나님의 청지기로서 책망할 것이 없고 ......) 즉, 성경에서 장로와 감독은 같은 표현이다.

3) 셋째, 뿐만 아니라 사도들도 자신을 장로라고 칭한다. 이것은 감독주의자들과 교황주의자들에게는 대단히 치명적인 점인데, 이들이 감독 중의 감독, 교황 중의 교황이라고 생각하는 사도들이 스스로를 '장로'라고 부른 것이 성경에 무려 네 군데나 나온다는 점이다.

　벧전 5:1 "**나는 함께 장로된 자요** 그리스도의 고난의 증인이요..."

: 사도 베드로가 자신을 "함께 장로된 자"라 하였다.

요이 1:1 **"장로는** 택하심을 입은 부녀와 그의 자녀에게 편지하노니..."

: 사도 요한도 자신을 장로라고 한다. 요한 삼서에서도 마찬가지다.

요삼 1:1 **"장로는** 사랑하는 가이오 곧 나의 참으로 사랑하는 자에게 편지하노라".

딤전 3장과 5장

: 디모데전서 3장에는 교회의 '감독'의 자격에 대해서 이야기하는 내용이 나오는데, **5장에 보면 '감독'이라는 용어를 전혀 사용하지 않고** '다스리는 장로'와 '가르치는 장로'라고 표현을 한다. 두 용어가 교호적으로 사용된다는 것을 알 수 있다.

첨언하면 야고보서 5:14의 "너희 중에 병든 자가 있느냐 저는 교회의 장로들을 청할 것이요 그들은 주의 이름으로 기름을 바르며 위하여 기도할지니라."에서 "교회의 장로" 역시 사역의 면에서 비추어 볼 때, '목사가 아닌 장로'라고 보기 어렵다. 감독 주의자들이나 교황 주의자들이 말하는 '장로'(사제)는 지극히 소극적인 역할밖에 할 수 없는데, 여기서는 병자들을 찾아가 기름을 바르며 기도하는 권위적 역할을 수행하고 있기 때문이다. **따라서 우리는 성경에서 "감독"과 "장로"가 다 같은 직분을 설명하는 용어임을 알 수 있다.** 즉, 장로란 포괄적으로 교회를 목양하는 자로서, 하나님의 말씀을 설교하는 교회의 목회자를 언급하는 말인 것이다. 따라서 초대교회에서는 목회자들을 감독이라고 부르기도 하고, 장로라고 부르기도 했다.

그러면 **왜 성경은 한 직분을 가지고 감독, 목사, 장로라는 여러 개의 표현을 쓰는 것일까?** 이에 대해서는 오덕교 교수가 잘 정리한 것 같다.

> "우리는 먼저 성경 기자가 교회 직분에 대하여 기록할 때, 때로는 그 직분 자체를 말하지만 그 직분의 기능과 활동에 관련하여 쓰고 있다는 것을 기억하여야 한다. 히브리서 기자는 장로를 '너희를 인도하는 자'라고 하였고(히 13:7), 바울은 '수고하고 주 안에서 너희를 다스리며 권하는 자'라고 하였다(살전 5:12-13). 또한 목사직에 대해서도 장로, 목사, 교사, 감독 등으로 다양하게 표현하였다. 곧 회중을 감독하는 업무와 관련해서는 '감독', 양떼를 먹이는 일에 관련해서는 '목사',[14] 왕되신 그리스도를 섬기는 것과 관련해서는 그리스도의 '사자'라 하였다. 이처럼 교회 치리자들의 명칭이 여러 가지로 쓰여진 것은 **목사에게 다양한 의무가 요구되었기 때문이다.**"[15]

4.2. 역사적 사실

위의 사실은 역사적으로도 확인할 수 있다. 저명한 교회사가인 네안더(Neander)는 초대 교회 당시의 상황에 대해 "모든 교회가 회중에 의하여 피선된 장로 또는 감독들의 연합체에 의해 다스려진 것과 이 두 이름 사이의 차이가 없었다는 것은 확실하다."[16]고 하였다. 실제로 역사적 문헌에서 많은 교부들이 이 사실을 증명한다.

---

14 목사는 '목자'란 뜻이다.
15 오덕교, 『장로교회사』 (수원: 합동신학대학원출판부, 2005), 25.
16 오덕교, 『장로교회사』 (수원: 합동신학대학원출판부, 2005), 26.

1) 로마의 클레멘트는 주후 95년 경 고린도 교회에 보내는 편지에서 교회의 감독들과 다툰 성도들에게 "그리스도의 양무리는 그들 위에 세운 장로들과 화평을 누리게 하라."고 편지하였다.[17]

2) 클레멘트 1서에는 "장로와 감독의 기초는 열 두 사도들에서 합당하게 계승된 것이다"[18]라고 기록하고 있다.

3) 헤르마스의 목자서에도 교회 안에 장로들이 교회의 감독직을 행하는 것에 대해 당연시하고 있다.[19]

4) 주후 35-107년의 시기에 살았던 이그나티우스는 소아시아 교회들에게 쓴 편지에서 장로를 "사도들의 회를 대신하는 너희 장로들"이라고 표현하였다.

5) 폴리캅(69-155)은 사도 요한의 제자인데 빌립보 교회에 보낸 편지에서 교회를 다스리는 자들을 통칭하여 "장로들은 오류에 빠진 자들을 돌이키는 일을 할 때에 모두에게 부드럽고 자비롭기를 바라노라."고 하였다.

이렇듯 교회 안에서 '감독'과 '장로'와 '목사'는 다 같은 사람을 지칭하는 것이었다. 단지 앞서 칼빈의 말처럼 성경시대에 이미 "다스리는 장로"라는 개념이 있었던 것으로 보인다.

딤전 5:17 "잘 다스리는 장로들을 배나 존경할 자로 알되 말씀과 가

---

17 허순길, 『잘 다스리는 장로』, 32.
18 클레멘트 1서, 42:1-4;44:1ff.
19 레온하르트 고펠트, 『사도시대』(서울: 크리스챤다이제스트, 1998), 256. 이하 내용도 고펠트의 글에서 인용.

르침에 수고하는 이들을 더할 것이니라."

이 구분은 성경 시대 때부터 있었던 것으로 보이지만, 당시에는 그 구분이 확연하게 지어져 완전히 다른 일을 하던 것이 아니었다. 앞에서 살펴본 대로 2세기가 다 지나가기까지 교회 안에서 장로들은 말씀을 가르치는 일과 다스리는 일을 거의 같이 하는 사람들을 가리켰다. 그런데 3세기 정도에 가면 키프리안의 글에서 이런 구분이 존재했다는 것을 보여주는 문헌이 있다.

> "부활절에 '가르치는 장로들' 앞에서 낭독자들을 인허했을 때에 읽는 일에 있어서 사투르투스를 한두 번 시험했고, 그 다음 낭독자들 중에서 옵타투스를 청중의 교사로 지명했다."

종교개혁을 통하여 갱신된 교회는 이 말씀을 따라서 장로를 두 가지 직분으로 구분하였다. 즉 둘 다 장로이지만, 한 장로는 '치리 장로', 다른 한 장로는 '설교 장로'로 구분한 것이다. 오늘날 장로교회들은 모두 이 직분 체계를 따르고 있어서 한 쪽은 '장로'라고 부르고 다른 한 쪽은 '목사'라고 부른다.20 하지만 둘은 다 '장로'이기 때문에 우리는 두 직분론을(장로와 집사) 따르고 있다고 할 수 있다. **두 직분론에서 중요한 강조점은 목사도**

---

20 허순길 교수는 장로가 두 종류로 나뉘게 된 것을 "장로들은 가르치는 일보다는 주로 감독하고 다스리는 일에 대한 봉사가 요청되었으나...**거짓교사들이 등장하여 교회에 혼란을 가져오게 되었으므로 교회는 가르치는 특별한 은사를 가진 직분자를 필요로 하게 되었고, 그래**서 ...... 장로들 가운데서 가르치는 특별한 은사를 받은 장로들을 구분하여 세워서 말씀 봉사하는 일에 전무하게" 되었다고 설명하고 있다. 허순길, 『개혁주의 설교』 (서울: 기독교문서선교회), 72.

또한 장로임을 강조하는 것이다. 목사와 장로는 기능에 있어서만 차이가 있을 뿐 완전히 동등하다.

칼빈 또한(비록 제네바에서 기능적으로 직분을 넷으로 구분하여 사용했지만 신학적으로는 알고 있었다) 기독교 강요에서 교회에 있는 직분을 두 직분론의 관점에서 말한다("세 부류"라고 말하고 있지만 앞의 둘은 "장로 계열에서"라고 말하고 있다. 그러니까 장로를 둘로 나눈 것이기 때문에 세 부류일 뿐이다).

> "우리는 성경에서 세 부류의 사역자들이 있다고 말했다. 마찬가지로 고대 교회의 사역자들도 세 부류로 나뉘었다. 장로 계열에서 일부는 목사와 교사로 선택되고, 나머지 장로들에게는 도덕적인 문제들을 견책하고 지도하는 일을 맡겼으며, 빈민을 돌보고 구제 물자를 분배하는 일은 집사들에게 위임했다."[21]

정리하자면 성경에서 직분이란 둘로서(장로와 집사), 장로 중에 '가르치는 장로'와 '다스리는 장로'가 있는 것이다. 이 사실로부터 기억해야 할 중요한 주제가 드러난다. 첫째, 기능적으로는 장로직 안에 '목사'와 '장로', 곧 가르치는 장로와 다스리는 장로의 영역이 분명히 있다는 것을 이해할 필요가 있다. 즉 목사의 영역인, 특별하게 말씀을 가르치는 역할로 세워진 점을 중요하게 생각하고, 또 동시에 장로의 영역인, 그 말씀을 가지고 성도들을 다스리는 일의 역할 역시 중요하게 생각해야 한다는 것이다.

---

[21] Inst. IV, 4, 1.

그러나 둘째, 왜 성경이 직분을 둘로 밖에 구분하지 않았는지의 의미를 잊지 말아야 한다. 말하자면 목사와 장로가 지나치게 구분될 때, 하나님께서 초대교회 때 '장로'와 '감독'을 동시에 세워 사용하신 의미를 잊어버리게 된다. 이때 잊지 말아야 할 강조점은 바로 **말씀으로의 치리**'이다. 목사와 장로를 지나치게 기능적으로 구분해 버리면, 목사는 설교에만 치중하고 회중은 돌보지 않으며, 장로는 사람들을 다스리되 말씀을 통해 다스리지 않고 기능적으로만 통치하게 될 수 있다. 따라서 이 둘은 반드시 '하나의 직분'이라는 생각이 있어야만 한다.

셋째, 동시에 이 '둘째'의 지점은 목사와 장로 간의 갈등의 문제도 해결할 수 있는 요소를 담고 있다. 진지하게 목사와 장로가 동등한 위치임을 자각하는 가운데, 협력의 사역을 할 수만 있다면[22] 성경에 드러나 있는 제대로 된 두 장로의 사역이 교회 안에 나타날 수 있을 것이다.

5. 장로는 교인의 대표인가?: 19세기 장로직의 정체성에 대한 미국교회의 논쟁

이 문제와 직접 연결되어 있는, "왜 우리 교회들 안에서는 목사와 장로의 역할이 이렇게 많이 달라져 버리게 되었는가?" 혹은 "왜 장로는 단지 교회의 이사와 같은 역할, 즉 심방 사역을 통하여 성도를 돌보는 본연의 일로부터 떠나서 단지 교회의 행정적 처리만을 맡는 이가 되었는가?"라는 문제를 생각해 보아야겠다. 여기에는 두 가지 문제가 들어 있다.

---

[22] 바로 이 주제에 대하여 성희찬 목사의 글을 참고하라. 성희찬, "우리 교단 내 목사, 장로의 바른 역할과 협력 사역에 대한 고찰 : 목사와 장로의 아름다운 동행을 꿈꾸며"(http://reformedjr.com/board05_04/5598).

첫째는, 목사를 "성직자", 장로를 "교인의 대표"로 보게 만든 미국 교회에서 있었던 직분에 관한 중요한 논쟁에 대한 것이고, 둘째는, 우리나라의 교회 안에서 장로가 점점 원래의 성도를 돌보고 다스리던 일에서 떠나 행정직이 되어 가게 된 것에 대한 교회법적인 이유이다.

첫째는 미국교회의 논쟁에서 그 내용을 찾을 수 있고, 둘째는 우리 교단 역사 안에서 교회법의 변천을 통해 볼 수 있다.

5.1. 찰스 하지와 제임스 쏜웰 사이의 장로직 논쟁

논쟁의 단서는 장로직과 관련된 결정을 내린 1842년 총회에서 시작된다. 당시 노회에서는 장로가 목사임직 시 행하는 안수에 참여할 수 있는가에 대한 문제가 제기되었고 총회는 이에 대해 불가의 판정을 내렸다. 다음 해에 이에 반대하는 의견서가 제출되었고 총회는 다시 이전 해의 총회 결정을 고수하면서 "목사와 장로는 같은 장로가 아니고 **'장로는 교인들의 대표'다"**라고 하면서 장로에게는 안수 권한이 없다고 하였다.

이러한 총회결정이 내려진 이유는 바로 프린스톤신학교에서 20년 이상 가르친 찰스 하지의 영향 때문이었는데, 이 총회 결정 때문에 쏜웰이 이를 비판하며 논쟁이 시작된다. 당시 하지는 50대의 영향력 있는 교수였고, 쏜웰은 30대의 젊은 교수였다. 이후 북장로교회는 하지의 견해를 따르고, 남장로교회는 쏜웰의 견해를 따르게 된다.

여기에서 중요한 키워드가 장로를 '**교인들의 대표**'라고 부른 것이다. 하지는 목사가 교회의 최고 직분이라고 하면서, "가르치는 직분만이 명실공히 직분이고 장로는 '**교인들의 대표**'로서 평신도이다."라고 말한다.[23] 그는 "치리장로는 신적인 인정을 받아 모든 교회 치리회에서 목사들과 같은 권위를 행사하는 교인들의 대표로서 선택된 평신도이다."라고 하였다.

이런 생각은 **필연적으로 교회 안에 종속적 계급주의, 즉 교권을 용인하게 만들고,** 장로를 '교인의 대표'라고 한 것은 **근대 민주주의의 영향을 받은 개념**인 것으로 보인다. 하지는 실제적으로는 교회정치는 민주정치가 아니라고 말했지만, 장로가 교회정치의 핵심에 참여할 수 있는 것이 '모든 신자가 성령을 통해 교회 정치의 본질에 참여하는 것의 한 표본'인 것처럼 말함으로써 **본질적으로 민주주의를 표방한 것**이나 다름없다.[24]

하지가 이런 생각을 갖게 된 것은 크게 두 가지 이유를 들 수 있다. 첫째는, 그가 성경 안에 나타나 있는 장로와 감독이라는 표현이 '둘 다 같은 것을 의미하는 단어'인 줄은 알면서도, 그 단어 안에 **'다스리는' 기능은 없고 순전히 '가르치는' 역할만 있는 것으로 보았다는 점**이다. 이런 사고방식의 배후에는 앞에서도 언급한대로 그가 직분을 '말씀전파의 직분만' 강조한 사상이 들어 있다. 이렇게 생각했기 때문에 '다스림'의 영역에 있는 '장로'는 목사보다 낮은 지위에 있는 것으로 여기게 되었다.

둘째는 웨스트민스터 교회 질서의 영향이다. 웨스트민스터 회의는 신앙고백서를 산출해 내었지만 사실은 교회 질서에 대한 논의가 매우 중요한 문제였다. 당시 영국교회는 개혁을 위하여 어떤 교회 질서를 세우느냐가 가장 우선적인 문제였다.

그래서 교회 질서를 채택해야 했는데, 대부분의 회원들이 청교도적 배경의 강력한 장로교인들이었음에도 불구하고, 그 안에는 교회 질서의 성

---

23 이하 허순길, "역사적으로 본 개혁주의 직분," 『개혁신학과 교회』, 3호.
24 이것은 미국장로교회가 19세기에 회중교회와의 연합을 통해 많은 영향을 받았기 때문이다.

향으로 볼 때 여러 그룹의 정치 배경의 사람들이 있었기 때문에[25] 장로교회가 원하는 독단적인 결정을 내릴 수가 없었다.

그러다 보니, 웨스트민스터 회의는 10일 동안 두 종류의 장로에 대해서 토론을 했으나 결정을 내리지 못하고 위원회에 맡겼는데, 위원회는 두 종류의 장로를 명확하게 제시하고 있는 디모데전서 5:17의 말씀은 성경구절에서 빼고, 로마서 12:7,8과 고린도전서 12:28만을 받았다.[26] 장로제도를 명확히 규정치 못한 것이다. 그래서 이후의 미국교회 헌법을 보면 이 웨스트민스터 질서를 받아서 장로를 단지 '교인들의 대표'라고 하면서 성경적인 근거를 두고 있지 않음을 알 수 있다.

하지는 이러한 배경 하에서 장로를 '교인들의 대표'로 본 것이다. 그리고 한국교회는 이런 영향을 받아 교회 질서에 장로를 '교인들의 대표'라고 하였다. 바로 이 사실로부터 **모든 목사와 장로 간의 이격, 목사가 교회를 독재하는 것, 중세 때 사라졌던 '성직자'라는 단어가 등장하는 것 등이 다 나오게 된다.**

하지만 쏜웰은 정당한 성경주해를 통해서 성경의 '장로'가 '다스리는 역할'을 하는 사람이며, 또한 동시에 '가르치는 일'을 했다는 것을 주장한다. 그리고 쏜웰은 하지의 교회 안에 **직분의 서열이 있어야 한다는 주장**

---

25 웨스트민스터 작성의 배경에는 총 다섯 그룹의 사람들이 있었다. 1) 고교회주의자들, 2) 회중교회주의자들, 3) 국교회주의자들, 4) 장로교체제와 감독정치를 함께 수용하려는 자들, 5) 장로교 정치체제를 세우려는 자들.

26 이 부분은 앞에서 다루지는 않았지만, 칼빈이 교회정치에 대해서 알아가는 과정에서 중요하다. 칼빈은 원래 스트라스부르그로 가기 전에는 롬 12장과 고전 12장만을 교회 직분의 근거로 생각하는, 즉 직분론을 확실히 정립하지 못한 상태였다(이 두 구절은 완전히 명시적인 본문이 아님). 그러나 그가 스트라스부르그에서 교회 질서를 배우고 돌아왔을 때 교회정치조례를 작성하면서는 확실히 여기에서 정립된 모습을 보여주는데(부서의 영향을 받았을 것이다), 이 시점에 가서야 장로제도의 근거구절로 딤전 5:17을 사용한다. 웨스트민스터 회의는 칼빈의 전철을 밟되, 뒤에서 앞으로 거꾸로 밟아서 도리어 더 불투명한 결정만을 내린 것이다.

을 **적극적으로 반대**하고 모든 직분이 동등하다는 것을 강조한다. 이 점은 개혁교회들의 교회 질서 대부분의 가장 중요한 원칙 중 하나이다. 쏜웰은 직분에는 서열이 없고 단지 목사는 교회의 입이요, 장로는 교회의 손이라고 하였다.

김헌수 교수는 이 배경 위에서 우리나라로 어떻게 이 시스템이 전파되었는지를 설명하고 있다.

"장로를 '교인의 대표'로 생각하는 것은 1645년의 '웨스트민스터 장로교 교회 정치'에는 나오지 않는 말이고, 미국 북장로교(PCUSA)의 헌법에 나오는 말입니다. 북장로교는 1801년에 '민주주의적' 교회 정치를 택한 회중교회와 연합하였는데, 그 때에 장로를 '교인의 대표'라고 헌법의 규정으로 정하였습니다. 북장로교의 선교사들을 통하여 그것이 한국 장로교회에서 소개되었습니다. 한국 장로교회의 헌법 기초 위원 가운데 한 사람인 곽안련은 헌법을 소개하는 글을 쓰면서 이렇게 말합니다.

'장로정치는 장로들로 조직된 당회와 노회와(혹 대회와) 총회로 관리ᄒᆞᄂ 거시니 개인적 주관이 아니오 단체적 주관이오 회중 주관이라. 권세는 상(上)에셔 출(出)치 안코 하(下)에서 출ᄒᆞ야 보통 교인의 대표자와 목사들의 수(手)에 잇ᄂ니라.'

권세가 위에서가 아니라 아래에서 나오고, 회중 주관이고, 권세가 보통 교인의 대표자(장로)와 목사의 손에 있다는 말은 장로교회를 대의적 민주주의로 이해한 것입니다."[27]

5.2. '다스리는' 장로에서 '행정하는' 장로로

다음의 이유로는 장로가 원래 성도들을 다스리고 심방하던 위치에서 점
점 **'행정하는 사람'**으로 그 위상이 옮겨지게 간 것에 그 이유가 있다. 이
점에 대하여는 성희찬 목사가 "우리 교단 내 목사 장로의 바른 역할과 협
력 사역에 대한 고찰"이라는 글에서 잘 다루고 있다.[28]

> "……고신교회의 『교회정치』 제66조 장로의 직무를 보면 제일 먼저
> 나오는 직무가 "1. 목사와 협력하여 **행정과 권징을 관리하는 일**"이
> 라고 하였는데, 여기에 목사와 협력하여 할 직무 중에 하나가 행정
> 이라고 하였다.
>
> 그런데 사실 이 '행정'은 1922년 『교회정치』에서는 찾아볼 수 없는
> 것인데, 1929년 『교회정치』에서부터 개정되면서 지금에 이르고 있
> 는 독소조항이다. 즉 1922년의 『교회정치』 제5장 치리장로 4조 장로
> 의 직무를 보면 무엇보다 '치리장로는 목사들과 협동하여 **치리와 권
> 징의 사(事)**를 관리하며 지 교회 혹 전국교회의 신령적 관계를 통솔
> 하나니라'고 하였다. 즉 목사와 함께 장로의 직무 중 주된 것은 '치
> 리'와 '권징'이라고 하였다. 그런데 여기 쓰인 **'치리'라는 용어가 1929**

---

27 김헌수 and Cornelis Van Dam and Winston Huizinga, 『성경에서 가르치는 집사와 장로』
(The Deacon and the elder: today's ministry rooted in all of Scripture, 서울: 성약출판
사, 2013), 264.

28 성희찬, "우리 교단 내 목사 장로의 바른 역할과 협력 사역에 대한 고찰: 목사와 장로의 아
름다운 동행을 꿈꾸며- (http://reformedjr.com/board05_04/5598).

년부터 개정이 되어 '행정'이라는 말로 바뀌어서 지금에까지 이르고 있다. 2011년 고신교회의『교회정치』제66조(장로의 직무) 1항도 장로의 직무를 '행정과 권징을 관리하는 일'이라고 하여 이를 그대로 답습하고 있다. 이는 **치리회로서 치리가 본질적인 직무라는 것을 규정하는 당회의 직무를 크게 약화시킨 결과**로 볼 수 있다. 이는 '치리'의 성경적, 교회 정치적 의미에 무지한 처사이며, 오늘날 당회가 행정에 집중하는, 당회의 본래 직무에서 크게 어긋난 길로 들어서는 개정이라고 볼 수 있다. 이러한 개정에 대해 박병진 목사가 오히려 '훌륭한 개정'이라고 평가하고 있는 것은 개탄스러운 일이다: '치리는 행정과 권징을 내포하는 단어기도 한 까닭에 행정과 권징으로 변경한 것은 조문의 뜻을 더욱 명확하게 한 훌륭한 개정으로 여겨진다.' 설사 치리 안에 행정이 들어간다고 할지라도 '치리'라는 용어를 삭제하고 행정과 권징만을 삽입한 것은 명백히 큰 오류로 보인다. 왜 한국의 장로교회의 장로가 목양적 역할을 하지 아니하고 행정에 치중하는지 그 역사적 구조적 원인을 여기서 찾을 수 있다.

또 1922년의『교회정치』에 나타난 장로의 직무 중에서 지금은 찾아볼 수 없는 조항이 있다. 즉 당시는 장로의 직무로서 '장로는 교인과 함께 기도하며 위하여 기도하고, 교인 중에 강도로 인하여 발생하는 결과를 찾아보며……'라고 하였는데 **'교인과 함께 기도하며'** 가 지금은 사라지고 없다. 장로는 교인을 위해 기도할 뿐 아니라 교인 중에서 교인과 함께 기도하는 것이 중요한 직무이기 때문이다. **교인과 함께 기도하기 위해서는 교인들을 심방하고 그들의 말을 경청하고 그들을 돌아보지 않고서는 불가능하다.**"

6. 장로의 임기제

오늘날은 장로가 종신직인 것이 너무나 일반적인 것이 되어 있지만, 여기에 대해서도 두 가지 생각을 해 볼 수 있다. 이에 관하여는 성희찬 목사의 두 글, "장로교회의 꽃 장로"와 "장로 임기제 어떻게 봐야 하나"를 참고하라. **첫째, 원래 칼빈의 제네바 교회에서부터 장로는 임기제였다.** 중요한 이유는 권력이 한 사람에게 집중되는 것을 종교개혁 후의 교회는 항상 싫어했기 때문이다. 물론 현대에 들어와서는 외국의 개혁교회들의 경우, 심방을 계속해서 해야 하기 때문에 장로 사역이 너무 힘들어 기피하는 현상이 있기 때문이기도 하다.

1) 제네바 교회에서는 장로가 임기 1년이 원칙이었다. 제네바 교회정치 (1541년)에서부터 이 내용이 나오고(매년 12명의 장로를 2월에 임명, 임기는 1년), 1561년 제네바 교회정치를 보아도 이 내용은 동일하다(제네바 교회정치 55조).

2) 프랑스 개혁교회는 1559년 '교회 권징서'에서 칼빈의 노선을 따라 장로와 집사의 봉사를 종신이 아니라고 규정하였다. "25조: 장로직은 우리가 최근 사용하는 것처럼 영구적이 아니다......"

3) 네덜란드 개혁교회 역시 동일하다. 1571년 엠덴 총회 15조: "장로와 집사는 2년을 봉사할 것이며, 교회의 상황과 유익이 달리 요구하지 않는 이상은 매년 1/2은 교체되고 나머지 1/2은 계속 봉사한다."
1619년 도르트 교회 질서 27조, 장로와 집사의 봉사 기간: "장로들과 집사들은 2년을 봉사하며, 교회의 상황과 유익이 달리 요구하지 않을 경우 매년 1/2은 교체되며 나머지는 그 자리에 있게 될 것이다."

4) 이후 영국과 스코틀랜드 교회들은 주로 종신직을 선택하게 된다.

미국 교회의 장로직 임기에 대한 내용은 다음과 같다.

1857년 윤번 제도의 도입: 장로 **직분은 종신으로 하였지만 개체 교회가 공동의회를 통해 장로의 봉사 기간을 종신으로나 임기를 정해 세울 수 있다고 정리**, 임기제의 경우는 3년으로 규정. 현재 미국 정통장로교회(OPC)가 이 제도를 받아들이고 있다. 1882년 J. A. 핫지의 "교회정치 문답 조례"(What is Presbyterian Law)

> 541문: 치리장로는 임기를 정하여 선출을 할 수 있는가?
> 답: …… 지교회가 투표에 의하여 일정 기간 동안 시무할 치리 장로를 선출하는 것이 가능하다. 장로 직분은 항존적이지만 직분과 직무의 이행과는 엄연히 구별이 있고, 시무장로와 직무를 이행하지 않은 장로와의 구별도 있다.
>
> 542문: 얼마 동안의 임기를 가지고 선출하는가?
> 답: 장로의 임기는 3년을 넘지 못한다.

정리하자면, 교회 역사 안에서 장로 직분이 종신직이냐 임기제냐의 문제는 결정적이지는 않았다. 칼빈은 임기제로 시작했지만, 이후 많은 교회들이 종신직을 선택하기도 했다.

둘째, 한국교회는 항상 종신직이었다고만 생각하지만 앞서 살핀 미국 교회처럼 임기라는 개념이 있었다. 역시 원리는 미국과 같다. 직분은 종신직이지만 시무 투표를 통해서 시무 기간을 제한한 것이다. 보통 3년마다 시무 투표를 하도록 규정되었다.

1) 1922년판 교회정치 13장에 보면 직분을 "종신항직이다"라고 나오지만 동시에 시무기한과 반차를 세례교인 과반수의 투표로 정하도록 하고 있다. 이 때 기한은 3년이다.

> "하 지교회서던지 무흠한 세례교인 과반수의 투표로 장로급 집사의 시무기한과 반차를 정할 수 있난데, 그 규례는 좌(左)와 여하니라
> (一) 기한은 3개년 이상으로 할 것
> (二) 반은 3반으로 분하고 매년에 일반씩 교체할 것
> (三) 기의 임직한 장로난 시무기한이 만료되고 다시 치리하난 직무를 받지 못할지라도 그 직은 항존할 것인즉 당회 혹 노회에 선거를 받아서 상회에 총대로 파송될 수 있나니라" (8. 시무반차)[12]

1930년의 교회정치, 1955년의 교회정치에서도 똑같이 "종신직"이지만, 3년 일차씩 시무를 투표하고, 표결은 과반을 요하고 있다.

2) 임기가 삭제된 것은 1967년 기장측에서, 그리고 통합은 1971년이다. 임기에 대한 조항을 이때부터 삭제한다.

3) 고신의 1957년 교회정치 14장, 장로 집사의 선거와 임직, 72조 임기 : "치리장로 집사 직은 종신직이다. 단 3년에 1차씩 시무 투표할 수 있고, 그 표결 수는 3분지 2로 한다."

4) 고신의 1972년판도 똑같고, 1980년판도 똑같다. 고신 교회정치에서는 계속해서 시무년이 3년으로 나오고 3년마다 시무 투표를 하도록 되어 있다. 대신 고신의 교회정치는 앞의 예와 1962년의 합동총회와는 달리(여기는 과반수) 표결을 3분의 2를 얻도록 되어 있다.

5) 시무투표에 대한 언급이 없어지는 것은 1992년판 교회정치에서이다. 이후 이는 유지되고, 2011년판에서는 이전에 없었던 "윤번 시무규정"이 들어갔다. "당회가 장로의 윤번 시무규정을 제정하고자 하면 당회원 3분의 2 이상의 결의를 얻어야 한다."

부록 1. '장로 됨'에 대한 강의 한 편

1. 디모데전서에서 읽는 장로의 의미

디모데전서의 구성은 "1장-바른 교훈(말씀), 2장-바른 예배, 3장-바른 직분자"라는 구조를 따르고 있습니다. 말하자면 직분자는 **말씀과 예배를 파수하는 '파수꾼'**인 것입니다. 특히 3장은 2장부터 시작하는 예배에 대한 가르침 '안에 포함되는' 내용으로 볼 수 있습니다. 즉 직분자를 임명하는 자체가 예배를 올바르게 세우기 위한 것, 직분자는 예배를 수종드는 자인 것입니다.[29]

디모데전서 1장에 보면 3절에 바울이 디모데를 에베소에 장로로(목사로) 머물게 한 이유가 나오는데, "다른 교훈을 가르치지 말며 신화와 끝없는 족보에 착념치 말게 하려 함이라. 이런 것은 믿음 안에 있는 하나님의 경륜을 이룸보다 도리어 변론을 내는 것이라."라고 하였습니다.

여기에서 우리가 알 수 있는 것은 바울이 에베소 교회에 장로(목사)를 세운 이유는 "교회 안에서 바른 가르침을 파수하게 하려는 것"입니다. 즉 교회 안에 다른 교훈이 퍼지는 것, 신화와 끝없는 족보, 즉 말씀의 가르침 외에 헛된 가르침에 치중하는 것, 그것을 막는 것이 장로가 세워진 이유인 것입니다.

그리고 이 때 이 "가르침"이라는 것이 어디에 치중을 둔 것인지를 생각하면, 이것이 단순히 '공부를 잘 하는 것'이 아니라는 점도 알게 됩니다. 말씀을 잘 안다는 것은 공부를 잘 하는 것과는 약간 다릅니다.

---

[29] 김헌수 and Cornelis Van Dam and Winston Huizinga, 『성경에서 가르치는 집사와 장로』, 204.

이 점은 방금 살핀 1장 4절에서도 약간은 나타나는데, 거짓 가르침을 막는 것을 "믿음 안에 있는 하나님의 경륜을 이루는 것"이라고 표현했기 때문입니다. 즉 바른 가르침이라는 것은 믿음을 통해 하나님의 경륜이 이루어지는 것입니다. 세련된 교리를 배우는 것, 그 자체에 가르침의 목적이 있는 것이 아니고, "하나님의 경륜이 드러나는 것"이 말씀 가르침의 목표입니다.

더불어 5절을 보면 이 "경계(주의 명령, 주의 교훈)의 목적"이 나오는데, 경계의 목적은 "청결한 마음과 선한 양심과 거짓이 없는 믿음으로 나는 사랑"입니다. 이 문장에서 전체를 받는 단어는 "사랑"입니다. 즉 **경계의 목적, 가르침의 목적은 "사랑"**입니다. 그리고 이 사랑은

> 첫째, "청결한 마음"에서 난다. 마음(카르디아)은 사람됨이다. '카르디아'는 "인간의 내부 생명과 영혼의 모든 힘과 기능의 근원과 자리"[30]이다.
> 둘째, "선한 양심"에서 난다. 양심(쉬네이데시스)은 판단력이다.
> 셋째, "거짓이 없는 믿음"에서 난다.

즉, 가르침을 통해 드러나는 사랑이란 인간의 됨됨이가 무르익고, 선한 판단력을 가지게 되며, 바른 믿음을 통해서 나타나는 것입니다. '사랑'이라는 것은 단순히 아무런 조건도 내용도 없이 '덮어주는 것', '이해해 주는 것'이 아니라, 사람의 됨됨이가 깨끗하고(청결한 마음), 선한 판단력을 가진 가운데(선한 양심), 바른 믿음 속에서 드러나는 사랑을 말하는

---

30 바이블렉스 참고.

것입니다. **직분자를 세움으로 인해 교회에서 자라가야 할 가르침이란 '바로 이 사랑'이 자라게 되는 것입니다.** 교회가 장로(목사)를 세운다는 것은 바로 이런 일을 할 수 있는 사람, 바울 선생님처럼 이런 가르침을 할 수 있는 사람을 교회를 위해서 세우는 것을 말하는 것입니다.

2. 어떤 이를 장로로 세울 것인가에 관한 지침들(3장)

2.1. 전반적인 맥락에서 나타나는 특징

장로의 자격에 관한 디모데전서 3장에서 우리가 가장 먼저 알아야 할 것은 두 가지입니다. 첫째는, 이 항목들이 **'특정인'에게만 나타나는 특별한 어떤 요소를 말하고 있지 않다**는 것입니다. 3장의 이 항목들은 실은 **"모든 신자들에게서 기대할 수 있는 덕목들"**입니다. 이러한 사실은 직분이란 모든 신자들이 나타내야 할 덕목을 구현하는 직분임을 나타냅니다. 즉 교회의 직분자는 특별한 사람이 아니라 바로 '모범적인 신자'[31]인 것입니다.

뿐만 아니라, 이 사실에서 우리는 교회가 직분자를 세우고 받을 때, '교회가 바로 서야 하는 모종의 역할들'을 이 직분자들에게 짐 지우고 나는 뒷짐 지고 서는 것을 의미하지 않는다는 것을 알아야 합니다. 직분자는 사실 **'모든 신자들의 모습의 투영'**입니다. 신자들 모두가 직분자가 갖추어야 할 덕성들을 갖추어야 하고, 교회의 회원 모두가 직분자의 사역을 교회 안에서 구현하려고 노력해야 합니다.

---

31 김헌수, 코넬리스 반담, 윈스턴 후이징아, 204.

민수기 11장에 보면 하나님께서는 모세에게 임한 성령을 장로들에게도 똑같이 주시겠다고 하시면서(장로직과 선지자직, 목사와 장로의 동등성), 이어서 "네가 나를 위하여 시기하느냐, 여호와께서 그 신을 그 모든 백성에게 주사 다 선지자 되게 하시기를 원하노라."(민 11:29)라고 말씀하십니다. 즉 장로는 모든 성도들에게 임할 성령을 모형으로 받는 것입니다. 그렇기 때문에 모든 성도들이 장로와 동일한 요청을 받았다는 것을 기억해야 합니다. 그리고 이 민수기의 말씀은 요엘서에서 성취된 내용이기도 한데, 요엘서에서 이 성령은 '모든 성도들에게 임한 성령'임을 기억해야 합니다.

그리고 둘째는, 이 항목들이 '어떤 활동'보다는 **'인품을' 주로 다루고 있다는 점**입니다. 직분자를 선택할 때 성경은 이 사람이 '어떤 일을 잘하느냐', '어떤 사역에 은사(소위 은사…이고 실은 재능)가 있느냐'를 말하지 않고 '성품'에 관한 것을 말합니다.

이 사실은 교회의 직분자가 될 사람을 성도들이 가릴 때에 **기능적인 면'을 보지 말고, '사람됨'을 보라는 것**을 가르치고 있는 것입니다. 우리가 말씀을 따라 교회의 장로나 집사를 세운다는 것은 그 사람이 얼마나 '재능이 있는 사람인가'를 보는 대신, 그 사람이 '어떤 사람인가'를 보아야 한다는 것을 의미합니다. 이제 구체적으로 각각의 항목들을 알아보도록 합시다.

2.2. 직분에 대한 사모(1절)

감독의 직분에 적합한 자를 논할 때 첫 번째로 등장하는 항목은 "선한 일을 사모한다 함이로다"입니다. 직분자를 선택할 때, 자칫 빠질 수 있는

(사실은 대부분의 교회에서는 정반대의 양상이 나타나긴 하지만) 잘못 중의 하나가 **'지나친 겸양'**입니다. 고대교회 역사를 보면 수도원 전통이나 광야에서 고행하는 분들 중에 감독이 되는 경우 '등 떠밀려' 감독이 되는 경우를 종종 볼 수 있습니다. 감독과는 좀 다른 경우이기는 하지만 한국교회 역사 안에서도 고신교회에서 총회장에 한상동 목사님이 선택될 때 끝까지 고사하는 것을 사람들이 에워싸 단상으로 밀어 올려 총회장이 되었다는 역사도 읽을 수가 있습니다. 이런 내용과 한국적 정서가 결합될 때, 우리는 직분을 '가급적 피해야 할 것', '할 수 있으면 안 하려 하는 것이 미덕'이라고 이해할 수가 있습니다. 그래서 우리는 은연 중에 **"직분자가 되기에 합당한 사람은 어쨌든 직분자가 안 되려고 하는 사람이야"** 라고 생각하게 되기 쉽습니다.

그러나 디모데전서가 감독의 자격을 논할 때 첫 번째 절에서 말하고 있는 것은 "감독은 선한 일이다.", "감독이 되려면 감독이 되는 일을 사모해야 한다."라는 점이라는 데에 주목해야 합니다. 1절 말씀은 "감독이 되려면 선한 일을 사모한다 함이로다."라고 되어 있는데, 이 문장 안에서 선한 일이란 감독의 직분 자체를 가리킵니다. 그러므로 감독이 되기에 합당한 사람은, 비록 "내가 감독이 꼭 되어야겠소!"라고 말하는 것은 아닐지라도, **이 감독직에 대해 '귀히 여기고', '이 직분을 사모하는 사람'** 이어야 한다는 것을 알 수 있습니다.

그리고 여기서 다시 한 번 회중의 일반원리를 더욱 생각해야 하는 것은, "그렇다면 감독이 되어야 하는 사람은 회중 가운데 특별히 감독이 되고 싶어 안달이 난 사람 중에 뽑아야 하느냐?"라고 오해해서는 또 안 된다는 것입니다. 여기서 다시 기억해야 하는 것은 이 **"직분에 대한 사모함"**이 '모든 회중에게' 다 있어야 한다는 것입니다.

올바른 회중이란 '목사직과 대척점에 서서', '목사직을 견제하고, 목사직과 싸우려 하는' 사람들이어서는 안 됩니다. 올바른 회중은 교회 안에 목사/장로직이 얼마나 중요하고 값진 것인지 알고, 이 직분을 사모하는 자들이어야 합니다. 이렇게 회중이 모두 목사/장로직을 사모하고 사랑하는 가운데, 그 중에서 특별히 어떤 사람들을 뽑는 것입니다.

따라서 회중들은 직분에 대해서 **'지나치게 수동적인' 자세**를 취해서는 안 됩니다. 교회가 서는 것은 회중의 일치단합한 마음을 통해서 되는 것이고, 이런 점에서 회중은 직분에 대해 '적극적'이어야 합니다. 만약 회중이 이 직분에 대해 '수동적'인 자세만 갖고 있다면, "누가 직분자가 되든 상관없어"라는 태도가 양산될 것입니다. 이런 점에서 모든 회중이 이 직분을 사모하고, 또 그래서 어떤 사람이 이 직분을 가져야 할 것인지 적극적으로 고민하는 가운데, 이 직분에 부합한 사람을 선택해야 하는 것입니다.

2.3. 인격적 덕목들(2-3절)

2.3.1. 책망 받을 것이 없음: 첫째, 경건한 사람 – 자신을 제물로 드림

여기 "책망 받을 것이 없다"라는 말은 "비난할 것이 없다"(아네필렙토스)라는 뜻이며, 성경 전체에서 이 디모데전서에만 세 번 사용되었습니다(3:2; 5:7; 6:14). 다른 곳에서(5장과 6장) 사용될 때에는 교회에서 '과부'로 인정해야 할 자의 행실에 대해서(5장)와 모든 성도들의 덕목으로서(6장, "우리 주 예수 그리스도 나타나실 때까지 점도 없고 '책망 받을 것도 없이' 이 명령을 지키라.")입니다.

이 내용을 정리해 볼 때 "책망 받을 것이 없다"는 말은 **'죄가 없다'는 뜻**

이 아닙니다. 6장에 의하면 **모든 성도들이** 책망 받을 것이 없어야 합니다. 따라서 이것은 성도의 궁극적 지향점을 가리킵니다.

이 점에서 6장의 "점도 없고 책망 받을 것도 없이"라는 말의 의미가 이 내용을 이해하는 데에 도움을 줍니다. "책망 받을 것이 없다"는 말과 함께 사용된 "점도 없다"는 표현은 곧바로 '제물'을 연상시킵니다. 베드로전서 1장 19절에 보면 이 말이 궁극적인 제물 되신 예수님께 사용된 말입니다. **"오직 흠 없고 점 없는 어린 양 같은 그리스도의 보배로운 피로 한 것이니라."** 그리고 이후 성경에 보면 이것이 성도들에게 적용되었습니다.

> 약 1:27 "하나님 아버지 앞에서 정결하고 더러움이 없는 경건은 곧 고아와 과부를 그 환난 중에 돌보고 또 자기를 지켜 세속에 물들지 아니하는 그것이니라."
> 벤후 3:14 "그러므로 사랑하는 자들아, 너희가 이것을 바라보나니 주 앞에서 점도 없고 흠도 없이 평강 가운데서 나타나기를 힘쓰라."
> 딤전 6:14 "우리 주 예수 그리스도께서 나타나실 때까지 흠도 없고 책망 받을 것도 없이 이 명령을 지키라."

즉 "흠도 없고 책망 받을 것도 없다"라는 말은 일차적으로 제물이 되신 그리스도를 가리키며, 나아가서 이 제물 되신 그리스도를 본받은 성도들에게 2차 적용이 되는 내용입니다. 말하자면 신자인 우리는 "그리스도처럼 점도 흠도 없어야" 합니다. 그래서 로마서 12장은 우리가 제물이 되어야 한다고 가르칩니다. "너희 몸을 하나님이 기뻐하시는 거룩한 산제사로 드리라"(롬 12:1).

따라서 우리가 기억해야 하는 것은 장로될 자가 "책망 받을 것이 없어야 한다"는 것은 모든 성도들의 기본적인 덕목인, **하나님 앞에서 살아갈 때 자신을 제사 제물로서 경건히 살아가는 일에 대해 앞장을 서는 자라야 한다**는 것이고, 죄가 없다기보다는 바로 이런 제물된 삶으로서의 경건에 있어 문제될 바가 없는 자라야 한다는 의미인 것입니다.

2.3.2. 한 아내의 남편이 됨: 둘째, 사랑 – 그리스도께서 교회를 사랑하시는 것을 앎
한 아내의 남편이 된다는 것은 몇 가지 잘못 읽는 경향이 있습니다. 첫째, 이 말은 **'혼인을 한 사람이어야 한다'**는 뜻이 결코 아닙니다. 현재 장로교회들은 목사안수를 줄 때 디모데전서 3장에서 다른 아무것도 살피지 않으면서 '혼인의 여부'만 봅니다. 쉽게 말하면 미혼자는 목사가 될 수 없습니다. 이것은 성경말씀에 대해 아둔한 태도로서 디모데전서의 뜻은 그런 것이 아닙니다.

앞서 말한 대로 여기 덕목들은 **'사람됨', '인품'에 대한 것이지 '외적 자격'을 말하는 것이 아닙니다.** 그러므로 겉으로 볼 때 분간이 가능한 표식, 즉 결혼을 했느냐 아니냐를 따지는 것이 아니라 "한 아내의 남편이 **될 만한 사람이냐**"라는 의미인 것입니다.

즉, 이 항목의 의미는 이 사람이 남편으로서의 덕목을 제대로 가진 사람이냐를 묻는 것이므로, 그가 비록 혼인을 하지 않았다 하더라도 충분히 그 사람의 됨됨이를 가지고 이 항목을 적용해 볼 수 있습니다. 말하자면 성경 전체에서 하나님께서 '혼인의 의미'에 대해 설명해 주신 곳이 여러 군데 있습니다. 이런 곳들에서 남편은 어떠해야 한다(대표적으로 에베소서 등)는 말씀을 보면 왜 하나님께서 남편됨에 대해 말씀하시는지 충분히 그 의미를 짚을 수 있습니다. 따라서 이 말씀을 적용할 때는 '혼인의 여부'를 묻기보다, 과연 그 사람이 그리스도와 교회의 혼인의 의미를 가정생활 안에서 잘 나타낼 수 있도록 그 의미를 잘 이해하고, 또 됨됨이에 있어서 그렇게 할 수 있는 사람인가라는 것을 살펴야 하겠습니다. 둘째, 이런 '남편됨'을 잘 생각하면, 됨됨이에 대해서 뿐 아니라 다음의 내용에서도 판단이 가능합니다.

1) 예를 들어, 한 아내에게 신실하지 않은 사람, 여러 아내나 첩을 둔 사람, 성적으로 문란하거나 바람기가 있는 사람은 안 됩니다. 이는 그리스도와 교회의 결혼관계를 전혀 알지 못하는 사람입니다.

2) 이전에 결혼을 한 이력이 있거나(현재는 독신인 경우), 재혼을 한 이력이 있거나 한 경우가 '이전에 아내를 둔 적이 있다'는 이유로 목사/장로의 자격에서 제외되어서는 안 됩니다. 이전에 배우자와 사별한 경험이 있거나 이로 인해 재혼을 하게 된 경우가 걸림돌이 되어서는 안 된다는 것입니다. 만약 대상자가 사별 외의 이유로 이혼을 한 이력이 있을 경우에는 그 이혼이 성경에 비추어 합의한 이혼이었는지, 아니면 성경이 금하고 있는 방식으로서의 이혼이었는지를 잘 살펴야 합니다. 후자의 경우면 이 사람은 '바른 남편됨'을 가진 자라 볼 수 없으므로 절대 직분자로 임명해서는 안 됩니다.

3) 이런 외적인 것 뿐 아니라, 직분자를 임명할 때 회중의 증거를 통해 이 사람이 '올바른 혼인 생활'을 하고 있는지의 여부도 알 수 있습니다. 좋은 남편이 되고 있는지는 사적인 영역이기 때문에 상세히 알기는 어렵다 해도, 충분히 불화한 가정, 다툼이 많고 문제가 많은 가정의 경우

는 회중들이 알 수 있습니다. 이런 경우에는 직분자로 세우는 것에 신중해야 합니다.

4) 뿐만 아니라 이 항목을 '쉽게 준수'하기 위해 '독신을 장려'해서도 안됩니다. 성경은 사도 바울과 같은 독특한 경우를 제외하고는 혼인이야말로 가장 올바른 삶의 길임을 많은 곳에서 가르쳐주고 있고, 이 말씀을 바르게 잘 지키는 길로서도, '됨됨이'를 제일 잘 증명하는 것은 '실제 혼인생활'에서 이를 입증하는 것입니다.

셋째, 그리고 또 생각해야 하는 것은 이 "한 아내의 남편이 된 자"라는 덕목은, 뒤에 나오는 "자기 집을 잘 다스려 자녀들로 단정함으로 복종케 하는 자"와는 다른 내용을 말하는 것입니다. 사실 한 아내의 남편이 된다는 것은 뒤에 나오는 "집을 잘 다스리는 것" 안에 포함이 되는 것이겠지만, 뒤의 내용에서는 '다스림'에 초점이 있다면, 이 부분에서는 '남편됨의 됨됨이'에 초점이 있다 하겠습니다. 다스림에 대해서는 뒤에서 살펴봅시다.

2.3.3. 절제(술 취하지 않은)/근신(신중함, 절제하는, 사려 깊은)/아담(단정한): 셋째, 신중하고 사려 깊은 사람

그 다음으로 여러 항목들이 함께 나오는데, 이것을 이렇게 묶은 이유는 헬라어 문장 구조상 이런 식으로 나누어지기 때문입니다. 본문에 보면,

"책망할 것이 없다", "한 아내의 남편이 된다."는 내용과 함께,
"근신, 아담, 나그네 대접, 가르치기"가 나오고(2절),

그 다음 3절에 접어들면 부정어(not, 헬라어로는 '메')를 달고 있는 항목들이 나옵니다. "술을 즐기지 않음", "구타하지 않음."

그리고 그 다음 항목은 이와 반대되는 항목입니다. 영어로 치면 but이 붙어 있고, 그 다음 내용들입니다. "오히려"(but) "관용, 다투지 않음, 돈을 사랑치 않음."

그리고 그 뒤에 4절과 5절에서 다스리는 것에 대해 나옵니다.

첫째, '절제'라는 말은 원래 술과 관련된 표현입니다. 문자적으로 말하면 일차적 의미는 "술취하지 않는다."라는 뜻입니다. 그래서 이 말씀은 3절에 나오는 "술을 즐기지 아니하며"라는 말과 일맥상통합니다. 그런데 이 구절이 3절의 술 취하지 않는 자와 다른 항목으로 나온 이유는, 2절에 연속해서 나오는 "절제, 근신, 아담"이라는 내용들이 다 '신중함'과 관련된 덕목이기 때문입니다. "술 취하지 않는다."라는 말의 이 본문에서의 특별한 의미는 술 취하는 흐리멍텅한 정신이 아닌, 바르고 또렷한 정신을 의미하는 것입니다. 즉 회중을 신중하게 잘 살필 수 있는 사람이어야 합니다.

둘째, '신중함' 역시 '절제(술 취하지 않음)'와 비슷한 맥락에 있는 말씀입니다. '신중'이란 특히 '사리분별'과 관련된 용어로서 원어적 의미는 '소스(좋은, 안전한)+프론(마음, 정신, 생각)', 즉 '좋은 정신', '건전한 마음'이라는 뜻입니다. 이 '신중함'은 디모데전서와 디도서에서 직분자의 덕목으로 제시되어(딤전 3:2; 딛 1:8; 2:2, 5), 회중을 올바르게 잘 살피는 자는 올바른 정신능력을 가지고 어떤 취사선택의 문제가 있을 때 바르게 잘 판단해야 하는 능력을 갖춘 사람을 말하고 있습니다.

셋째, 우리말로 '아담'이라고 번역된 말은 "단정하다"라는 의미입니다. 이 말은 신약성경에서 여기 말고는 디모데전서 2:9에서만 사용되었는데 여기서는 "이와 같이 여자들도 아담한 옷을 입으며 염치와 정절로 자기를 단장하고……"라고 하였습니다. 즉 '단정함'을 말합니다. 이 말은 헬라어로 '코스미오스'라고 하는데, 우리가 잘 아는 헬라어 단어 '코스모스'(우주)라는 말에서 왔습니다. 헬라어에서 코스모스라는 말은 '질서가 잘 잡힌, 균형있는'이라는 뜻인데, "아담하다"는 것이 그런 사람을 말하는 것입니다.[32] 단정한 인품, 균형잡힌 인격을 갖춘 사람, 그런 사람이 목사/장로로서의 자격을 갖춘 사람이라고 가르치고 있는 것입니다.

2.3.4. 나그네 대접(낯선 사람을 환대하는)/가르침: 넷째, 따뜻한 사람, 잘 가르치는 사람

나그네를 대접한다는 것은 '대접'보다는, 원래 이 말의 취지는 **'낯선 사람을 환대하는'**입니다. 이 말의 의미는 두 가지 방향에서 생각할 수 있습니다.

첫째, 기본적으로 이것은 **성도의 기본적인 덕목**입니다. 로마서 12장 13절에 보면 "성도들의 쓸 것을 공급하며 손 대접하기를 힘쓰라"라고 되어 있는데, 이 말씀은 하나가 아니고, 1) 성도들의 필요를 공급함, 2) 낯선 사람의 필요를 공급함, 이렇게 두 의미입니다. 로마서의 이 말씀은 성

---

32 '화장품'을 뜻하는 '코스메틱(cosmetic)'이 여기에서 나온 말이다.

도들에게 "너희는 어떠어떠하게 행동하라"라는 가르침 안에 나오는 것이기 때문에 성도의 기본적인 덕목입니다. 성도들은 누구든지 "성도의 필요를 공급"해야 하고, 더불어 "낯선 이들, 즉 우리 주변의 다른 사람들에게 친절을 베풀어야" 하는 것입니다.

히브리서에서는 이 말을 "손님 대접하기를 잊지 말라 이로써 부지중에 천사들을 대접한 이들이 있었느니라."(히13:2)라고 말씀했는데, 여기서의 말씀은 아브라함(천사를 대접한)을 염두에 두고 한 말이지만, 이 말은 또한 예수님의 말씀 "내가 주릴 때에 너희가 먹을 것을 주었고 목마를 때에 마시게 하였다"는 말씀을 떠올리게 하는 것입니다. 여기서 예수님의 말씀은 "너희가 부지중에 너희 주변의 사람들에게 친절을 베푼 것이 곧 나에게 한 것이다"라는 의미입니다.

그런데 이 내용이 이 히브리서 말씀 안에서도 지지됩니다. 왜냐하면 바로 다음절에 이 2절의 의미를 설명하기 때문입니다. "자기도 함께 갇힌 것 같이 갇힌 자를 생각하고, 자기도 몸을 가졌은즉 학대 받는 자를 생각하라."(히 13:3). 즉 "나그네를 환대한다."는 것은 힘들고 어려운 사람들에게 대하여 '인지상정', '동병상련'을 느끼라는 것입니다. 성도의 기본적 덕목은 성도들만 챙기는 이기주의가 아닙니다. 성도는 따뜻한 마음을 가진 사람입니다.

그리고 히브리서에서도 로마서와 똑같은 강조가 동일하게 나타납니다. 1절을 보면 "형제 사랑하기를 계속하고"가 나오고, 2절에서 "손님 대접하기를"이 나옵니다. 즉 방금 살핀 로마서에서처럼 "성도들의 필요를 공급하는 것"과 "손님을 대접하는 것" 둘 다 성도의 덕목으로 제시되고 있는 것입니다.

그리고 둘째, 이 나그네를 환대하는 것에서 우리는 구약성경의 "나그네를 돌보아야 할 필요성"에 대한 말씀을 생각해야 합니다. 구약성경에서 나그네를 환대해야 하는 이유 중 가장 명료한 것은 이것입니다. "너희는 이방 나그네를 압제하지 말며 그들을 학대하지 말라 **너희도 애굽 땅에서 나그네였음**이라"(출 22:21).

구약성경에서 하나님이 나그네를 환대하라고 하신 가장 큰 이유는 (앞의 첫째는 물론이고), 이를 통해서 **신자된 우리가 나그네 된 자라는 정체성을 기억하라는 것**입니다. 신자는 땅에 적을 두고 살아가는 사람이 아닙니다. 우리는 하늘에 소유를 가진 사람들입니다. 일반 성도들도 그리해야 하거늘 하물며 직분자들이겠습니까!

그러므로 이 덕목에서 우리가 찾아야 할 점은 교회의 직분자가 될 사람은, 첫째, 따뜻한 마음을 가지고 성도의 필요와 외인들의 필요를 돌볼수 있는 사람이어야 한다는 것이고 둘째, 그 속에서 신자의 정체성, 땅에 적을 두지 아니하고 하늘에 적을 두었다는 사실을 분명히 아는 사람이어야 한다는 것입니다.

2.3.5. 술 취하지 않는 자/싸움꾼이 아닌 자 ↔ 관용/평화를 좋아함/탐심이 없음: 다섯째, 싸움을 즐기지 않는(난폭하지 않은) 사람

3절에 오면 중간에 but(헬, 알라)이 사용됨으로써 앞의 내용과 뒤의 내용이 대조됩니다. 물론 3절의 앞 내용은 헬라어 부정어 '메(not)'가 들어감으로써 2절의 내용과도 대조가 됩니다. 하지만 3절 안에서 but을 통한 두드러진 대조가 있습니다. 이 대조는 '술 취함', '난폭함'과 대비되는 '관용, 평화, 탐심이 없음'입니다.

술 취하지 않는 것은 우리말에 "술을 즐기지 않는다."라고 번역했는데 좋은 번역은 아니라 생각합니다. 성경은 '술을 즐기는 것'을 악하다고 하지 않습니다. 술이 악한 경우는 술이 우리에게 주는 방종함 때문입니다. 모든 음식은 하나님 안에 있을 때는 선합니다.

그래서 성도는 **"술을 마신다"는 것**과 **"술을 취한다"는 것**을 잘 구분해야 합니다. 물론 우리는 죄인이기 때문에 이 선을 쉽게 넘어설 수 있습니다. 그러므로 더 조심해야 합니다. 성도는 술을 '마실 수'는 있어도, 술에 '취해서'는 안 됩니다. 이 취한다는 말도 오해해서는 안 되는데, 알코올지수를 가지고 말하는 것이 아니라, '방종을 부르는 행동', 즉 우리가 앞에서 '절제'라는 말이 '술 취하지 않는 것'이라고 배웠는데, 마찬가지 맥락에서 '자기가 자기를 컨트롤하기 어려워지는 상태', 이것을 하지 말아야한다는 것입니다. 즉 직분자가 되려면 술을 좋아하고 술에 취하는 것을 좋아하는 사람은 안 된다는 것입니다.

그리고 다음에 나오는 **"구타"**는 **"싸우기 좋아하는 자"**라는 뜻입니다. 즉 폭력적인 사람, 난폭한 사람, 어떤 문제가 있을 때 그 해결을 이런 방식의 싸움으로 해결하려 하는 사람, 이런 사람은 직분자로서 적합지 않다는 것입니다.

이에 반하여 세 가지가 제시됩니다. 관용한다, 다투지 않는다(평화를 좋아함), 돈을 사랑하지 않는다.

"관용"은 **"온유함"**입니다. 앞의 술을 좋아하고 싸움을 즐기는 사람과 정반대되는 행동양식입니다. 우리는 앞에서 "난폭하지 않아야 한다."라고 했는데, 그 반대편에 이 **"온유함"**이 있습니다. 목사/장로는 온유한 사람이어야 합니다. 싸움을 좋아하고 좌충우돌하는 사람은 어울리지 않습니다.

"다투지 않는다."는 것도 함께 다루면 되겠습니다. 이 말의 직접적인 뜻은 **"싸움하지 않는"**입니다. 그러니까 이 역시 앞의 내용과 계속되는 관련 가운데 있습니다. 목사/장로는 온유하며, 다투지 않는 사람, 즉 평화를 좋아하는 사람이어야 합니다. 디도서 1:7에 보면 역시 장로의 자격을 다루는 부분에서 "급히 분내지 아니하며"라고 했는데, 야고보서 1:20에 보면 "사람의 성내는 것이 하나님의 의를 이루지 못한다."고 했습니다. 즉 직분자는 쉽게 분을 내는 사람이어서는 곤란합니다.

돈을 사랑하지 않는다는 것은 앞의 두 항목과는 약간 구별되는 것입니다. 교회의 직분자가 돈을 사랑해서는 안 된다는 것은 성경 여기저기에 많이 등장합니다.

예를 들어, 베드로전서 5장에 보면 사도는 장로들에게 "하나님의 양무리를 치되 억지로 하지 말고 ……"라고 하면서 "하나님의 뜻을 따라 자원함으로 하며 더러운 이득을 위하여 하지 말고 기꺼이 하며"라고 했습니다(벧전 5:2). 이는 목사나 장로가 되려고 하는 **목적에 '돈'이 있어서는 안 된다**는 것을 의미합니다. 종교적 타락의 장면에는 항상 돈이 있습니다. 수도원의 타락은 많은 돈 때문이었고, 중세교회들은 부유했습니다. 오늘날 한국교회의 목사들이 심각하게 타락해 있는 이유에도 '돈'이 있습니다.

이유는 돈이 "일만 악의 뿌리"(딤전 6:10)이기 때문입니다. 돈을 사랑하는 자가 회중을 사랑할 수 없습니다. 돈이 교회를 움직이는 축이 될 때, 그 교회가 결코 바로 설 수 없습니다.

디모데전서 6:5에 보면, 거짓 교사들의 정체가 바로 이것과 관련되어 있다고 하였습니다. 거짓 교사들은 "진리를 잃어버려 경건을 이익의 방도로 생각한다."고 합니다. 즉 성경을 가르치는 것을 통해, 교회를 돌보는 것을 통해 자신의 뱃속을 채우겠다는 것입니다. 대표적으로 바리새인들은 "돈을 좋아하는 자들"(눅 16:14)이었습니다.

돈을 사랑하는 것은 복음의 내용과도 관련되어 있습니다. "사람의 생명이 그 소유의 넉넉한 데에 있다고 생각하면"(눅 12:15) 반드시 돈을 사랑하게 되어 있습니다. 그러한 사람은 하나님이 아니라 맘몬이라는 우상을 섬기는 것입니다. 바울 사도는 말세에 사람들이 '하나님 대신', '자기'를 사랑하고 '돈'을 사랑할 것이라고 했습니다(딤후 3:2). 사람들은 어리석은 부자처럼 사람의 생명이 소유의 넉넉한 데 있다고 생각하는데(눅 12:15-21), 그러한 마음을 버리라고 가르쳐야 할 사람이 탐욕을 가지고 있으면 다른 사람을 제대로 가르칠 수 없습니다. 여기까지가 인격적 덕목들입니다.

2.4. "다스림"이 따로 언급된 이유(4-5절)

4-5절을 보면, "집을 다스리는 것"이 언급되고 있습니다. 앞서 말한 대로 "집을 다스리는 것"은 "한 아내의 남편이 되는 것"과 약간 다릅니다. 대상에 있어서도 **후자가 '아내'에 주로 관계된다면, 전자는 주로 '자녀들'과 관계**됩니다. 말하자면 목사/장로될 자는 가정에서 이 둘을 다 갖추어야 합니다. 첫째는 한 아내의 남편이 되는 사람, 둘째는 자녀들을 잘 다스릴 수 있는 사람입니다.

이 때 자녀가 언급되면서 "다스림"이 나오는 이유는 '자녀 자체'에 초점이 있다기보다는 장로가 '다스리는' 직무를 갖고 있기 때문에 가정을 다스리는 것에 대해 말하기 위해서입니다. 말하자면 5절의 부연설명에서처럼 "자기 집도 못 다스리면 어떻게 교회를 다스리겠느냐", 즉 다스림에 대해 말하기 위해서입니다.

그 증거를 이 절에서 자녀들을 다스림에 있어 "단정함으로 복종케 하는 자"라고 말하는 데서 알 수 있습니다. 즉 **자녀들 다스린다는 것은 자녀를 잘 가르쳐 단정하고, 복종케 하는 사람이어야 한다는 뜻입니다.**

그러므로 이것은 '**권위**'에 관한 것입니다. 즉 목사/장로가 될 사람은 올바른 권위 의식을 갖고, 올바른 권위를 실현할 수 있는 사람이 되어야 합니다. '**권위주의**'는 **나쁜 것이지만, '권위'는 하나님이 세우신 것입니다.** 교회의 직분자가 된다는 것은 이 권위를 통해 올바른 다스림을 할 수 있는 사람이어야 합니다.

예를 들어, 그리스도인의 관점에서 '친구같은 아빠', '친구같은 엄마'는 곤란합니다. '친밀성'이 나쁘다는 뜻이 아니라, 문자 그대로 '친구 같은 부모'는 권위가 없습니다. 이것은 성경이 가르치는 관계와 좀 다른 것입니다. 하나님은 우리의 인간관계 속에서 '하나님의 질서'가 나타나기를 원하셨습니다. 그러므로 부모와 자식의 관계 속에는 말할 수 없는 애정이 있다고 할지라도, 언제나 그것이 '위에 계신 부모'와 '아래에 있는 자녀'라는 관점 속에서 그러해야 합니다. 이것이 무너질 시, 즉 말 그대로 '친구'가 되어버렸을 때, 교육은 실패합니다.

이것은 사회적으로도 그렇습니다. 권위가 무너진 사회는 어른을 공경하지 않습니다. 신자는 '신자이기 때문에' 더더욱 어른을 공경해야 합니다. **어른은 단지 '나이를 많이 먹은 사람'이 아닙니다.** '하나님께서 권위를 주신 사람'입니다. 따라서 신자는 누구나 웃어른에 대해 존경하는 마음과 공경심을 가져야 합니다.

마찬가지의 똑같은 방식을 교회의 직분에서도 생각할 수 있습니다. 회중교회는 직분자가 없고, 회중교회적 마인드가 만연한 오늘날 어떤 교회들 속에서는 직분자가 존재하더라도 "당신(직분자)과 나는 같다"는 개념만 존재하고, "당신(직분자)은 하나님의 대리자다"라는 개념은 존재하지 않습니다. 후자와 같이 될 때, 직분자가 전하는 말씀이 하나님의 말씀이 될 수 없습니다. 성경에 보면 직분자에 대해 존경을 가져야 할 것을 가르치는 말씀이 많이 있습니다. 예를 들어 당장 이 디모데전서만 하더라도 5장 17절에 "잘 다스리는 장로를 배나 존경하고, 가르침에 수고하는 장로는 더 존경하라"라고 가르칩니다. 히브리서 13장 17절 말씀은 "너희를 인도하는 자들에게 순종하고 복종하라 저희는 너희 영혼을 위하여 경성하기를 자신들이 청산할 자인 것 같이 하느니라. 저희로 하여금 즐거움으로 이것을 하게하고 근심으로 하게 말라. 그렇지 않으면 너희에게 유익이 없느니라."라고 하였습니다. 그리고 갈라디아서 6장 6절 말씀은 "가르침을 받는 자는 말씀을 가르치는 자와 모든 좋은 것을 함께 하라."고 하였습니다.

성경의 이런 가르침들은 교회의 직분자들이 단순히 "너나 나나 똑같은데……"가 아니라는 것을 의미합니다. 회중으로서 목사나 장로는 다른 성도들과 동등합니다. 하나님 앞에서 같은 사람입니다. 그러나 목사나 장로가 직분적 사역을 할 때 그들은 하나님의 대리자입니다. 그리고 사실 이 둘을 우리의 생활에서 날카롭게 구분하기 어렵습니다. 예를 들어 "나는 목사를 어느 시점에서 어느 시점까지만 존경하고, 다른 시점에서는 친구로 여기겠다" 이런 것이 거의 불가능합니다. 그러므로 교회 안에는 항상 '권위'가 있어야 하고, 목사/장로될 자는 이런 **권위에 대해 잘 이해하고, 올바른 다스림을 펼칠 수 있는 사람**이 되어야 합니다.

그리고 이것을 본 절에 의하면 **'가정에서' 확인할 수 있어야** 합니다. 말하자면 목사나 장로는 가정에서 권위가 있어야 하고, 제대로 다스리고 있어야 합니다. 목사/장로가 될 사람의 가정에서 자녀가 불순종하고, 부모의 말을 무시하고 함부로 아무렇게나 행동한다면, 그런 사람을 교회의 직분자로 세울 수 없습니다. 예를 들어 교회에서 장로를 세우려고 할 때, 자녀들이 엉망진창의 행실을 갖고 있다면 그런 사람은 교회의 장로로 세워서는 안 됩니다. '다스림'은 장로의 매우 중요한 덕목이며, 성경 스스로가 말하기를 "가정도 못 다스리는 사람이 어떻게 교회를 다스리겠느냐" 했는데, 이것이 성경이므로 진리입니다. 가정을 제대로 못 다스리는 사람은 교회를 제대로 다스릴 수 없습니다.

2.5. 새로 입교한 자도 말라(6절)

이 항목은 목사/장로될 자에 대해 성경이 금하고 있는 것 중 그나마 '표면적'인 것으로 기준을 얻을 수 있는 유일한 항목입니다. 물론 이 역시 '내면적'인 것을 위한 것이기는 하지만, 이는 표면적인 것으로 객관적 제시가 가능하다는 점에서 그렇다는 것입니다.

입교한 자, 즉 초신자를 직분자로 세우지 말라는 것은 **'신앙의 기간'이 절대적인 기준이 된다는 의미는 아닙니다.** 오래 믿는다고 해서 신앙이 다 좋은 것도 아니고, 짧게 믿었다고 해서 신앙이 다 약한 것도 아니기 때문입니다.

단지 이 기준은, 반대 경우, 즉 "오래 믿은 사람이 더 신앙이 좋다"는 말을 하려는 것이 아니라, 직분자는 신중하게 세워야 하고, 그런 점에서 비록 겉으로 볼 때 신앙이 좋다할지라도 **가급적 할 수 있는 대로 가장 조심해서** 직분자를 세워야 한다는 의미입니다. 초신자가 다 신앙이 적은 것은 아니지만, 초신자들 중에 이런 위험이 있다고 한다면 '가급적 뽑지 않는 것'이 더 안전하기 때문이지요.

여기 "교만하여져서 마귀를 정죄하는 그 정죄에 빠질까 함이다"라는 것이 이유로 제시되어 있는데, '교만'은 '교만'이기도 하고 '눈이 멀다', '흐려지다'라는 뜻이기도 합니다. 즉 교만이라는 것은 신자가 아주 쉽게 빠질 수 있는 약점인데, 그것이 신앙적 경륜이 오래된 사람보다는 믿은 지 오래되지 않은 사람이 훨씬 더 빠지기가 쉬운 것입니다.

신앙에 있어서 **경험이란 중요한 것**입니다. 우리는 대부분 매우 여리고 연약하기 때문에(죄로 인하여) 자기가 자기를 잘 모르고, 또 신앙의 세계란 자기가 생각한 것과 매우 다를 수 있습니다. 이런 점에서 믿은 지 오래 되지 않은 사람은 '자신을 정확하게 파악하기가 힘들고'(경험이 적어서), 그런 점에서 교만에 훨씬 더 쉽게 빠지는 것입니다. "마귀를 정죄하는 정죄"란 사탄이 인류를 죄에 빠뜨린 시험으로 인해 받게 된 심판을 가리킵니다. 바로 이 장면에 "교만"이 작용하고 있으므로 여기 이 말씀이 등장한 것입니다. 마귀가 꾄 것이 바로 '교만'이었습니다("하나님처럼 되리라"). 따라서 우리는 직분자를 뽑을 때, 젊은 사람이건 연로한 사람이건 신앙의 내면, 인격적인 면 등을 반드시 먼저 보아야 하겠지만, 더불어 우리의 약함을 인정하고, 신앙의 경륜이 많고, 여러 인생의 죄된 경험들과의 싸움을 많이 겪어본 사람들을 '가급적이면' 선택할 수 있도록 함이 좋겠습니다.

2.6. 외인에게 증거를 얻은 자(7절)

목사/장로 뿐 아니라 모든 성도들은 "세상의 빛"이요 "너희 빛을 사람 앞에 비취게 하여 저희로 너희 착한 행실을 보고 너희 아버지께 영광을 돌리게 하라."(마 5:14-16)라고 명령을 받은 사람들입니다.

그리고 성도는 '세상에서(from)' 부름을 받아, 복음으로 변화된 후, '세상으로(into)' 나아가야 할 사람들입니다. 그러므로 **성도의 궁극적인 삶의 터전은 '교회'가 아니라 '세상'**이라는 것을 잊어서는 안 됩니다. 성도에게 있어서 교회는 본거지요, 충전소요, 가족들이 있는 집이지만, 이곳이 '사역의 터전'은 아닙니다. 성도에게 사역의 터전은 세상입니다.

그래서 바울 선생님은 "너희가 흠이 없고 순전하여 어그러지고 거스르는 세대 가운데서 하나님의 흠 없는 자녀로 세상에서 그들 가운데 빛들로 나타나라"(빌 2:15)고 했습니다. 즉 성도는 그리스도로부터 받은 빛을 세상에 비추는 자들입니다.

이런 점에서 직분자가 될 사람은 "외인(여기서 외인이란 불신자를 가리킨다)에게 선한 증거를 얻은 사람"이어야 합니다. 외인에게 참된 빛으로서의 삶, 빛으로서의 행실을 보여주지 못하는 사람이라면 진정한 의미에서의 성도로서의 삶을 잘 살아내고 있는 사람이라고 하기 어렵기 때문입니다. 그리고 이렇게 하는 이유를 "비방과 마귀의 올무에 빠질까 염려"한다고 하였습니다. '비방'과 '마귀의 올무'는 모두 바깥 세상이 직분자, 혹은 교회를 향해 던지는 것입니다. 만약 목사가 교회의 헌금을 유용하여 세상법에 공금횡령으로 처벌을 받은 사람이라면, 이 사람은 세상으로부터 비방과 마귀의 올무 던짐을 받을 것입니다. 만약 장로가 세간의 사람들이 모두 다 아는 범법행위를 한 사람이라면 비방과 마귀의 올무 던짐을 받을 것입니다.

따라서 직분자는 교회 안의 사람들에게 뿐 아니라, 교회 밖의 사람들에게도 좋은 평판을 얻는 사람이어야 합니다. 그리고 6절과 7절은 둘 다 "마귀의 정죄"와 "마귀의 올무"를 다루고 있습니다. 이것은 직분자가 마귀로부터 공격받는다는 것을 보여줍니다. 그리고 그 공격의 핵심은 '새로 입교한 자'나 '세상에서 도덕적 흠결이 있는 사람'에게 쏟아집니다. 그러므로 말씀을 따라 이 사람들을 직분자로 세우지 않으려고 노력해야 합니다.

3. 디도서에서 추가할 점(딛 1장)

3.1. 디도서와 디모데전서의 항목 비교

디모데전서 3장	디도서 1장
책망할 것이 없음(2절)	책망할 것이 없음(6, 7절)
한 아내의 남편이 됨(2절)	한 아내의 남편이 됨(6절)
절제, 근신, 아담(2절)	근신, 의로움, 거룩함, 절제(8절)
나그네 대접	나그네 대접(8절) + 선을 좋아함(8절)
가르치기	미쁜 말씀의 가르침을 지킴(9절) + 권면, 책망
술을 즐기지 않음/구타하지 않음(7절)	술을 즐기지 않음/구타하지 않음(7절)
관용	
다투지 않음	제 고집대로 하지 않음/급히 분내지 않음(7절)
돈을 사랑치 않음	더러운 이를 탐하지 않음(7절)
집을 잘 다스림, 자녀들을 복종케 함(4절)	비방이나 불순종하지 않는 자녀들 둔 자(6절)
*입교한 자, 외인에게 증거를 얻은 자	

3.2. 덧붙여진 것: 1) 의로움, 2) 거룩함, 3) 선을 좋아함

부록 2. 개혁교회질서에서의 목사의 자격

1. 캐나다 개혁교회질서에서

제 2부 "직분과 교리의 감독" 중 제 4조 "목사의 자격"

A. 자격

다음과 같은 사람들만 말씀 사역자의 직분으로 청빙을 받을 수 있다.

1) 교회들이 이 청빙에 적격하다고 선언한 사람

2) 이미 교회들 중 한 교회 안에서 그런 자격을 가지고 봉사하고 있는 사람

3) 캐나다 개혁교회들과 자매교회 관계를 유지하고 있는 교회들 중에 한 교회에서 적격하다고 이미 선언하였거나 혹은 그런 자격으로 봉사하고 있는 사람

B. 적격하다고 선언할 수 있는 사람

다음과 같은 사람들만 교회들 안에서 적격하다고 선언할 수 있다.

1) 자신이 살고 있는 지역의 노회가 주관하는 예비 시험을 거친 사람. 그들이 교회들 중의 한 교회 안에서 선한 명성을 가진 회원이고 교회들이 요구하는 학업 과정을 성공적으로 마쳤음을 증명하는데 필요한 문서들을 자진해서 제출함 없이 이 시험은 개최되지 않는다.

2) 캐나다 개혁교회들과 자매교회 관계를 유지하고 있지 않은 교회들 중 한 교회에서 봉사하고 있고 자신이 살고 있는 지역의 노회가 그 목적을 위하여 채택한 일반적인 교회에 관한 규정들을 준수하여 치르는 시험을 통과한 사람.

3) 제8조에서 기술된 규정을 따라 시험을 통과한 사람.[33]

---

[33] 제 8조: 예외적인 은사들. 정규적인 학업 과정을 이수하지 않은 사람들은 공적 연설의 은사뿐만 아니라 경건, 겸손, 정숙, 선한 지성, 분별력과 같은 예외적인 은사들에 대한 보증 없이는 목사로 인정하지 않아야 한다. 이런 사람들이 스스로 목사로 사역을 하려고 할 때, 그 지역 총회의 승인 후에, 노회는 그들을 예비시험으로 시험하고, 그들에게 그 노회의 교회들에서 '교훈의 말'을 하도록 허락해야 한다. 또한 이 목적을 위하여 채택된 일반적인 교회조직의 규칙들을 준수함으로 교화하는 일을 하도록 그들을 대우해야 한다.

2. 화란 개혁교회질서에서

제 1부 "직분" 중 제 5조 "말씀의 사역으로 부름"

과거에 이 사역에 부름 받지 않은 사람이 말씀의 사역에 합당한 부름을 받는 것에는 부름, 시험, 회중의 동의, 임직을 포함한다.

   1) 부름은 주님께 대한 기도 가운데 당회와 집사들에 의해, 그리고 회중의 협력과 함께, 지역 교회의 규례를 따라 이루어진다. 단, 처음 부름 받은 사람은 거주 지역 시찰회에서 예비 시험을 치른다. 사역자가 없는 교회에서는 시찰회가 임명한 카운셀러의 조언으로 부름(*청빙)이 이루어질 수 있다.

   2) 시험에는 교리 뿐 아니라 행위도 포함되며 시찰회 주관으로 부름을 시험한다. 노회 총대들 혹은 총대 일부가 거기에 참석해야 한다.

   3) 회중의 동의는 부름 받은 사역자의 이름이 교회에서 두 주일에 걸쳐 광고된 후 합법적인 이의가 없을 때 이루어진다.

   4) 임직은 예배 시간에 임직을 인도하는 사역자의 안수와 임직을 위해 채택한 예식서의 사용으로 이루어진다.

길성남. 『에베소서 어떻게 읽을 것인가?』. 서울: 성서유니온선교회, 2005.

김주만 · 김진홍 · 배준완 · 성희찬 그 외 7명. 『담임목사가 되기 전에 알아야 할 7가지』.
　　　서울: 세움북스, 2016.

김헌수 and Cornelis Van Dam and Winston Huizinga. 『성경에서 가르치는 집사
　　　와 장로』. *The Deacon and the elder: today's ministry rooted in all of
　　　Scripture*. 서울: 성약출판사, 2013.

성희찬 외 7인. 『교회의 직분자가 알아야 할 7가지』. 서울: 세움북스, 2017.

오덕교. 『장로교회사』. 수원: 합동신학대학원출판부, 2005.

유해무. 『개혁교의학』. 서울: 크리스챤다이제스트, 1997.

허순길. 『잘 다스리는 장로』. 서울: 도서출판 영문, 2007.

＿＿＿＿＿. 『개혁주의 설교 : 원리와 시행』. 서울: 기독교문서선교회. 1996.

＿＿＿＿＿. "역사적으로 본 개혁주의 직분". 『개혁신학과 교회』. 3(1993).

Cornelis Van Dam. 『성경에서 가르치는 장로』. *The elder: today's ministry rooted
　　　in all of Scripture*. 서울: 성약출판사, 2012.

Clarence Bouwman. 『벨직 신앙고백서 해설』. *Notes on the Belgic confession*. 손
　　　정원 역. 서울: 솔로몬, 2016.

John Calvin. 『기독교 강요(하)』. *Institutes of the Christian Religion*. 원광연 역.
　　　고양: 크리스챤다이제스트, 2003.

Leonhard Goppelt. 『사도시대』. *Apostolic and post-apostolic times*. 박문재 역.
　　　서울: 크리스챤다이제스트, 1998.

4장.
시편찬송가

성경과 교회사에서 본
한국 민요풍 시편가의 가능성 :
시편 40편을 중심으로

송영목

교회의 찬송으로서의 시편

윤석준

성경과 교회사에서 본 한국 민요풍 시편가의 가능성: 시편 40편을 중심으로

송 영 목

들어가면서

예배자는 예배 순서마다 언약의 하나님에 대한 다양한 이미지를 본다. 언약 백성에게 복 주시고, 기도를 들으시고, 말씀하시고, 찬송에 춤추시는 위대하시고 부요하신 하나님께서 예전의 각 흐름을 통해 영광을 받으신다.[1] 예배는 하나님께서 영생과 부활의 능력을 약속받은 언약 백성이 교제하는 아름다운 잔치와 같다(시 131; 잠 9).[2]

예장 고신(高神)의 교회정치 제41조 '목사의 직무'의 제3항은 찬송 지도를 명시한다. 목사의 지도를 따라 어떤 찬송가를 부르느냐는 교회의 정체성과 신앙적 특성 그리고 이미지를 상당 부분 결정한다.[3] 어거스틴

---

[1] C. J. A. Vos, "Godsbeelde in die Liturgie," *HTS Teologiese Studies* 66/2 (2010), 2-5.

[2] C. Weperner and A. Bartlett, "Die Erediens as Fees of die Fees as Erediens?: 'N Andrew Murray Pryswenner 'n Kwarteeu Later Herlees," *Verbum et Ecclesia* 35/2 (2014), 6-7.

[3] J. H. van Rooy, "Kerkliedere met 'n Lae Gebruiksfrekwensie: Speel die Melodie 'n Rol?" In die Skriflig 48/2 (2014), 2. 플라톤(d. BC 347)과 아리스토텔레스(d. BC 322)도 음악에 사람의 정체성을 형성하는 힘과 (정신) 치료의 효과가 있다고 주장했다. B. J. de Klerk and E. J. Smit, "Pneuma en Nous in die Gereformeerde Kerklied Perspektiewe uit 1 Korintiërs 14:15 en die Tradisie, Toegespits op die Musiek en Poësie van die Kerklied," *In die Skriflig* 36/1 (2002), 111.

(d. 430)이 주지한 바대로, '하나님의 선물'(donum Dei)인 찬송은 하나님께서 하신 일을 높임으로써 하나님의 영광을 드러내는 것을 1차 목표로 삼기에, 사람 지향적이거나 사람의 주관적 신앙이나 체험을 주요 내용으로 삼지 않는다.4 그러므로 회중은 성령님과 그리스도의 복음으로 충만한 상태에서 찬송해야하며, 찬송가는 성경의 진리를 잘 드러내야 한다.5 하나님께서는 찬송을 통해 복음 진리를 달콤하고도 힘 있게 만드시고, 회중을 하나로 연합시키신다. 이처럼 찬송가의 수직적 차원은 수평적 차원으로 자연스럽게 이어진다. 성찬이 있는 예배(eucharimatic worship)가 성도의 교제를 가시적으로(visible) 만든다면, 회중 찬송은 성도의 교제를 들리게(audible) 만든다. 회중이 쉽게 부를 수 있는 찬송은 교회의 심장과 같고 생명을 불어넣는 맥박과 같은데, 신앙과 공동체성과 교제를 형성하고 강화하며, 회중은 찬송 가사가 묘사하는 신앙의 상징적 세계 안으로 함께 들어간다.6 회중의 마음에 무언가를 불러일으키는 수행적(performative) 힘을 가지는 찬송은 교회를 들리는 공동체로 만들며, 교회가 믿는 복음을 선포하고, 교회가 추구하는 신학을 구체적인 언어로

---

4 D. J. C. van Wyk, "Kriteria vir die Kerklied," *HTS Teologiese Studies* 39/1 (1983), 67. 참고로 찬송가에 개인의 주관적 신앙을 완전히 배제할 수 없는 이유는 각 개인이 구원의 은혜를 필요로 하는 죄인이기 때문이다. A. M. Viljoen, "Die Waarde en Funksie van Liturgiese Musiek," *NGTT* 47/3-4 (2006), 769.

5 F. P. Viljoen and L. Floor, "Gloria in Excelsis as Liturgiese Model vir die Christelike Lied," *NGTT* 45/3-4 (2004), 760; Van Wyk, "Kriteria vir die Kerklied," 67, 69.

6 남아공 프레토리아대학교 찬송가학자 E(lisabé). Kloppers, "Elkaar Zijn Wij gegeven tot Kleur en Samenklank …: Die Rol van Sang in die Vorming en Opbou van die Geloof-sgemeenskap," *HTS Teologiese Studies* 71/3 (2015), 4-6. 찬송가의 가사(rhyme, poetry)와 곡조(melody, music)는 각각 '마음'(mind, 이성)과 '영'(spirit, 감성)에 해당하는데 (고전 14:15), 하나님의 말씀과 관련된 전자가 후자에 우선하지만 이 둘은 조화를 이루어야 한다는 설명은 De Klerk and Smit, "Pneuma en Nous in die Gereformeerde Kerklied Perspektiewe uit 1 Korintiërs 14:15 en die Tradisie, Toegespits op die Musiek en Poësie van die Kerklied," 120-122를 보라.

표현한다.[7] 또한 찬송가는 멜로디의 미적 요소와 더불어, 세속화와 도시화와 같은 시대 조류 속에서 영적 전투를 벌이는 그리스도인이 더 분명하고도 강하게 하나님을 찬양할 수 있도록 세계관을 적절히 반영할 수 있어야 한다.[8]

교회가 발전시켜야할 전통이 '죽은 자들의 살아있는 목소리'라면, 전통주의는 산자들의 죽은 목소리이다.[9] 목사가 지도해야 할 시편 찬송가(Psalter)는 구약과 초대교회 그리고 개혁교회의 유산이자 전통이다.[10] 시편가는 회중이 기도하는 마음으로 경건하게 불러야할 뿐 아니라, 찬송 형식에 담긴 '인격적이며 공적인 기도'(persoonlike publieke gebed)이자 하나님과의 대화임을 기억해야 한다(시 72:20).[11] 하지만 지난 세기부터

---

7   E. Kloppers, "Klinkende Ruimte. Reformasie deur die Kerklied," *HTS Teologiese Studies* 73/1 (2017), 3–5. 참고로 설교자는 예전을 인도해야 하기에, 교회력이나 회중이 처한 상황을 고려하고 설교와 음악이 상호 보완되도록 조정해야한다(참고. 남아공 화란개혁교회 [DRC]의 헌법 제9조 목사의 임무). 더불어 신학교에서도 예배학과 찬송가학과 설교학을 통합하여 가르치는 것이 필요하다. C. Weperner and N. Klomp, "D(i)e Verhouding Prediking, Mus(z)iek en Liturgie," *HTS Teologiese Studies* 71/3 (2015), 6–7.

8   Van Wyk, "Kriteria vir die Kerklied," 66. 참고로 스위스 개혁교회의 '새 찬송가'(Reformiertes Gesangbuch, 1998)에 그리스도인의 세상에서의 일상을 강조하는 내용이 보강되었다(455–602장). 더 나아가 교회력과 그리스도인의 일상을 연결하는 새로운 찬송가의 발굴도 필요하다. E. Kloppers, "Vernuwing in die Kerklied: Die Liedboek van die Kerk (2001)," *Acta Theologica* 23/1 (2003), 73–74, 78–80.

9   T. Cowley in P. Styger and D. J. Human, "Om die Psalms Biddend te sing of Singend te bid," *In die Skriflig* 39/2 (2005), 268.

10 J. Kortering, "개혁주의 유산으로서의 시편 찬송," 장수민 역, 『진리와 학문의 세계』 16 (2007), 153. 참고로 AD 5–7세기에 콥틱교회가 사히딕과 보하이릭 방언으로 기록한 시편은 J. D. Prince, "Two Versions of the Coptic Psalter," *JBL* 21/1 (1902), 92–93을 보라.

11 Styger and Human, "Om die Psalms Biddend te sing of Singend te bid," 257, 267. 참고로 노쓰-웨스트대학교의 Styger과 프레토리아대학교의 Human은 개혁교회의 집사들이 성찬식을 준비하고 회중이 성찬상에 참여한 후 자기 자리로 돌아갈 때 시편가를 부르는 문제를 지적한다. 즉 하나님과의 대화인 시편 찬송이 예전을 매끄럽게 만드는 연결고리로 전락할 수 없다는 비판이다.

개혁교회에서 시편가는 주로 오늘날 시대에 맞지 않는 가사와 멜로디로 인해 점차 힘을 잃어가고 있다.[12] 더욱이 한국의 대부분 크리스천 기성 세대는 시편 찬송가를 모르기에, 젊은이들에게 그것을 전수하는 것은 불가능하다. 해외에서 젊은이들에게 익숙한 곡에 시편 가사를 붙인 시도가 있는데(예. Psalms Project), 신앙의 유산은 시편가로써 계승할 수 있다. 한국의 일부 교회는 고전적인 제네바 시편가 혹은 다소 현대화된 스코틀랜드 시편가를 사용한다.[13] 그런데 정작 한국 민요풍 시편가는 찾아보기 어렵다. 시편가의 멜로디가 회중 찬송에 영향을 미치기에, 한국인의 정서에 맞는 시편송이 제작된다면, 시편가를 보급하는데 도움이 될 것이다.[14]

---

12 남아공 화란개혁교회(DRC)의 경우 예배 전에 시편가를 부르는 교회는 62%, 예배 중에 시편가를 1곡 이상 부르는 교회는 84%였다. 주일에 시편가를 1회 이하(미만) 부르는 경우는 45.3%, 1회만 부르는 경우는 36%, 2회는 14.6%, 2회 이상은 4%였다. 시 100편, 146편, 33편, 23편이 애창되었다(화란의 경우 시 8, 24, 36, 130이 자주 애창됨). 시편 총 150편 중 89개를 부르는 교회는 59.3%였다. 남아공 노쓰–웨스트대학교 음악과 교수 H. J. Jankowitz and D(aleen). Kruger, "Die Stand van Psalmsang in die NG Kerk," *Verbum et Ecclesia* 31/1 (2000), 2, 9; J. H. van Rooy, "Die Sing van Psalms in die Erediens: Twintig Jaar Later," *Verbum et Ecclesia* 32/1 (2011), 5

13 한국에 2002년부터 제네바 시편찬송, 스코틀랜드 자유교회 시편찬송, 그리고 미국 정통장로교회 시편찬송이 번역 출판되었다.

14 남아공 개혁교회의 시편가(Psalm)와 성경찬송(skrifberyming)에 대한 설문 조사에 따르며, 멜로디가 생소하거나 어렵거나 문제가 있을 때, 찬송가가 교회력에 맞지 않거나 회중이 선호하는 멜로디와 맞지 않을 때, 멜로디와 가사가 조화되지 않거나 곡이 너무 길 때, 구약 본문의 세계와 회중의 세계가 연결되지 않고 그대로 반영되어 내용이 부적합할 때(예. 저주시), 독특한 구두법이 사용될 때, 그런 시편가는 잘 불리지 않는다(화란의 개혁교회의 경우 제네바 시편가 중에 36곡은 거의 불리지 않음). 그러나 곡조의 구조가 규칙적이고 적절히 반복적일수록, 그리고 긴 음표 값으로 짧은 음절을 부를 때, 그리고 선법 멜로디(modal melody)보다는 장조와 단조 멜로디가 더 애창된다. Van Rooy, "Kerkliedere met 'n Lae Gebruiksfrekwensie: Speel die Melodie 'n Rol?" 2–4, 9; "Die Sing van Psalms in die Erediens: Twintig Jaar Later," 5; E, Kloppers, "'N Lied moet Klink om gehoor te word … : Faktore wat die Resepsie van Kerkliedere kan beïnvloed," *HTS Teologiese Studies* 69/1 (2013), 3–6. 참고로 유럽 중심의 객관적이며 실증적인 시편 해석이 제3세계

이 글은 한국 민요풍 시편송의 가능성을 시편 40편을 통해 살피는데
있다. 이를 위해, 다음의 순서를 따라 연구한다. (1) 성경과 교회사에서
시편송의 위치와 역사, 그리고 종교개혁기의 민요풍 시편가를 연구한다.
(2) 코로나19와 같은 재난의 시대에 큰 위로가 되는 시편 40편의 장르와
구조를 살펴, 이 시의 구속사적 메시지와 공공선교적 메시지를 찾는다.
(3) 시편 40편을 한국 민요풍 곡조에 적용하여 제시한다.

1. 시편 찬송의 역사와 종교개혁기의 민요풍 시편 찬송

구약 시대 레위인의 찬송에서 유래한 것으로 추정되는 시편송의 역사를
간략히 요약하면 다음과 같다. 다윗 왕의 예배 전통을 이어 히스기야 왕
은 레위인들에게 시편으로 하나님을 찬양하도록 명령했다(대하
29:30).[15] 유대인들은 회당에서 악기를 동원하여 시편을 불렀으며, 쿰란
공동체도 시편을 중요하게 여겼다.

회당의 영향을 받은 초대교회도 시편을 불렀다(엡 5:19; 골 3:16; 약
5:13). 그런데 사도 바울이 두 옥중서신에서 언급한 '시(ψαλμός)와 찬미
(ὕμνος)와 신령한 노래'(ᾠδή πνευματική; 엡 5:19; 골 3:16)는 무엇을 가
리키는가? 이 세 가지 표현은 모두 시편을 가리킨다는 주장의 5가지 근
거는 다음과 같다. (1) AD 1세기에 시편송 이외의 찬송이 존재했다는 근

학자들의 사고와 전체 일상을 식민화한다고 비판하면서, 성경에 867회나 언급된 아프리카
의 관점에서 시편 해석을 시도한 예는 D. T. Adamo, "Decolonizing the Psalter in Africa,"
Black Theology 5/1 (2007), 21, 28–31을 보라.

15 대하 29:30의 시편의 멜로디는 회당과 동방정교회에서 부르는 그레고리안 성가와 유사했을
수 있다. 강미경, "예배음악으로서의 시편찬송의 활용에 관한 연구: 칼빈의 『제네바 시편가』
를 중심으로" (석사논문, 총신대학교, 2014), 11.

거는 희박하다. (2) 바울은 시편가 이외에 새로운 찬송을 만들라고 권면하지 않았다. (3) '찬미'(ὕμνος)는 마태복음 26:30에 등장하는데, 그 구절에서 예수님과 제자들이 겟세마네 동산으로 가면서 불렀던 찬미는 시편 113-118의 할렐시편이다. (4) '신령한 노래'(ᾠδὴ πνευματική)는 성령님께서 영감을 시키신 노래 곧 시편을 가리킨다. (5) 70인 역(LXX)의 시편 표제에 '시, 찬미, 신령한 노래'가 모두 나타난다.[16]

교부들은 예배 중 악기 사용에 대해 대체로 부정적이거나 소극적이었지만, 바질, 크리소스톰 그리고 제롬 등은 시편송의 가치를 높이 평가했다.[17] 라오디게아공의회(AD 360)는 시편송 이외에 교회에서 찬송가의 사용을 금지했다. 중세 시대의 미사에 성가(chanting)가 불렸고, 시편가는 수도원에 보존되었다. 위클리프와 후스는 시편가를 교회에 다시 소개했으며, 종교개혁자들에 의해 시편송이 정착됐다. 루터와 칼빈은 시편가가 가지고 있는 말씀 선포의 기능을 중요하게 여겼는데, 찬송은 거룩한 의사소통의 행위이기 때문이다.[18] 그 후 도르트총회의 교회 헌법(1618-1619) 제69항은 시편가를 교회의 유일한 찬송으로 결정했다(십계명찬송가 그리고 일부 신약성경의 찬송가도 허용함).[19] 한국의 장로교회가 표준 신앙고백서로 받아들이는 웨스트민스터 신앙고백(1646) 21장 5조에 따르면, 참된 예배의 요소는 말씀 선포와 성례 그리고 시편가를 부르는 것이다. "통상적으로 하나님을 예배하는 다른 순서로는, 경외함으

---

16 Kortering, "개혁주의 유산으로서의 시편 찬송," 146-147.
17 강만희, "초대교회 교부들의 음악적 견해: 악기와 시편찬송의 사용을 중심으로," 『복음과 실천』 24/1 (1999), 439-441.
18 Kloppers, "Vernuwing in die Kerklied," 72; Viljoen, "Die Waarde en Funksie van Liturgiese Musiek," 763.
19 Kortering, "개혁주의 유산으로서의 시편 찬송," 140-141.

로 행하는 성경 봉독, 건전한 설교, 하나님을 순종함으로 총명과 믿음과 공경으로 말씀을 신실하게 경청함, 마음의 감사가 담긴 시편 부르기, 그리스도께서 제정하신 성례를 합당하게 집례함 그리고 그에 상응하는 참여 등이 있다." 미국의 부흥성가가 위력을 발휘하기 전인 18세기 중순까지, 칼빈주의 개혁파 교회는 시편송을 예배 중에 활용했다.[20] 그러나 한국의 찬송가는 오래전부터 미국 부흥성가의 영향을 크게 받았다.

교회에서 시편가만 사용할 것을 주장한 칼빈은 "어느 누구도 하나님으로부터 발견되지 않는 것으로 하나님의 놀라운 일을 노래할 수 없다. 이 이유로 세상 어디에서도 우리는 성령님께서 다윗을 통하여 말씀하신 시편보다 하나님을 찬양하는데 더 유익하고 더 적절한 노래를 찾을 수 없다. 그것은 성령님께서 만드셨고 성령님을 통해 말씀하신 것이다."라고 교회 음악에서 시편송의 유익을 매우 강조했다.[21] 칼빈이 가사를 드러내

---

20 강미경, "예배음악으로서의 시편찬송의 활용에 관한 연구," 52. 참고로 칼빈의 영향이 반영된 1578년 도르트회의의 교회질서 76조는 예배 중에 시편가를 부를 것을 명시한다. 1859년에 남아공 화란개혁교회(DRC)가 예배 중에 시편가 이외의 찬송가를 부르자 남아공 개혁교회(GKSA)가 분리되었다. 그런데 남아공 개혁교회 2012년 총회는 시편가만 불러야 한다는 헌법 69조를 수정했다. 도르트 교회헌법(1619)을 수용한 남아공 개혁교회의 헌법 69조는 시편, 10계명, 주기도, 사도신경, 눅 1-2장의 3노래를 인정했으며, '오 하나님, 우리 아버지'는 교회가 선택할 수 있는 사항이었다. 16-17세기 화란의 모든 교회가 시편가만 불렸던 것은 아니었는데, 1540년에 Constance Hymn Book이 제작되었고, 스트라스부르교회는 Psalter-Hymnal을 제작했다. 따라서 화란 교회의 분열을 방지하기 위해 시편가 이외의 여러 곡을 도르트총회는 인정했다. 다른 한편 도르트 총회는 천주교의 잘못된 예배와 찬송을 더 개혁할 필요를 느꼈다. 2012년 남아공 개혁교회의 헌법의 수정은 자칫 찬송의 변질로 이어질 수 있기에, 칼빈과 도르트총회와 웨스트민스터신앙고백서의 유산을 잘 계승해야 한다. S. N. Jooste and J. C. Potgieter, "The Legacy of Singing Scripture only in the Reformed Churches in South Africa: The Regulating Role of the Word from Heidelberg to Dordrecht," In die Skriflig 54/2 (2020), 6-7.
21 칼빈 in Kortering, "개혁주의 유산으로서의 시편 찬송," 138; K. Maag, "No Better Songs: John Calvin and the Genevan Psalter in the Sixteenth Century and Today," The Hymn 68/4 (2017), 28-33

는데 집중하는 찬송을 강조한 것은 음악에 대한 무지나 반감 때문이라기보다, 찬송가의 출처와 음악이 가진 힘과 인간의 부패를 고려한 것이었다.[22] 칼빈은 시편가가 성도의 마음을 하나님에게로 들게 하며, 하나님의 영광스런 이름을 열정적이며 가장 합당하게 찬송하게 만든다고 보았다(기독교강요 4.10.23).[23] 칼빈은 1537년에 예배에 대한 원칙을 다음과 같이 밝혔다. 기독교 예배는 이신칭의 다음으로 중요하며, 십계명의 제1-4계명이 명한 예배는 구원에 이르는 신앙을 유지하는 수단이고, 하나님께서 명하신 방식이 아니라 인간이 상상력으로 고안한 것은 예배를 타락시키고 우상 숭배에 빠트린다(참고. 기독교강요 2.8.11).[24] 칼빈의 예배음악 신학은 두 가지로 요약된다. 첫째, 회중은 찬송가의 의미를 깨닫고 전심으로 불러야 한다. 둘째, 찬송가의 시편과 성경에 나타난 내용만 사용하되, 음악은 경박하지 않고 장중함을 갖추어야 한다.[25]

---

22 Van Wyk, "Kriteria vir die Kerklied," 70. 칼빈은 시편가가 절대자 하나님을 위한 노래이므로 품위를 갖추어야 하고, 회중이 부르므로 간결성을 강조했다. 칼빈은 스트라스부르 시편가(1539)를 '음악을 붙인 몇 개의 시편과 캔터클'이라는 제목으로 출판했는데, 프랑스어로 된 최초의 운율시편가이다. 그 후 칼빈이 감독하여 출판된 한 제네바 시편가(Genevan Psalter, 1562)는 성경에 기초한 회중찬송가이다. 제네바 시편가는 영국 시편가(1562)와 스코틀랜드 시편가(1564)가 발간에 영향을 주었다. 현대 프랑스 찬송가에 수록된 제네바 시편가는 62개인데 4성부로 구성된다. 2007년 대한예수교장로회(합동) 총회 신학부의 '시편찬송가편찬위원회'는 제네바 시편가 1/3, 미국 장로교 찬송가에 포함되어 있는 스코틀랜드, 영국, 미국 등의 다양한 시편가 1/3, 한국인에 의한 한국 시편가 1/3의 비율로 구성될 『한국 시편찬송가』(가칭) 발행 계획을 세웠다. 그 일환으로 2009년에 한국어판 『칼빈의 시편가』가 발행되었다. 참고. 주성희, "교회음악적 관점에서 본 『시편가』에 관한 연구," 『음악연구』 39 (2007), 52-55; "칼빈의 예배음악 신학에 비춰본 한국 찬송가의 나아갈 방향," 『개혁논총』 31 (2014), 325, 351에서 요약 인용.
23 칼빈 in 오광만, "칼빈의 제네바 시편찬송가: 평가와 21세기 한국장로교회 찬송을 위한 제안," 『개혁논총』 11 (2009), 90.
24 칼빈 in Jooste and Potgieter, "The Legacy of Singing Scripture only in the Reformed Churches in South Africa," 5.
25 주성희, "칼빈의 예배음악 신학에 비춰본 한국 찬송가의 나아갈 방향," 327.

종교개혁자들 가운데 음악에 가장 적극적 입장을 가졌으며 '개신교 교회 음악의 아버지'라 불린 마틴 루터는 그 당시 민요에 시편 가사를 접목시켰다. 이상일은 루터의 음악관을 다음과 같이 설명한다.[26] 루터에게 음악은 견제(예. 쯔빙글리)가 아니라 장려의 대상이었다. 루터는 어린 시절에 찬양대원이었고, 에르푸르트대학교에서 수학 중에 연주법, 작곡법 그리고 다성음악(polyphony) 이론을 배웠다. 루터에게 음악은 인간의 고안물이라기보다 하나님의 선물이었다. 치유와 회복을 능력을 가진 음악은 인간 감정의 지배자이며, 사탄의 주적(主敵)이다(루터 선집 15:274; 53:320). 하나님께서는 설교의 도구요 동반자인 음악을 통하여 복음을 전하신다(루터 선집 11:275; 54:19). 루터는 회중 찬송의 주체를 로마 가톨릭 사제나 찬양대가 아니라 회중으로 보았기에, 회중이 독일어로 쉽게 부를 수 있는 가사와 곡조를 만들었다. 이 때 찬송 가사는 복음과 그것의 교리를 전달하여 회중의 마음에 머물기 적합해야 한다. 루터는 찬송가를 소유하지 못한 회중의 찬송을 이끌면서 돕기 위해서 찬양대가 존속해야 한다고 보았다. 루터는 교리문답에 곡조를 붙여서, 학생들이 기억하도록 도왔다. 그 당시 찬양대는 주로 학생들로 구성되었는데, 다성음악을 수록한『비텐베르크 찬송가』서문(1524)에 의하면, 학생들이 이 찬송을 부름으로써 외설적인 노래를 떠나도록 의도했다. 단성 찬양을 넘어 루터가 사랑한 다성 음악에 감동을 받지 못한 이는 마치 쓰레기 같은 시나 돼지가 내는 소리 밖에 들을 자격이 없는 자다(루터선집 53:324). 주로 시편에서 발췌한 가사를 무게 있고 장엄한 곡조에 담은 칼빈과 달리(참고. 1562년의 제네바 시편), 루터는 그 당시 '민요'를 참고했다. 루터의 음악

---

26 이상일, "루터의 음악신학과 예배에서의 음악 사용," 『장신논단』 48/4 (2016), 91-118에서 요약.

신학으로부터 한국 교회는 예배 중에 단순히 감정을 고양하고 분위기를 조성하는 차원에서 음악을 활용하지 말아야 함을 배운다. 그리고 음악을 천박한 방식이 아니라 지각 있게 활용하기 위해서 예전을 잘 이해하는 음악 전문가를 활용해야 한다(참고. 대상 9:33; 25:7). 무엇보다 목회자가 예배 음악적 소양을 갖추어야 하며, 이를 위해 관련 과목을 신학 교과 과정에 포함시켜야 한다. 하지만 현대 교회에 시편송이 자리를 잡기 어려운 이유 중 하나는 '경배와 찬양'과 같은 CCM의 힘 때문이다.

2. 시편 40편 주해

2.1. 장르

하나의 시편을 특정한 한 가지 문학 장르로 분류하기는 쉽지 않지만, 장르를 파악하면 주해가 더 쉬워진다. 남아공 개혁교회(GKSA)는 시편 40편을 십계명 낭독에 대한 회중의 응답으로 불러왔으므로, 시편 1편과 19편 그리고 119편처럼 '토라 시편'으로 인식한다.[27] 시편 40편에는 토라 시편의 특징인 '하나님, 의인, 대적'이라는 삼각 구도가 나타나며(5, 9, 15절), 순종(7절)과 율법 묵상도 나타난다(8절).[28] 그런데 『바른성경』이 시편 40편에 붙인 제목('재난에서 구원받은 자의 감사')처럼, 이 시는 무수한 재난과 범죄로부터 구원받은 사람의 감사시로 이해하는 것도 자연스럽다(1-2, 12절). 또한 시편 40편은 하나님의 창조와 구원의 은덕을 기

---

27 P. Styger, Y. Steenkamp and D. J. Human, "Psalm 40 as a Torah Psalm," *In die Skriflig* 39/1 (2005), 150.

28 Styger, Steenkamp and Human, "Psalm 40 as a Torah Psalm," 150.

리는 '새 노래'이다(3절). 따라서 토라 시편, 감사 시편, 새 노래 시편이라는 세 장르를 반영하여 시편 40편을 주해한다면 균형을 잡을 수 있다. 시인은 율법을 묵상하고 순종했으며, 구원의 은혜에 감사하며 새 노래도 불렀는데, 그는 시를 마무리하면서 가난하고 궁핍한 처지에서 신속한 주님의 도움과 건짐을 다시 갈구한다(17절).[29]

2.2. 구조

시편의 구조는 시인의 논리 전개를 파악하는데 도움을 준다. 시편 40편은 개인 감사(1-10절)와 개인 탄식(11-17절)으로 나뉜다. 이 사실은 독립적인 두 시가 후대에 편집자에 의해 통합되었음을 가리키지 않는다. 이와 관련하여, 크레이기(P. C. Craigie)는 두 가지 근거를 제시한다. 첫째, 두 부분은 여러 공통된 단어를 가지므로, 강력한 통일성을 보인다. 둘째, 이 시가 예루살렘의 절기나 제사에 사용되었다면, 이 시가 감사로 시작하여 탄식을 지나 기도로 이어지는 것은 자연스럽다.[30] 김정우는 시편 40편의 구조를 아래와 같이 제시한다.[31]

(1) 감사(1-6) 감사(1-2), 복(3-4), 찬양(5)

(2) 헌신(6-11) 하나님께서 원하시는 제사(6), 마음의 율법(7-8), 구원

---

29 시편에 나타난 가난한 자는 대체로 부자와 강자로부터 억압을 받으므로, 참 후견인이신 하나님의 보호와 도움을 받아야 했다. M. Odendaal, "Meditating on Poverty: Seeking Guidance from the Psalms," *NGTT* 45/1 (2004), 298.

30 P. C. Craigie, *Psalms 1-50* (Waco: Word, 1983), 314; T. Longman III, 『시편 Ⅰ · Ⅱ』 (*Psalms Ⅰ · Ⅱ*, 임요한 역, 서울: CLC, 2017), 262; J. L. Mays, 『시편』 (*Psalms*, 번역위원회, 서울: 한국장로교출판사, 2002), 232; contra H-J. Kraus, *Psalms 1-59* (Minneapolis: Fortress Press, 1993), 423.

31 김정우, "시편 40편 주석," 『신학지남』 68/1 (2001), 64-65.

(9-10), 은총(11)

(3) 애통(12-17) 사죄와 구원(12-13), 원수를 저주(14-15), 의인의 구원과 시인의 확신(16-17)

위의 구조에 따르면, 시편 40편은 3가지 큰 주제에 각각 3-4가지 하부 주제로 구성된다. 그러나 이 시의 결론인 16-17절에 나타난 시인의 '확신'을 '애통'의 범주에 포함하는 것은 어색하다.

밴게메렌 (W.A. VanGemeren)의 수미상관식 교차대칭구조가 더 설득력 있는데 아래와 같다.[32]

a 개인적인 구원의 경험(1-3)
  b 하나님의 보호의 복됨(4-5)
    c 헌신의 표현(6-8)
      d 완전하신 하나님을 선포함(9-10)
      d′ 완전하신 하나님을 향한 기도(11)
    c′ 죄 고백(12)
  b′ 하나님의 보호를 위한 기도(13-16)
a′ 개인적인 구원이 필요함(17)

위의 구조에 따르면, 시인은 개인적인 구원의 경험에서 시를 시작하고 마무리한다. 그 구원은 하나님의 복된 보호 덕분이다. 그런데 시인은 자신의 죄를 고백하며 헌신하기에, 그의 범죄가 고난을 초래했던 것 같다. 시인은 구원과 사죄의 은총을 베푸시는 완전한 하나님을 선포하고 기도한다.[33]

---

[32] W. A. VanGemeren, *Psalms* (Grand Rapids: Zondervan, 2008), 364.
[33] 시 40편의 중심 구절을 6-10절로 보면서, 고난은 통하여 주님의 법을 마음에 새겨 세상에 전파함이 이 시의 주요 주제라는 설명은 김창대, 『한 편으로 꿰뚫는 시편』 (서울: IVP, 2015), 140-141을 보라.

2.3. 구속사적 메시지

시편 40편의 메시아적 해석의 당위성은 6-8절이 히브리서 10:5-7에 기독론적으로 인용되기에 분명하다. 히브리서 기자는 시편 40편의 저자인 다윗 왕과 더 위대하신 왕 예수님 사이의 모형론적 연관성에 주목하는 동시에, 그리스도 완결적(Christotelic) 안목을 갖춘 히브리서 기자는 선재하신 예수님께서 성육하셔서 산 제물이 되심으로 구원을 이루시겠다고 성부 하나님과 나누신 대화를 엿들었던 것처럼 느껴진다.**34** 히브리서 기자는 예수님께서 자신의 몸을 영원한 희생 제물로 바치신 것은 짐승 제사보다 뛰어남을 강조한다.**35** 실제로 예수님은 십자가에서 희생 제물이 되심으로써, 구약의 4가지 제사 즉 '제물'(*zebah*, θυσία), '곡식 제물'(*minha*, προσφορά), '번제'(owlah, ὁλοκαύτωμα) '속죄 제물'(*hataah*, ἁμαρτία)을 모두 성취하셨다(시 40:6; 히 10:5-6).**36** 예수님은 영단번의 완전한 제사를 드리시고 하나님 아버지 우편에 앉으셔서 자신의 원수들을 발등상이 되게 하신다(히 10:12-13). 그리고 시편 40:3의 '새 노래'(*sir hadas*)는 결국 예수님께서 신약 교회에게 주시는 구원과 새 창조와 승리를 내용으로 삼는다. 성령님은 새 노래의 내용인 구원과 새 창조를 그리스도인을 위해 적용하시며, 그리스도인이 온전한 이해와 마음으로 그

---

34 P. T. O'Brien, *The Letter to the Hebrews* (Nottingham: Apollos, 2010), 349, 351.

35 시 40편의 예수님의 오심이라는 미래지향성과 종말론적 해석은 B. D. Crowe, "Reading Psalm 40 Messianically," *Reformed Faith & Practice* 2/3 (2017), 31-44를 보라. Crowe 는 필라델피아 소재 웨스트민스터신학교 신약학 교수이기에, 그리스도 완결적 해석은 자신의 논의에서 제외한다.

36 R. J. Clifford, *Psalms 1-72* (Nashville: Abingdon Press, 2002), 208; O'Brien, *The Letter to the Hebrews*, 349.

찬송을 부르도록 인도하신다.**37** 우리를 위해 죽으시고 부활하신 예수 그리스도 덕분에 아무도 그리고 그 무엇도 새 노래를 부르는 우리를 정죄할 수 없다(롬 8:31-39).**38**

2.4. 공공선교적 메시지

시편 40편에 나타난 천국 복음의 공공성(公共性)은 '많은 사람'(3절), '회중'(9, 10절)과 '선포하다'(5, 9절)에서 볼 수 있다.**39** 하나님께서 시인에게 하신 일 즉 구원과 사죄의 은혜는 새 노래로 찬양해야 하며, 많은 사람에게 선포해야 한다. 하나님의 구원을 새 노래와 선포로 알린다면, 결과적으로 많은 사람이 보고 두려워하며 여호와를 신뢰하게 된다(3절). 하늘 보좌에서 통치하시는 그리스도의 구원과 승리는 온 세상에 선포되어야 마땅하다. 그리스도인은 예수님께서 행하신 놀라운 구원과 승리를 말로써 전파할 뿐 아니라, 무엇보다 성령님께서 새 언약 백성의 심비에 새기신 주님의 복음을 듣고 주님의 뜻을 즐겁게 행하기 위해 사랑과 선행에 힘써야 한다(시 40:7-8; 히 10:24, 39).**40** 예수님은 죽기까지 즐거

---

37 성령님의 존재와 사역(거듭남, 신앙고백, 교제, 연합, 인도, 생명과 능력주심, 자유 등)을 교육하고 기리는 찬송가(skrifberyming)가 보완되어야 하며, 그런 찬송은 성령님에 대한 신앙고백을 실체화시킨다는 주장은 B. J. de Klerk, "Die Pneumatologiese Lied: Basisteoretiese Perspektiewe (uit Romeine 8:1-27) en Empiriese Gegewens," *In die Skriflig* 38/2 (2004), 195, 206-214를 보라.

38 Longman III, 『시편 I · II』, 265; Mays, 『시편』, 236; P. Eveson, *Psalms from Suffering to Glory*, Volume 1 (Garden City: EP Books, 2014), 258.

39 C. H. Bullock, *Psalms, Volume 1:1-72* (Grand Rapids: Baker, 2015), 310; A. P. Ross, 『예배와 영성』(*A Commentary on the Psalms*, 정옥배 역, 서울: 디모데, 2015), 960.

40 회당과 쿰란에서도 시편가는 중요했다. 쿰란의 시편 두루마리에 따르면, 하나님께서 토라에 순종한 이스라엘 백성을 위해 이새로부터 뿔을 일으키신다. 그리고 다윗과 같은 왕을 통해 이스라엘은 회복될 것이지만, 궁극적 소망은 하나님께 두어야 했다. G. H. Wilson, "The

이 아버지의 뜻을 행하시기를 기뻐하셨다(히 10:9). 새 언약의 대제사장이신 예수님께서는 그리스도인이 의의 복음을 죽기까지 살아내고, 입을 닫지 않고 열어 전해야 할 모델이시다(시 40:9; 계 12:11). 예수님의 구원은 그리스도인의 개인과 내면에만 머물 수 없다(시 40:10). 성부로부터 하늘과 땅의 권세를 받으신 예수 그리스도께서 세상을 통치하시는 방식은 완전한데, 다윗과 달리 죄가 없으신 자신의 의(시 40:9-10), 언약적 신실함 그리고 사랑으로 충만한 성품에서 나온 것이다(시 40:10-11). 그러므로 그리스도인은 언약 신앙 속에서 의, 신실, 사랑, 진리로 충만해야 천국 복음의 공공성을 드러낼 수 있다(참고. 시 35:27-28).[41] 그런 그리스도인은 무수한 재앙과 목숨을 노리는 자들과 조소하는 자들로부터 자신을 속히 구원하시는 하나님께 기도하여 구원을 다시 경험할 것이다(시 40:12, 14-15). 교회와 복음의 공공성을 반대하는 자들에게 경악할 만한 수치와 모욕을 입히시는 하늘 아버지와 주 예수님은 우리의 정의롭고 명예로운 후견인이시다(시 40:14-15; 참고. 시 35:26; 살후 1:5-7). 위대하신 하나님은 천국 복음을 공적으로 증언하는 자기 백성으로 기뻐하며 즐거워하게 하신다(시 40:16; 계 18:20). 하나님의 구원을 사랑하는 교회는 새 노래로 찬송하지만, '하하 하하'(heah heah, εὖγε εὖγε)하며 조소하던 자들의 목소리는 잠잠해진다(시 40:15; 참고. 시 35:25). 거들먹거리던 자들의 목소리는 수치 속으로 빠져든다.[42]

시편 40편을 지은 시인이 다윗 왕이라면(ledawid mizmowr, τῷ Δαυιδ

Qumran Psalms Scroll (11QPsa) and the Canonical Psalter: Comparison of Editorial Shaping," *CBQ* 59 (1997), 464.

[41] Ross, 『예배와 영성』, 968.
[42] Ross, 『예배와 영성』, 971.

ψαλμός), 이스라엘 백성을 대표하는 다윗이 경험한 구원과 그가 부른 새
노래는 이스라엘 백성 전체의 것이다.**43** 시 40편은 일관성 있게 시인을
'나'로 묘사하는데, 그는 이스라엘 백성을 대표하는 왕이다.**44** 더 나아가
다윗의 후손이자 구원의 반석이신(2절) 예수 그리스도에 의해 성취된다.
예수님께서 주신 구원과 사죄의 은혜는 신천신지의 회복으로 완성될 것
인데, 교회가 그 사실을 새 노래로 찬양하며 선포함으로써 불신자들이
주님께로 돌아와야 한다.**45** 시편은 시인 개인의 차원을 대부분 넘어서
서, 이스라엘 언약공동체의 시로 승화된다.**46** 정경적으로 볼 때, 150개
의 시편 전체는 바벨론 포로 귀환 후 유대인들을 1차 독자로 삼는다.**47**

3. 한국 민요풍에 접목시킨 시편 40편

시편 제1권의 탄식과 감사를 담아내기 적합한 멜로디는 제네바와 비텐

---

43 VanGemeren, *Psalms*, 372.

44 Craigie, *Psalms 1–50*, 317.

45 Ross, 『예배와 영성』, 974; VanGemeren, Psalms, 366. 참고로 남아공의 아프리칸스로 출판
된 새로운 시편가(2001)와 새 성경(1983)이 메시아를 대문자로 표기하지 않아서, 일부 교회는 이
두 책을 거부한바 있다. 하지만 그리스도를 대문자로 표기한다고 해서 그리스도께서 성취하신
사실을 충분히 드러내는 것은 아니다. 시편의 그리스도 완결적(Christotelic Psalm) 내용은 시편
가 작시(versification)에 적절히 반영해야 한다. 현대 교회가 시편의 저주시를 부를 경우, 그리
스도인은 원수를 사랑해야 한다는 사실과 그리스도의 원수를 향하는 메시지임을 작시에도 드러
내야 한다. J. L. Helberg, "Die Messiaanse aard van *Psalms*: Hoe dit 'n Nuwe-Tes-
tamentiese Lees, Vertaling en Omdigting van die Psalms Raak," *In die Skriflig* 40/4
(2006), 592–594.

46 Adamo, "Decolonizing the Psalter in Africa," 31; Viljoen, "Die Waarde en Funksie van
Liturgiese Musiek," 768.

47 참고로 시 40편을 다윗의 시가 아니라, BC 516–428년경 유대인들이 가난한 상황에서 둘째
성전을 재건할 때 편집된 것으로 보는 경우는 E. Naudé, "Psalm 40: Één of Twee Psalms?"
Skrif en Kerk 21/1 (2000), 129–132를 보라. 그러나 시편을 창문으로 삼아 본문 배후의 세
계를 정확하게 재구성하기는 매우 어렵다.

베르크 혹은 스코틀랜드 풍이 아니라, 한국 민요풍이다. 게다가 현대화된 한국의 민요풍 시편가는 청소년에게도 이질감이 크지 않을 것이다. 시편가는 복음을 선포하는 기능과 더불어, 교회의 사명과 문화와 필요를 적절히 반영하여 공동체의 믿음을 강화하는 교제의 기능도 갖추어야 한다.[48] 이성천이 굿거리 장단에 따라 대금, 가야금, 장고의 연주를 위해 작곡한 시편 121편 찬송가가 이미 소개되었다.[49] 하지만 '굿거리'라는 명칭이 암시하듯이 가락에 묻어 있는 '굿'과 같은 토속신앙의 요소를 제거할 필요가 있다. 그리고 공 예배에 활용하기 어려운 한국 전통 악기인 대금, 가야금 그리고 장고를 시편송의 전주에 활용하는 것은 쉽지 않다.[50] "예배를 더 풍요롭게 만들려면 음악의 의사소통 능력에 대한 감수성을 개발해야 한다. 예배 음악에 음악의 특성(리듬, 피치, 멜로디, 하모니, 강도, 톤)에 대한 이해가 신중하게 적용되어야 한다. ...... 예배 음악의 속성은 찬양, 감사, 겸손, 고백 및 기도와 같은 예전의 각 순간이 영

---

48 예배는 회중이 처한 문화의 영향을 받지만, 동시에 장소와 시간을 초월하기에 초문화적이며, 또한 세상의 죄악 된 흐름을 역행하여 화해와 일치를 촉진하는 반문화적 특성도 가진다. D. Kruger, "Die Funksionaliteit van die Laat Twintigsteeeuse Kerklied," *In die Skriflig* 36/1 (2002), 33–34; E. J. Smit, "Enkele Aspekte met Betrekking tot die Gereformeerde Erediens en Kerklied in 'n Multikulturele Suid-Afrika," *In die Skriflig* 44/1 (2010), 104, 116.

49 이호열, "새로운 찬송에 대한 명상: 시편 121편,"『새가정』 10월호 (2001), 98–101.

50 아프리카의 경우 음악과 일상에서 필수 요소와 같은 북(drum)은 구약의 악기(시 150:3–4)와 유사성과 접촉점을 가지고 있다. 교회 음악에서 악기가 아디아포라에 속하지만, 아디아포라의 강도는 지역과 문화마다 차이가 난다. R. de Wet Oosthuizen, "The Drum and Its Significance for the Interpretation of the Old Testament from an African Perspective: Part Two," *Verbum et Ecclesia* 37/1 (2016), 7–8.

혼의 깊숙한 곳에서 해석되는 방식으로 적용되어야한다."51

위(2.2)에서 살핀 교차대칭구조를 반영하여, 시편 40편 찬송의 가사를 주제어 중심으로 배열하면 아래와 같다.

1절(과거의 구원을 회고, 시 40:1-3)

기다림, 부르짖음, 들으심, 건지심, 새 노래

2절(하나님의 보호와 하나님께 헌신, 시 40:4-8)

의지함, 하나님의 많은 기적, 주님의 뜻을 즐거이 행함

3절(지속적인 구원에 대한 확신, 시 40:13-17)

은총과 구원을 간구함, 원수를 물리침, 속히 건지소서

4절(완전하신 하나님을 선포함, 시 40:9-12)

의의 복음을 전함, 하나님의 공의와 성실과 구원과 긍휼과 사랑을 선포함

다음 페이지의 악보는 민요풍에 위의 가사를 적용한 실제 시편 찬송가 이다.

---

51 A. M. Viljoen, "Die Ontginning van die Kommunikatiewe Funksie van Musiek in die Erediens," *NGTT* 49/1-2 (2008), 177-78. 참고로 찬송가의 성차별적 표현을 포괄적 표현으로 수정하여(예. '그분'은 '하나님' 혹은 '주님'으로, '그'[그리스도인]는 '그들'로), 주변인들을 특별히 돌보신 그리스도의 통전적 구원 사역을 반영하고 회중의 영적 웰빙을 도와야 한다는 주장은 노쓰-웨스트대학교 음악과 교수 O. C. Vermuelen, "Agter Elke Man: On-derweg na Inklusiewe Taalgebruik in die Afrikaanse Kerklied," *HTS Teologiese Studies* 72/1 (2016), 5-8을 보라. 하지만 본문에 담긴 하나님의 부성애 혹은 모성애적 이미지를 성 포괄적으로 번역할 경우, 본문의 강조점과 특성을 상실하게 된다. 그리고 반 성경적인 페미니즘의 이념성을 찬송가 작시에 주의해야 한다.

우리가 여호와를 간절히 기다리니
(시편 40편)

정 미 경

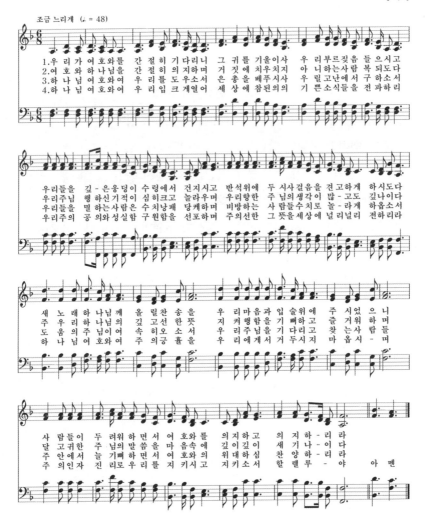

나오면서

개혁주의 예배는 성경과 교회의 전통과 회중의 상황이 상호 작용하도록 계속 개혁해야 한다. 완벽한 찬송가는 없으므로, 찬송가도 성경에 비추어 계속 개혁되어야 한다.52 그리고 찬송가의 개혁을 위해, 포스트모더니즘의 영향을 받는 회중의 문화적 감성과 필요를 적절히 고려한 창의적 해답을 찾아야 한다.53 예배자는 모든 감각과 자신의 몸으로써 예배를 경험함으로써 실제로 변화를 받아야 하는데, 이를 위해 그리스도인은 하나님의 말씀과 찬송으로써 불타올라야 한다.54 찬송가 중에서 시편가는 구약 시대와 초대교회, 그리고 교회개혁을 거쳐 전수된 소중한 유산이며 성령님께서 교회에게 주신 선물이다. 오늘날도 시편가는 목사의 지도로 교회에서 널리 애창되어야 마땅하다. 시편 찬송에는 말씀과 기도처럼 치유의 능력이 있다. 성도의 실존과 일상에 맞닿아 있는 시편 찬송은 질서 정연한 소리인데 영적이며 정서적인 카타르시스는 물론, 회중의 사고와

---

52 남아공의 아파르트헤이트 시절에 칼빈주의 개혁교회는 예배와 찬송 때에 흑인의 인권과 사람을 향한 사랑을 외면하고 무시했다. 예배와 교회 음악은 하나님을 경외하며(pietas) 사람을 사랑하는(caritas) 방법을 담아내야 한다(예. 아파르트헤이트에 저항한 백인 음악가 Johannes Kerkorrel[d. 2002]와 Koos Kombuis의 Die Gereformeerde Blues Band). C. Weperner, "Wat maak 'n Kerkorrel Gereformeerd?: 'N Verkenning van Afrikaanse 'Gereformeerde' Musiek in die Jare 1980 en 1990 in Suid-Afrika," *Verbum et Ecclesia* 33/1 (2012), 4, 6.
53 D. Kruger, "A High Degree of Understanding and Tolerance: Veranderende Denke oor die Moderne Gereformeerde Kerklied," *Koers* 72/4 (2007), 666-667; E. Kloppers, "Die Invloed van 'n Postmoderne Tydsgees op die Kerklied: Enkele Rigtingwysers," *NGTT* 44/3-4 (2003), 323, 326.
54 Klopper, "Klinkende Ruimte. Reformasie deur die Kerklied," 6.

인지의 과정을 정립하는데도 유익하다.[55] 시편가는 후세대에게 말씀과 신앙을 전수하는 중요한 방법이기도 하다. 그런데 이런 유산은 성경과 문화의 빛 으로 적절히 재해석될 때 힘을 계속 유지할 수 있다. 예전이 가지고 있는 선교적 힘은 선포된 말씀은 물론, 복음을 영혼에 전달하고 세상 속에 스며들게 하는 찬송으로도 나타난다.[56]

그런데 시편은 구약의 찬송이므로 신약시대에 부적합하다는 오해를 불식시키려면, 예배 중에 회중 찬송을 통해 시편송의 복음적 유익과 진수를 맛보도록 기회를 제공해야 한다.[57] 시편의 기독론적 의미와 천국 복음의 공공성을 반영한 가사를 현대화 된 민요풍에 접목시키는 노력이 많아지기를 소망한다.

개 교회가 시편가를 도입하려면, 기존의 찬송가와 시편가를 함께 사용하는 것이 좋다. 주일 예배 전에 시편가를 배우는 시간을 15분 정도 가지고, 찬양대가 시편가를 자주 활용하며, 절기에 맞는 시편가를 선곡하여 회중이 함께 부르며, 시편가 부르기 잔치를 시행할 수 있다.[58] 무엇보다

---

55 시 1, 2, 3, 20, 40편은 '치유 시'(therapeutic psalm)로 분류되기도 한다. C. J. Calitz, "Healing Liturgy: The Role of Music and Singing," *Verbum et Ecclesia* 38/1 (2017), 4, 8; Adamo, "Decolonizing the Psalter in Africa," 34.

56 Viljoen, "Die Waarde en Funksie van Liturgiese Musiek," 763.

57 시편송과 더불어, 시편보다 구원 계시가 더 선명히 드러난 신약 성경에 나타난 찬송들도 회중 찬송에 적극 도입해야 한다. 오광만, "칼빈의 제네바 시편찬송가," 114; Van Rooy, "Kerkliedere met 'n Lae Gebruiksfrekwensie: Speel die Melodie 'n Rol?" 7.

58 예배 중 악기 사용과 같은 논쟁을 해결하는 원칙은 하나님 나라와 성령님의 열매와 같은 본질적 문제와 (성경이 규정하지도 금지하지 않는) 비본질적 문제를 구분하는 것이다. 그리고 문제 해결의 근거는 성경이며, 자유하는 강한 자는 약자를 사랑해야 하며, 하나님의 영광이 궁극적인 목적이어야 한다(롬 15:6-8). P. J. Buys and A. T. Muswubi, "Uncovering Key Biblical Principle in Handling Disputable Music Matters in Missio Dei Perspective: A Basic Theoretical Study," *In die Skriflig* 49/1 (2015), 9-12. 그리고 BC 3세기에 그리스 기술자 킷세비오스(Kitsebios)가 처음으로 고안했으며, AD 10세기부터 (큰 예배당을 가진

목회자는 교회 음악에 대한 신학을 정립하고 안목을 넓혀야 하며, 교회 음악가와 협업하려는 의지가 중요하다.[59]

서 유럽) 교회 음악에서 독특한 역할을 수행해 왔지만, 도르트총회에서 말씀을 잊어버리게 만들고 방언처럼 알아들을 수 없기에 사용 금지 결정을 겪었으며(고전 14:19), 현대에 특히 젊은이로부터 '구식'으로 인식되는 오르간(불가타 시 150:4의 organo)의 사용에 대한 논의가 진행 중이다. 남아공의 경우, 1950년대에 대다수 개혁교회는 오르간을 갖추었고, 1980년대에 남아공 교회 오르간 협회(SACOAV)가 조직되었으며, 1980년대에 현대 음악의 유입으로 '예배 전쟁'(worship war)이 벌어졌고, 신학생들은 교회 음악을 제대로 배우지 못하고 있다. 교회 음악에서 가장 오래된 건반 악기인 오르간이 다시 사랑을 받으려면, 교회가 오르가니스트를 육성하는데 투자를 하고 오르가니스트는 혁신적 발상 전환으로 오르간의 매력을 알리고 다른 교회 음악가들과 협업을 할 필요가 있다. O. C. Vermuelen, "In Good Times and in Bad: Die Stormagtige Verhouding tussen Kerk en die Orrel: Is Egskeiding On-afwendbaar?" *Verbum et Ecclesia* 36/1 (2015), 1-10.

59 J. H. van Rooy, "Die Kerklied en Kommunikasie deur Woord en Melodie," *In die Skriflig* 47/1 (2013), 5-6.

강만희. "초대교회 교부들의 음악적 견해: 악기와 시편찬송의 사용을 중심으로." 『복음과 실천』 24/1 (1999): 432-455.

강미경. "예배음악으로서의 시편찬송의 활용에 관한 연구: 칼빈의 『제네바 시편가』를 중심으로." 석사논문. 총신대학교. 2014.

김정우. "시편 40편 주석." 『신학지남』 68/1 (2001): 63-86.

김창대. 『한 편으로 꿰뚫는 시편』. 서울: IVP, 2015.

오광만. "칼빈의 제네바 시편찬송가: 평가와 21세기 한국장로교회 찬송을 위한 제안." 『개혁논총』 11 (2009): 87-128.

이상일. "루터의 음악신학과 예배에서의 음악 사용." 『장신논단』 48/4 (2016): 91-118.

이호열. "새로운 찬송에 대한 명상: 시편 121편." 『새가정』 10월호 (2001): 98-101.

주성희. "교회음악적 관점에서 본 『시편가』에 관한 연구." 『음악연구』 39 (2007): 37-76.

_____."칼빈의 예배음악 신학에 비춰본 한국 찬송가의 나아갈 방향." 『개혁논총』 31 (2014): 321-358.

Adamo, D. T. "Decolonizing the Psalter in Africa." *Black Theology* 5/1 (2007): 20-38.

Bullock, C. H. *Psalms. Volume 1:1-72*. Grand Rapids: Baker, 2015.

Buys, P. J. and Muswubi, A. T. "Uncovering Key Biblical Principle in Handling Disputable Music Matters in Missio Dei Perspective: A Basic Theoretical Study." *In die Skriflig* 49/1 (2015): 1-13.

Calitz, C. J. "Healing Liturgy: The Role of Music and Singing." *Verbum et Ecclesia* 38/1 (2017): 1-9.

Clifford, R. J. *Psalms 1-72*. Nashville: Abingdon Press, 2002.

Craigie, P. C. *Psalms 1-50*. Waco: Word, 1983.

Crowe, B. D. "Reading Psalm 40 Messianically." *Reformed Faith & Practice* 2/3 (2017): 31-44.

De Klerk, B. J. "Die Pneumatologiese Lied: Basisteoretiese Perspektiewe (uit Romeine 8:1-27) en Empiriese Gegewens." *In die Skriflig* 38/2 (2004): 195-215.

De Klerk, B. J. and Smit, E. J. "Pneuma en Nous in die Gereformeerde Kerklied Perspektiewe uit 1 Korintiërs 14:15 en die Tradisie, Toegespits op die Musiek en Poësie van die Kerklied." *In die Skriflig* 36/1 (2002): 105–124.

De Wet Oosthuizen, R. "The Drum and Its Significance for the Interpretation of the Old Testament from an African Perspective: Part Two." *Verbum et Ecclesia* 37/1 (2016): 1–9.

Eveson, P. *Psalms from Suffering to Glory*. Volume 1. Garden City: EP Books, 2014.

Helberg, J. L. "Die Messiaanse aard van Psalms: Hoe dit 'n Nuwe-Testamentiese Lees, Vertaling en Omdigting van die Psalms Raak." *In die Skriflig* 40/4 (2006): 575–596.

Jankowitz, H. J. and Kruger, D. "Die Stand van Psalmsang in die NG Kerk." *Verbum et Ecclesia* 31/1 (2000): 1–10.

Jooste, S. N. and Potgieter, J. C. "The Legacy of Singing Scripture only in the Reformed Churches in South Africa: The Regulating Role of the Word from Heidelberg to Dordrecht." *In die Skriflig* 54/2 (2020): 1–8.

Kloppers, E. "Die Invloed van 'n Postmoderne Tydsgees op die Kerklied: Enkele Rigtingwysers." *NGTT* 44/3-4 (2003): 320–328.

_____."Elkaar Zijn Wij gegeven tot Kleur en Samenklank ⋯: Die Rol van Sang in die Vorming en Opbou van die Geloofsgemeenskap." *HTS Teologiese Studies* 71/3 (2015): 1–7.

_____."Klinkende Ruimte. Reformasie deur die Kerklied." *HTS Teologiese Studies* 73/1 (2017): 1–7.

_____."N Lied moet Klink om gehoor te word … : Faktore wat die Resepsie van Kerkliedere kan beïnvloed." *HTS Teologiese Studies* 69/1 (2013): 1–8.

_____."Vernuwing in die Kerklied: Die Liedboek van die Kerk (2001)." *Acta Theologica* 23/1 (2003): 71–82.

Kortering, J. "개혁주의 유산으로서의 시편 찬송." 장수민 역. 『진리와 학문의 세계』 16 (2007): 131–154.

Kraus, H-J. *Psalms 1–59*. Minneapolis: Fortress Press, 1993.

Kruger, D. "A High Degree of Understanding and Tolerance: Veranderende Denkeoor die Moderne Gereformeerde Kerklied." *Koers* 72/4 (2007): 649–669.

_____. "Die Funksionaliteit van die Laat Twintigsteeeuse Kerklied." *In die Skriflig* 36/1 (2002): 19–43.

Longman III, T. 『시편 I · II』. *Psalms I · II*. 임요한 역. 서울: CLC, 2017.

Maag, K. "No Better Songs: John Calvin and the Genevan Psalter in the Sixteenth Century and Today." *The Hymn* 68/4 (2017): 28–33.

Mays, J. L. 『시편』. *Psalms*. 번역위원회. 서울: 한국장로교출판사, 2002.

Naudé, E. "Psalm 40: Één of Twee Psalms?" *Skrif en Kerk* 21/1 (2000): 115–134.

Odendaal, M. "Meditating on Poverty: Seeking Guidance from the Psalms." *NGTT* 45/1 (2004): 293–299.

O'Brien, P. T. *The Letter to the Hebrews*. Nottingham: Apollos, 2010.

Prince, J. D. "Two Versions of the Coptic Psalter." *JBL* 21/1 (1902): 92–99.

Ross, A. P. 『예배와 영성』. *A Commentary on the Psalms*. 정옥배 역. 서울: 디모데, 2015.

Smit, E. J. "Enkele Aspekte met Betrekking tot die Gereformeerde Erediens en Kerklied in 'n Multikulturele Suid-Afrika." *In die Skriflig* 44/1 (2010): 99–119.

Styger, P. and Human, D. J. "Om die Psalms Biddend te sing of Singend te bid." *In die Skriflig* 39/2 (2005): 255–271.

Styger, P., Steenkamp, Y. and Human, D. J. "Psalm 40 as a Torah Psalm." *In die Skriflig* 39/1 (2005): 133–153.

VanGemeren, W. A. *Psalms*. Grand Rapids: Zondervan, 2008.

Van Rooy, J. H. "Die Kerklied en Kommunikasie deur Woord en Melodie." *In die Skriflig* 47/1 (2013): 1–9.

_____ ."Die Sing van Psalms in die Erediens: Twintig Jaar Later." *Verbum et Ecclesia* 32/1 (2011): 1–9.

_____ ."Kerkliedere met 'n Lae Gebruiksfrekwensie: Speel die Melodie 'n Rol?" *In die Skriflig* 48/2 (2014): 1–10.

Van Wyk, D. J. C. "Kriteria vir die Kerklied." *HTS Teologiese Studies* 39/1 (1983): 65–73.

Vermuelen, O. C. "Agter Elke Man: Onderweg na Inklusiewe Taalgebruik in die Afrikaanse Kerklied." *HTS Teologiese Studies* 72/1 (2016): 1–9.

_____ ."In Good Times and in Bad: Die Stormagtige Verhouding tussen Kerk en die Orrel: Is Egskeiding Onafwendbaar?" *Verbum et Ecclesia* 36/1 (2015): 1–11.

Viljoen, A. M. "Die Ontginning van die Kommunikatiewe Funksie van Musiek in die Erediens." *NGTT* 49/1–2 (2008): 162–179.

_____ ."Die Waarde en Funksie van Liturgiese Musiek." *NGTT* 47/3–4 (2006): 760–772.

Viljoen, F. P. and Floor, L. "Gloria in Excelsis as Liturgiese Model vir die Christelike Lied." *NGTT* 45/3–4 (2004): 751–762.

Vos, C. J. A. "Godsbeelde in die Liturgie." *HTS Teologiese Studies* 66/2 (2010): 1–5.

Weperner, C. "Wat maak 'n Kerkorrel Gereformeerd?: 'N Verkenning van Afrikaanse 'Gereformeerde' Musiek in die Jare 1980 en 1990 in Suid-Afrika." *Verbum et Ecclesia* 33/1 (2012) 1–8.

Weperner, C. and Bartlett, A. "Die Erediens as Fees of die Fees as Erediens?: 'N Andrew Murray Pryswenner 'n Kwarteeu Later Herlees." *Verbum et Ecclesia* 35/2 (2014): 1–8.

Weperner, C. and Klomp, N. "D(i)e Verhouding Prediking, Mus(z)iek en Liturgie." *HTS Teologiese Studies* 71/3 (2015): 1–8.

Wilson, G. H. "The Qumran Psalms Scroll (11QPsa) and the Canonical Psalter: Comparison of Editorial Shaping." *CBQ* 59 (1997): 448–464.

교회의 찬송으로서의 시편

윤 석 준

1. 서론 : '찬송'에 대해 교회의 말씀사역자들이 배워야 하는 두 가지 이유

요즈음에 들어서는 찬양 집회 등의 입지가 예전같지 않지만, 불과 얼마 전까지만 해도 교회 안에서 찬양의 입지는 막강했다. 80년대부터 불기 시작한 CCM의 인기와 90년대와 그 이후를 사로잡았던 경배 찬양의 막 중한 영향력으로 인해, 교회들 중에 이런 시스템을 도입하지 않는 교회 가 거의 없었을 정도로, 또 심지어 저녁 예배 혹은 오후 예배의 예배 포 맷을 변화시켜 버릴 정도로 이 찬양의 인기와 영향력은 대단했다.

그런데 우리네 교회 문화에서 자주 그렇듯이, 어떤 시류가 불게 되면 그 시류가 '신학적 검증'이나 '타당성 여부에 대한 검토'를 거치며 확산된 다기보다, 이미 다 확산되고 난 후에, 즉 '사후보고' 성격으로 타당성에 대한 논의가 이루어지기 십상이고, 보통의 경우는 이렇게 되면 정당한 평가는 불가능해진다. 예를 들어 가정교회가 모든 교회에 다 보편화 되어버리고 난 후에 가정교회를 신학적으로 평가해 보겠다고 할 때, 검토하는 사람들이 이미 가정교회를 다 도입해서 사용하고 있는데 어떤 식으로 나쁜 평가를 내릴 수 있을 것인가? 결국에는 객관적이고 정확한 대답을 도출해 낼 수 없게 되고, 자신도 '그 안의 사람'으로서 호의적일 수밖에 없게 되는 것이 당연하다.

마찬가지로 찬양 문화에 대해서도 한국교회의 대응은 비슷했다. CCM이나 경배찬양과 같은 찬양 문화가 처음 국내에 도입되려 할 때 이에 대한 타당성 검토는 이루어지지 않았고, 성경적으로나 신학적으로 이러한 종류의 찬양 문화가 바람직하고 합당한지에 대한 논의는 없었다. 그러다 보니 다시 신학 혹은 성경적 가치라는 것은 '사후보고' 격으로, 이미 다 시행하고 있는 것에 대해 별반 쓴 소리를 할 수 없는 위치가 되어 버리고 말았다. 교회들은 너나 없이 **성경에 기초한 반추를 전혀 하지 않고** 저녁 예배 시간 앞에 30분 정도를 찬양 집회로 하는 시스템을 도입했고, 기타를 든 인도자 혹은 일단의 싱어들과 연주자들을 대동한 무리들이 집회나 수련회 등을 인도하는 문화는 아무런 저항 없이 정착했다. 목회자로부터도 신학자로부터도 성경적 검증이나 검토를 거치지도 않은 채, 거의 10-20년 정도의 시간 동안 이런 문화는 교회 안에 자리를 잡았고, 이제와서는 이것에 대해 옳다 그르다를 말할 틈도 주지 않고 이제는 교회의 전방위적인 쇠퇴와 함께 여기저기에서 흔적을 감추어 버렸다(예전에는 화요찬양, 목요찬양 등의 찬양 집회들이 정말 많았고, '두란노 경배와 찬양'이나 '예수전도단', '다윗의 장막' 등을 비롯한 이런 류의 단체들이 우후죽순 격으로 일어나 대단히 많았다). 이런 쇠퇴에도 불구하고 찬양 문화는 어느샌가 자리를 내려 버려, 이제는 대다수의 교회들이 어떤 집회나 예배 등을 하기 전에 찬양 집회로 시작하는 문화가 뿌리 내린 듯하다.

이 지점에서 우리 모두가 다 함께 한 번 생각해 보았으면 하는 두 가지 점이 있는데, 이것은 다르게 말해보자면 "교회의 말씀 사역자들이 찬양/찬송에 대해 배워야만 하는 두 가지 이유"라고 해도 괜찮을 듯하다. 이 두 가지 주제를 본 글의 서론으로 다루어 보고, 그 후에 '교회의 시편 찬송'에 대해 생각해 보도록 하자.

첫째, 장로 교회 헌법을 보면 **'목사의 직무'**에 다음과 같은 내용이 나온다. 고신 교단의 헌법을 아래에 한 번 적어보도록 하겠다.

> **제41조 (목사의 직무)**
> 목사의 직무는 다음과 같다.
> 1. 교인을 위하여 기도하는 일
> 2. 하나님의 말씀을 봉독하고 설교하는 일
> 3. 찬송을 지도하는 일
> 4. 성례를 거행하는 일
> 5. 하나님의 사자로서 축복하는 일
> 6. 교인을 교육하는 일
> 7. 교인을 심방하는 일
> 8. 장로와 협력하여 치리권을 행사하는 일

헌법에 익숙지 않은 직분자들에게는 다소 뜬금없을 수도 있을 내용이 헌법의 '목사의 직무' 안에 하나 들어 있는데, 바로 3번의 "찬송을 지도하는 일"이다. 정말 '찬송을 지도하는 일'이 목사의 일이라면, 우리의 현실에 대해 냉정하게 한 번 생각해 볼 점이 있다.

왜 오늘날 대다수의 교회에서 적어도 '찬송'이라는 부분만큼은 교회에서 말씀을 가르치고 교인들을 목양하는 목사의 권한 바깥에 있는 것처럼 되어 있을까? 왜 대다수의 교회에서 적어도 '찬송'이라는 부분만큼은 그 권한자가 '목사'가 아니라 '성가대 지휘자'나 '찬양팀 리더'가 되어 있느냐는 것이다.

또 왜 이런 '찬송'을 맡고 있는 이들은, 기구적으로나 행정적으로만 목사의 관리 영역 안에 있을 뿐, 정작 중요한 찬송의 내용, 곧 무엇을 찬송하는지나, 어떤 포맷/형식을 가지고 찬송을 하는지에 대하여는 목사의 지도를 받지 않을까? 교회는 예배를 가장 중요한 것이라고 표방하는데, 이 예배에서 '찬송'이 가지는 위치는 매우 중요하다. 그럼에도 불구하고 왜 예배 중에서 이렇게 중요한 찬송에 있어서만큼은 목사는 '비전문가' 취급을 받고, 실제 이 분야의 전문가는 '음악인'인양 되어 있는 것일까? 교회 안에서 어떤 종류의 활동이건 '신학적 지도' 아래 있지 않은 영역이 있는가? 그런데 왜 '음악만은' 신학을 다루는 이들이 관여하지 않은 채 음악 영역 안에 있는 이들이 어설프게 성경과 신학을 인용하면서 전문가인 체 하고 있는 것일까?

그렇다면 목사의 직무에 찬송을 지도하는 일이 들어 있다는 것은 그저 사족에 불과한가? 사실은 목사의 직무란 저기 있는 항목 모두가 실제로는 이행되지 않아도 괜찮다는 것을 의미하는가? 사실은 이 질문에 대하여는 누구든 부정적일 텐데, 왜냐하면 저기 목사의 직무들 대부분이 목사가 실제로 이행하고 있는 것들이기 때문이다. 그런데 왜 '찬송을 지도하는 일' 만큼은 예외규정처럼 되어 있는 것일까?

목사의 가르치는 직무, 나아가 당회의 관리 감독이라는 측면에서, 사실상 중요한 것은 '행정적 관리'보다는 '영적/신학적 방향'이다. 즉 교회 안에서 직분자들의 '말씀에 기초한 다스림' 바깥으로 벗어나는 것이 있어서는 안 된다. 그런데 유독 '음악' 만큼은 '또 다른 전문가'가 교회 안에서 독점적 권위를 가지고 있다. 이것은 명백하게 원래 신학을 가지고 감독해야 할 목사의 일이 방기된 결과이다. 예배가 말씀 위에 서 있으려면, 찬송이 성경이 가르치는 찬송으로서 기능하려면 방향을 지도하는 일은 성가대 지휘자나 찬양팀 리더, 전문 찬양 사역자가 맡아서는 안 된다. 목사의 가르침 아래 찬송이 위치해야만 한다.

그리고 **둘째**, 첫째 내용의 결과로, 찬송이 신학적 관리로부터 이탈하여 있고, 성경의 지도 하에 있지 않게 됨으로써, 이제 '교회 음악'이 세속화되는 데에는 아무런 장애물이 있지 않게 되었다. 즉 둘째로 생각해야 하는 점은 교회 음악의 방향을 성경과 신학이 없어도 되는 이들이 장악함으로써 불가분 맞게 된 **'세속화'라는 문제**이다.

　필자는 전도사 시절에 여름성경학교를 위한 교사 강습회에 가면 어린이들에게 가르칠 찬송들이 당시 세속음악의 시류를 심하게 타는 것에 몹시 못마땅했다. 쉽게 얘기하자면 교회 안에 아무도 반대하지 않은 채, 쉽게 랩이 들어오고, 힙합이 들어온 것이다. 한번은 중고등부 아이들을 데리고 여름 수련회를 갔는데, 우리 교회에서는 교리를 배우고, 성경 말씀만을 배우던 아이들이 선택강의를 갔는데 못하겠다며 돌아온 적이 있었다. 왜 그러냐고 물으니까 특강 강사가 당시 CCD라고 부르던,[1] 그러니까 길거리에서 춤을 추던 아이들이 와서 힙합 댄스를 가르치길래 찬양

1　CCM이 Christian Contemporary Music의 약자이고, CCD에서 D는 Dance이다.

율동을 배우러 갔던 아이들이 화들짝 놀라 강의실을 나온 것이었다.

찬송은 중요하다. 예배 안에서 음악이 차지하는 요소는 무시할 수 없다. 그런데 이것을 올바른 신학 안에서 관리하기보다는 소위 음악 전문가들에게 맡겼는데, 사실은 음악이라는 것이 오늘날에는 더욱 그러하듯 여러 방식의 음악이 대개는 존재하지 않는다. 세상 음악과 현격하게 구별되는 교회 음악이라는 것이 현대에는 별로 없다. 그런 상황이라면 이런 음악 전문가들은 어쨌거나 세상 음악에서 영향을 받는 이들이 대부분이고, 그렇게 되면(신학보다 음악 자체를 중요하게 여기면) 결국은 '세련된' 음악을 하고 싶다면, '더욱 세속화된' 음악으로 기울 수밖에 없는 것이다.

교회에서 하는 찬송을 랩이나 힙합으로, 심지어는 '미스터 트롯' 같은 데 나올 사람들이 방송에 나와서 트로트로 찬송을 하는 모습을 보면서 마냥 흥겨워할 문제가 아니다. 찬송이 왜 찬송인가? 하나님을 대하여 하는 음악이 찬송이다. **찬송은 우리의 흥겨움을 위하여 소모되는 것이 아니다.** 그렇다면 이 둘째, 곧 세속화된 음악이 교회 안으로 쉽게 밀려 들어오게 된 것에 대하여는[2] 진지하게, 무겁게 생각해야 한다.

이런 문제의식들에 기초하여 본 글에서는 교회가 항상 찬송으로 사용해

---

2   참고로 글의 앞부분에서 미리 잠깐 언급하자면, 종교개혁기에 칼빈은 '시편찬송'을 새롭게 만들었는데, 이 때 당시 사회는 클래식 음악의 절정기였음에도 불구하고, 당시 통용되고 있던 음악 형식들을 가져오지 않았다. 악한 의도로 칼빈의 시편 찬송을 왜곡하기 위하여 '당시 술집에서 부르던 멜로디를 차용했다'는 악의적인 루머가 돌았고 지금도 그것을 믿는 사람들이 있긴 하지만, 칼빈은 철저하게 당시에 유행가에 사용된 음악들을 차단하고 원래 교회가 가지고 있었던 음악인 '교회선법'으로 돌아갔다. 고대 교회들과 회당에서 사용하던 음악으로 최대한 돌아가려 했던 것이다. 지금도 제네바 시편이 여러 개혁교회들에 불려지고 있는데, 개혁교회 찬송가들의 서문에 보면 이 곡들이 교회 선법을 사용하여 작곡된 것임을 쉽게 확인할 수 있다.

왔으며 그 자체로서 하나님의 말씀인 시편을 교회의 찬송으로 사용될 수 있기를 바라는 마음으로, 이에 대해 소개하고, 그 당위성에 대해 생각해 보려고 한다.

2. RPW(예배의 규정적 원리, the Regulative Principle Worship)

찬송을 신학적 감독 아래에서 시행한다고 하는 것은 쉽게 말하자면, 적어도 찬송이라는 예배에서 중요한 입지를 담당하는 요소를 결정할 때에 항상 하나님의 말씀에 물어보아야 한다는 것을 의미한다. 이런 점에서 개혁신학이 전통적으로 추구해왔던 소위 RPW, 곧 **"예배의 규정적 원리"** 를 이해함이 유익할 것이다.

"예배의 규정적 원리"란 종교개혁자들의 후예인 청교도들을 통하여 정착한 것으로서, 역사적으로 청교도이며 장로교도들은 예배를 규정하는 원리를 결정하는 것이 예배론의 핵심으로 여겼으며 소위 RPW라고 일컫는 원리를 성경적인 원리로 여겼다. 그들이 생각한 예배의 규정원리, 곧 RPW는 **"예배와 관련하여 성경에 명령이 되어 있는 것은 무엇이든지 요구되며, 명령이 되어 있지 않은 것은 금지된다."** 는 원리이다.[3] 존 머레이 (John Murray)는 『Collected Writings of John Murray』에서 다음과 같이 말한다.

"하나님을 예배하는 수용가능한 방법이란 하나님께서 스스로 제정하신 것들과 따라서 그의 계시된 의지에 의해 제한된 것들이다. 그분은 거룩한 성경 안에 규정하신 것 외에 어떠한 다른 방식으로도

---

3 김병훈, "예배의 규정 원리와 개혁신학의 예배", 『헤르메네이아 투데이』 제47호(한국신학정보연구원, 2009), 15-33.

예배 받지 않으신다."

G. I. 윌리암슨(G. I. Williamson)은 『The Singing of Psalms in the Worship of God』에서 "하나님을 예배하는 적절한 방법이 무엇인가?....오직 그가 의지하신 대로 하나님을 예배하는 것이 적절하다. 이 말은 그의 말씀에서 명령하시고 제정하셨거나 규정하셨던 방식대로만 예배하는 것을 의미한다." 라고 말한다.[4]

이는 **하나님의 말씀이 하나님을 섬기는 데 있어서도 역시 방향을 제시해주고 있다**는 사실에 기초하고 있다. 예를 들면 다음의 말씀들을 생각해 보라.

2.1 성경에서

1) **출애굽기 25장** 이하에 나타나는 성막의 식양들에 대한 말씀은 중요한 시사점을 하나 안겨 주고 있는데, 하나님께서는 자신의 집, 하나님을 섬기는 집을 '**효용에 따라서 적당하게 지으라**'고 말씀하지 않으셨다는 점이다. 우리는 어렵지 않게, 만약 원하기만 하셨다면 하나님께서 '나를 섬길 집을, 너희가 최대한 멋지다고 생각하는 방식으로 한 번 지어 보아라'고 말씀하실 수 있으셨다고 상상할 수 있다. 하지만 실제 출애굽기에서 하나님께서 명하신 방식은 성막과 기물들의 각각의 치수로부터 시작하여, 그 모양과 재료, 또 그것이 어떤 방식으로 두어지고 사용되어야 하는 데 이르기까지 모조리 다 친히 말씀하여 주셨다. 적어도 '하나님을 섬길 집'

---

4 R. Aasman, "The Singing of Psalms and Hymns", *Clarion*, Vol. 48, NO. 23 (November 12, 1999).

을 '사람이 원하는 대로'는 지을 수 없다는 것을 보여주고 계신 것이다. 바로 이점을 히브리서는

> "그들이 섬기는 것은 하늘에 있는 것의 모형과 그림자라. 모세가 장막을 지으려 할 때에 지시하심을 얻음과 같으니, 이르시되 삼가 모든 것을 산에서 네게 보이던 본을 따라 지으라 하셨느니라."(히 8:5)

라고 하였다. 즉 성막을 사람이 원하는 모양대로나 효용대로 지어서는 안 되었던 이유는 그것이 "하늘에 있는 것의 모형이요 그림자"였기 때문이다. 즉 성막은 '하늘에 있는 것의 복사본'이다. 따라서 원본을 보고 '그대로' 지어야 한다. 그래서 하나님은 "삼가 모든 것을 산에서 네게 보이던 본을 따라 지으라"라고 하셨다.

이 사실이 보여주는 중요한 사실은 우리가 **하나님을 섬김에 있어서 '우리의 방식으로' 섬기는 것을 하나님은 싫어하신다는 사실**이다. 이것이 RPW의 중요한 사상이다. 예배야말로 하나님을 섬기는 행위이기 때문에, 이런 말씀을 가지고 있으면서도 예배를 '내맘대로' 구성할 수는 없다. 찬송이 여기에 포함됨은 물론이다.

2) 또 다른 중요한 본문으로는 **레위기 10장**이 있다. 레위기 10장에서 아론의 두 아들 나답과 아비후는 '하나님께 제사를 드리기 위해' 곧 '예배를 드리기 위하여' 나아갔는데 하나님으로부터 죽임을 당한다. 그들이 죽임을 당한 이유는 "여호와께서 명하시지 아니한 다른 불을 담아"(레 10:1) 여호와께 분향하였기 때문이다.

우리가 방금 살핀 출애굽기 말씀, 곧 성막 버전에 대한 '제사 버전'이라

할 만하다. 하나님의 집이요, 예배의 처소인 성막을 '사람의 필요나 요구에 따라' 제맘대로 지을 수 없었듯이, 하나님께 드리는 예배 자체 또한 '사람의 마음대로' 할 수 없다는 것을 이 말씀은 현저하게 보여준다.

예배를 드린다는 사실 자체가 중요한 것이 아니다. 나답과 아비후는 예배 시간에 딴 짓을 하다가 죽임을 당한 것이 아니라, '예배 행위 자체에서' 죽임을 당하였다. 곧 예배를 하지 않거나 예배를 대치하여 하나님의 진노를 산 것이 아니라, **'예배를 했는데', '그 예배의 요소가 하나님의 원(뜻)과 맞지 않았기 때문에'** 하나님께서 진노하신 것이다.

이 사실은 우리 또한 하나님께 '내가 원한다고 해서 아무렇게나' 예배할 수 없음을 보여준다. 하나님은 이것 저것 가리지 않고, 사람이 퍼다 주는 것이면 무엇이든 먹어야 하는 이방 잡신이 아니시다. 하나님은 요구하신다. '올바른 예배'라는 것은 하나님께서 원하시는 예배이고, 여기에는 '예배의 처소'나 '예배 자체의 방법/방식'이 포함된다.

2.2 신조와 교리문답에서

개혁의 선배들은 성경의 이 가르침을 잘 이해했기 때문에, 예배를 사람의 욕구에 따라 임의로 조종하는 것을 금지하였다. RPW의 베이스가 되는 웨스트민스터 신앙고백서 21장 1항은 다음과 같이 예배에 대해 규정한다.

> "... 참되신 하나님을 **예배하는 합당한 방법은 하나님 자신이 친히 제정**하신 것이다. 그래서 인간의 상상이나 고안, 또는 사단의 지시를 따라서 어떤 보이는 형상을 좇거나, 또는 **성경에서 규정되어 있**

지 않은 다른 방법으로 하나님을 예배하지 않도록 그렇게 히나님을
예배하는 방법은 하나님 자신이 계시하신 뜻에 의해 제한이 되어 있
다"(21장 1항b).5

웨스트민스터 신앙고백서만 이렇게 말하고 있는 것이 아니다. 벨직신앙
고백서는 제 7조 성경의 충족성에서,

> "하나님께서 요구하시는 **예배의 전체 방식**(the whole manner of
> worship)이 성경 안에 충분히 기록되어 있습니다. 그러므로 우리가
> 지금 성경에서 가르침을 받는 것 외에 다른 것을 가르치는 것은 심
> 지어 사도라 할지라도 그 누구도 불법입니다."

라고 말한다. "예배의 전체 방식"이 성경 안에 계시되어 있음을 믿는다
고 고백하는 것이다. 하이델베르크 교리문답 역시 동일하다.

> 96문 : 제 2계명에서 하나님께서 원하시는 것은 무엇입니까?
> 답 : 어떤 형태로든 하나님을 형상으로 표현하지 않는 것이고, **하나
> 님이 그의 말씀에서 명하지 아니한 다른 방식으로 예배하지 않는 것**
> 입니다.

---

5   대요리문답도 참고하라. 108문답에서 "하나님께서 말씀으로 제정하신 종교적 예배와 규례
    를 받아 준수하고 순전하게, 그리고 전적으로 지키는 것", 109문답에서 "하나님께서 친히 제
    정하지 않으신 어떤 종교적 예배를 고안하고 의논하고 명령하고 사용하고 어떤 모양으로든
    인정하는 것과 거짓 종교를 용납하는 것"은 "제 2계명에서 금지된 죄들"이라고 논한다.

개혁주의 신앙고백서/교리문답들이 일치되게 '예배의 방식'을 언급하고 있음에 유의해야 한다. 신앙고백과 교리문답은 '예배의 태도'나 '마음'을 이야기하고 있는 것이 아니다. 예배를 드리는 방식, 곧 구체적인 순서나 예배에 포함되는 요소들을 말하는 것이다. 이런 것들을 결정함에 있어서도 하나님의 말씀을 따르지 않고 임의로 무언가를 끼워 넣거나 예배의 포맷을 자기 마음대로 결정할 수 있다고 생각하면 안 된다는 것이다.

이승구 교수는 칼빈을 언급하면서 RPW와 관련하여 이렇게 말하고 있다.

> "따라서 칼빈은 하나님 말씀에 근거하지 않은 관습은 신앙을 촉진하지 않고 퇴색시킨다는 것을 강조한다. 따라서 그런 예배는 참된 예배가 아니라 **'부패하고 오염된'**(vitiated) 것이고, **'허구적인'**(fictitious) 것이며, **'미신적인'**(superstitious) 것이라고 한다. 오직 우리의 심령에 하나님의 진리를 각인할 때만 예배의 관습이 도움이 된다는 것이 칼빈의 생각이다. 그러므로 개혁파 교회에서는 **하나님께서 성경에 가르치신 것만을 중심으로 하나님을 경배하려고** 노력해 왔다. 다른 일에서와 같이 하나님을 경배할 때도 사람이 주도권을 가지고 하나님께 어떤 순서를 마련해 드려서는 안 되고, 하나님께서 그의 말씀에서 가르치신 것에 순종해야 한다는 것이 우리의 근본적 생각이다. 따라서 개혁교회는 '예배 방식과 요소들에 있어서 하나님 말씀의 공인이 있어야만 한다'는 원칙에 늘 충실해 왔다."[6]

예배가 항상 하나님의 말씀에 의해 다스려지고 감독받아야 한다는 것을

---

6 이승구, "예배의 규정적 원리" (http://blog.daum.net/wminb/13718858).

받아들인다면, 여기에서 찬송이 빠져서는 안 된다. 찬송은 예배의 중요한 요소 중 하나이기 때문이다. 그럼에도 불구하고 우리가 앞서 살핀 바처럼, 우리의 찬송이 신학의 사각 지대에 놓여 있는 것이 사실이라면, 최선을 다하여 찬송을 '성경이 가르치는 바' 안으로 갖고 와야 할 것이며, 그런 점에서 비록 우리가 다른 많은 찬송들만을 교회의 예배 찬송으로 받아들여 왔지만, 성경적으로, 역사적으로 교회가 항상 '교회의 찬송가'로 받아들여 왔던 시편을 예배의 찬송으로 사용하는 것보다 더 좋은 일은 없으리라 생각한다.

이제 이 중심에 기초하여 "찬송의 원리들"을 먼저 생각해 보고(주로 개혁자들의 관점에서), 그 다음 시편 찬송이 예배 찬송으로 어떻게 타당한지를 성경의 증거와 역사적 증거를 통해 살펴보도록 하겠다.

3. 왜 개혁자들은 시편을 찬송하기 원했는가? : 찬송의 몇 가지 원리들

3.1 칼빈의 찬송에 대한 이해와 원리

칼빈은 제네바 시편 찬송의 서문(1542년의 서문, 완성판은 1543년)에서 다음과 같이 말했다.

> "공적인 기도에는 두 종류가 있습니다. 말로만 하는 기도와 찬송으로 드리는 기도입니다......음악에는 사람의 마음을 감동시키고 불붙게 하는 힘이 있어서 우리가 더 간절하고 열렬하게 하나님을 부르고 찬송하도록 하는 것을 우리는 실제 경험으로 알고 있습니다. 아우구스티누스 선생의 말처럼, 노래가 경박하거나 경솔해지지 않

고 장중하고 위엄이 있도록 주의를 기울일 필요가 있습니다. 또한 식탁에서나 집에서 사람을 즐겁게 하려고 부르는 노래와 교회에서 하나님과 그분의 천사들 앞에서 부르는 시편과는 매우 큰 차이가 있습니다."7

Arjan de Visser 교수는 교회 음악에 관한 이러한 칼빈의 관점을 일곱 가지로 요약했는데 다음과 같다.8

첫째, 칼빈은 음악이 하나님을 찬양하고 사람을 기쁘게 하는데 사용될 필요가 있는 하나님의 선물이다.9
  : 1543년 서문의 한 부분을 인용해 보자.

"사람을 재창조하거나 사람의 마음에 기쁨을 주는 것들 중에서 음악이 으뜸이고, 혹은 가장 중요한 것들 가운데 하나입니다. 음악은 그러한 목적으로 사용하라고 주신 하나님의 선물입니다......그러나......음악처럼 사람의 도덕심을 이 방향이나 저 방향으로 돌리거

---

7 번역은 김헌수의 것. 김헌수, "제네바 시편 찬송 서문과 칼빈의 찬송신학", 성약출판소식, 72호(2009. 8).

8 Arjan de Visser, "Church Music in Calvin's Tradition"(1/3), *Clarion*, Volume 58, NO. 23(November 6, 2009).

9 1543년판 서문에서 "사람을 재창조하거나 사람의 마음에 기쁨을 주는 것들 중에서 음악이 으뜸이고, 혹은 가장 중요한 것들 가운데 하나입니다. 음악은 그러한 목적으로 사용하라고 주신 하나님의 선물입니다. 음악은 우리의 유익과 구원을 위하여 주신 것이므로 우리가 음악을 손상시키거나 오염시켜서 스스로를 정죄하는 데에 떨어질까 두려워하고 그릇되게 사용하지 않도록 조심하여야 합니다. 이것 이외에 달리 더 고려할 것이 없다면 이제 음악을 적절히 사용하고 정직한 일에 사용하면 될 것입니다. 달리 말하면, 음악으로 말미암아 고삐가 풀려서 방탕하게 되거나 나약하게 되어서 무분별한 즐거움에 빠지지 않도록 하여야 하며, 음악이 음란함이나 난잡함의 수단이 되지 않도록 하여야 합니다."(역시 번역은 김헌수의 것).

나 굽힐 수 있는 것은 세상에 거의 없습니다......음악이 사람의 도덕성을 이리저리로 돌릴 수 있는 신비한 능력, 거의 믿을 수 없을 만한 능력을 갖고 있음을 실제로 우리도 경험으로 알고 있습니다. 따라서 우리는 음악이 우리에게 유익을 끼치고 해를 끼치는 일이 없도록 더욱 부지런히 규제하려고 합니다. 그러한 이유에서 고대 교회의 박사들은 그 시대의 사람들이 부도덕하고 방탕한 노래에 빠져있다고 종종 불평하였습니다. 그러한 노래가 세상을 타락시키는 치명적이고 사탄적인 독약이라고 말한 것은 매우 타당합니다."10

둘째, 칼빈은 우리가 **일상의 삶에서의 음악의 역할과 예배에서의 음악의 역할 간에 구별**해야만 한다고 믿었다. 신자들이 예배를 위해 모일 때 하나님께 이끌리며, 회중은 하나님과 천사들의 임재 속으로 들어간다. 이 놀라운 사실이 찬송과, 사용되는 멜로디의 성격을 결정해야 한다.

: 앞서 인용한 1542년의 서문에 이 예배 음악의 특성을 Poid et Majeste, 곧 "장중하고 위엄이 있도록"이라고 하였다. 예배 음악에서 반드시 기억해야 할 중요한 지침이다.

1543년 서문에서 칼빈은 "노래를 부르는 일은 (예배에서만이 아니라) 더 넓은 범위에서 할 수 있다."라는 말로 시작한다. 1542년 서문에서도 그 마지막 부분은 "식탁에서나 집에서 사람을 즐겁게 하려고 부르는 노래와 교회에서 하나님과 그분의 천사들 앞에서 부르는 시편과는 매우 큰 차이가 있다."라고 말하는 것으로 마치고 있다. 즉 칼빈은 엄격하게 '예배음악'과 '예배 외 음악'을 구분했다. Poide et Majeste는 예배 음악의 중

---

10 번역은 김헌수의 것.

심으로, 예배 바깥에서는 개인의 즐거움을 위한 음악도 사용할 수 있지만, 적어도 예배 안에서는 그렇게 하면 안 된다고 말하고 있는 것이다.

셋째, 교회에서의 찬송은 기도의 한 유형이다.

　: 시편 72편 마지막을 보면, 시편이 분명히 '시'이고, '교회의 찬송'임에도 불구하고, "이새의 아들 다윗의 **기도가** 끝나니라."(시72:19)라고 되어 있다. 이 구절은 '찬송=기도'라는 개혁파가 가지고 있는 생각의 중요한 근거가 되는 구절이다. 그래서 칼빈은 시편 찬송 서문에서 기도를 두 가지로 구분했던 것이다(1542년 서문 인용 참고).

넷째, 칼빈은 찬송이 **회중들에 의해**(성가대나 성직자들에 의해서가 아니라) 행해져야 한다고 강하게 믿었다.

　: 이 지점에서 Visser는 성가대를 위시한 여러 중창이나 합창등의 활동을 '예배 밖에서' 하는 것에 대해서는 지지한다. 그러나 예배 안에서는 '예배하는 회중'과 '만나주시는 하나님'과의 언약적 교제를 드러내는 데 찬송이 사용되어야 하기 때문에, 칼빈은 특정 인들의 찬송을 회중이 구경하는 식의 찬송이 되어서는 안 된다고 말한다. 우리네 풍토에서 받아들인 '성가대' 문화는 사실은 종교개혁에는 없던 것이다. 성가대 문화는 로마 가톨릭 교회가 중세 동안, 그 이전에 있던 고대의 '회중 찬송'을 왜곡, 비틀면서 생겨나게 된 문화이다. 고대를 지나 중세로 가는 동안 '찬송 전문인 그룹'으로서 사제들이 생겨났다. 회중은 찬송할 수 없었다. 종교개혁자들은 회중의 찬송을 회복하여 회중들에게 찬송을 돌려주었다.

다섯째, 칼빈은 찬송 본문의 내용을 명확하게 이해하지 못하는 한 하나님께 노래할 수 없다고 강조했다.

　: 이런 칼빈의 강조는 중세의 찬송이 죄다 라틴어로 불려졌기 때문에 회중은 전혀 알아듣지도 못한 당시의 시대적 정황이 반영된 것이다. 하지만 이런 강조점은 현대에도 충분히 반복될 수 있다. 왜냐하면 현대 찬양 문화의 특색 중 한 가지가 '회중들이 거의 모르는 새 찬양을 계속해서 가져오는 것'에도 있기 때문이다. 회중이 노래할 수 없다면 나쁜 찬송이다.

여섯째, 찬송의 가사는 성경적이어야 하며, **가능한한 하나님의 말씀으로부터 직접** 취해져야 한다고 믿었다.

　: 이 이유가 칼빈이 시편 찬송을 만들게 된 직접적인 이유이다. 오늘날 개혁교회들에서도 찬송가(Hymn)를 사용하지만, 복음주의권에서처럼 개인의 감정을 담은 노래들을 무분별하게 사용하는 것이 아니라 가급적 성경 자체로부터 취해진 가사를 가지고 만든 노래들이 많다.

일곱째, 칼빈은 **'절제(moderation)'가 예배 찬송의 지도원리가 되어야 한다**고 믿었다. 음악이 너무 부요하고 아름답게 되면 그 자체가 주목을 끌게 되므로 마음이 말씀에 집중하는 것을 막게 된다.

　: 이런 이유로 칼빈은 시편을 악기 반주 없이 부르게 했다. 또한 여러 성부를 화려하게 불렀던 중세 교회와는 달리 회중들로 하여금 '제창'(같은 곡조로 부르는 것)하게 했다. 화음이 회중이 찬송의 가사에 착념하는 것을 방해하고 음악에 현혹되게 하기 때문이다. 칼빈은 기독교 강요에서 이렇게 말하고 있다.

"만일 노래하는 것이 하나님과 천사들 앞에 합당한 위엄을 갖추어 진행된다면 기도의 거룩한 행위에 위엄과 은혜를 실어주게 되고, 따라서 우리 마음에 지도하고자 하는 참된 열심과 열정을 일깨우는 데에 크나큰 가치가 있을 것이 확실하다. 그러나 우리의 귀가 그 노래 가사의 영적 의미보다도 그 곡조에 더 솔깃해지지 않도록 매우 조심해야 할 것이다. 아우구스티누스는 다른 곳에서 그가 이런 위험 때문에 매우 곤란을 느껴서 아타나시우스가 행한 것처럼 낭송자가 음성의 높낮이를 아주 줄여서, 노래한다기보다는 말하는 것처럼 들리게 하는 관례가 교회 안에서 확립되었으면 하는 생각이 들 때도 있었다고 말하기도 한다."[11]

3.2 시편을 노래하는 이유

교회가 찬송으로 시편을 노래함으로써 얻게 되는 유익은 매우 크다. 전통적으로 유럽 대륙에서 자란 많은 신학자나 목회자들이 시편으로 하나님을 노래하는 것의 엄청난 유익들을 많은 글에서 이야기한다. 본회퍼가 말하는 시편찬송의 유익을 한 번 들어보자.

"주일마다 혹은 매일 시편을 돌아가면서 함께 읽거나 노래로 부르는 교회가 많습니다. 이러한 교회들은 엄청난 부요함을 누립니다. 왜냐하면 우리는 단지 시편을 매일 사용하는 것만으로도 하나님의 기도책을 통해 성장하기 때문입니다. 시편의 기도들은 가끔씩 읽기

---

11 Inst. III. 20. 32.

만 해도 우리가 또 다시 **더 가벼운 음식물에 매달리지 않도록** 우리의 생각과 힘을 매우 강하게 해 줍니다. 시편을 규칙적으로 진지하게 기도하기 시작한 사람은 자기가 사용하던 다른 기도책을 내던져 버리며 이렇게 말할 것입니다. '아! 이 기도책은 내가 시편에서 발견한 것과 같은 **풍부함과 힘, 그리고 그 강렬함과 열정**을 주지는 못하는구나! 너무 냉랭하고 너무 무덤덤하다'(루터)."**12**

칼빈이 말한 교회가 시편찬송을 부르는 세 가지 목적, 다른 한편으로는 얻게 되는 세 가지 유익을 캐나다 개혁교회 파브르 교수(R. Faber)가 정리한 내용을 들어보자.

1) 찬송을 부르는 근본적인 목적은 믿음에 대한 **우리의 반응을 표현하거나 그에 대한 우리의 감정을 나누는 것이 아니라 하나님의 자비와 은혜로 인해 하나님을 찬양하는 것입니다.** 실제로 칼빈은 '찬미의 제사를 하나님께 드리는 올바른 방법에 관해서 우리에게 가르쳐 주는 **정확한 원칙은 시편에 기록되어 있다.**'고 말합니다. 찬송을 드림에 있어 초점은 사람이 아니라 하나님께 있습니다......하나님을 송영하는 데 있어서 어떤 특정한 시대의 미적인 가치나 그 시대의 문화가 방해의 원인이 되어서는 안됩니다.

2) 공예배 시에 시편찬송을 부르는 두 번째 목적은 **신자의 믿음을 강화시키는 데** 있습니다......시편찬송은 우리의 마음에서 세속적인 것을 내

---

12 본 회퍼, 『본 회퍼의 시편이해』(서울: 홍성사, 2007), 30.

려놓게 하며 영적인 것을 착념하는데 도움을 줍니다. 그리스도의 회중들이 마음과 입술로 찬양함으로써 하나님 말씀에 더욱 착념하도록 고무시킵니다.....시편을....부름으로써...그리스도의 회중들이 시편 말씀에 대한 이해를 진전시킬 수 있게 됩니다.

3) 시편찬송을 부르는 세 번째 목적은 **하나님의 은혜의 효과들을 묵상하는 것**입니다. 시편찬송은 슬픔과 고난의 시기에 있는 그리스도의 회중들을 격려하며 힘을 북돋우는 역할을 합니다. 또한 시편찬송은 자신의 죄와, 그리스도의 속죄와, 순종의 요구들에 우리의 주의를 집중시킵니다....이러한 이유로 인해 칼빈은 '우리 심령의 깊은 곳에서 솟아오르는...목소리와 찬미'....라고 하였습니다."[13]

3.3 제네바 시편이 이런 원리들을 구현한 방식[14]

이런 내용들을 종교 개혁 당시 시편 찬송 안에 어떻게 녹여 넣었는지는 다음의 내용들을 통해서 파악할 수 있다. 몇 가지 내용들로 정리해 보자.

3.3.1 음악 자체에서
1) 이 곡조는 좁은 보컬 영역 안에 위치해 있다. 한 옥타브 플러스 한 음 정도이다. 대다수의 곡들은 미들C에서 하이D 까지의 영역을 아우르고,

---

[13] R. Faber, "John Calvin on Psalms and Hymns in Public Worship, Part 1: Introduction, Sources, and Influences", *Clarion* vol.51, No.16 (2002), 386–389.

[14] 3.3.1과 3.3.2의 내용은 전적으로 Ken Hanko, "The Music of the Genevan Psalter", *Clarion*. vol60, No.1 (2011), 6–8의 것이다.

가끔 D나 하이E 까지이다. 따라서 회중들은 결코 한 곡조 안에서 아홉 음계 이상을 부르지 않아도 된다. 이후 교회음악들이 빈번하게 10에서 11계명까지 이 음역대를 확장하곤 한 것을 생각하면, 이 찬송들은 애초에 '매우 부르기 쉽도록' 만들어진 것이다.

2) 모든 곡조들이 2분 음표와 4분 음표만을 사용하고 있다. 8분 음표와 16분 음표는 존재하지 않으며 점 음표도 없다. 모든 음표들이 최근의 교회 음악들보다 훨씬 보편적이다. 오늘날 여러 개의 16, 32분 음표와 따라 부르기 어려운 당김음들이 난무하는 CCM이나 경배 찬송을 부르다가 시편 찬송에 도착하면 너무나 부르기 쉽다는 것을 깨닫게 된다.

3) 시편 2편과 6편, 그리고 다른 몇 시편들을 제외하면 전반적으로 음절 수와 음표가 일치한다. 가사에 있어서 한 가사당 한 음표씩인 것이다. 물론 이것은 다른 언어로 번역할 때는 번역자들이 감당해야 할 어려움이다.

4) 한 음표로부터 다음으로 넘어갈 때 큰 음정적인 도약이 거의 없다. 작은 간격이 큰 간격보다 훨씬 노래를 부르기 쉽게 해 준다. 최고 수준의 어렵고 큰 간격은 찾아볼 수 없다. 시편 찬송에는 격렬한 음차가 존재하지 않는다. 무리하지 않고 부를 수 있다.

5) 대부분의 라인이 긴 음표로 시작하고 끝난다. 이는 회중들에게 라인의 시작부에서 음성을 모을 수 있는 시간을 주고, 라인들 사이에 숨을 쉴 수 있도록 하기 위함이다.

6) 회중들은 단성(unison)으로 부르게 된다. 화음을 위한 반주파트는 존재하지 않는다.

7) 그러나 '단순하다'는 것이 '수준이 낮다'는 의미는 아니다. 제네바 시편 찬송의 곡은 단순하면서도 매우 다양성을 가지고 있다. 제네바 시편 찬송이 사용하고 있는 교회선법을 참고하라.[15]

도리안 : 2, 5, 8, 9, 10, 11, 12, 13, 14, 20, 24, 33, 34, 37, 41, 45, 48, 50, 53, 59, 62, 64, 67, 78, 80, 88, 90, 91, 92, 95, 96, 104, 107, 111, 112, 114, 115, 125, 128, 130, 137, 143, 146, 148, 149

히포도리안 : 7, 23, 28, 40, 61, 77, 86, 109, 120, 129

프리기안 : 17, 26, 31, 51, 63, 69, 70, 71, 83, 94, 100, 102, 131, 132, 141, 142, 147

믹솔리디안 : 15, 19, 27, 27, 46, 57, 74, 82, 85, 116, 126, 136, 145

히포믹솔리디안 : 30, 44, 58, 76, 87, 93, 103, 113, 117, 121, 127, 139

에올리안 : 4, 6, 22, 38, 65, 72

---

[15] 시편찬송의 선율은 대략 세 가지 그룹으로 나눌 수 있다. 1) 1551년 제네바 판에 있는 50개의 시편의 선율은 클레멘트 마롯(Clement Marot)이 본문을 제공했고, 루이스 부르게이오스(Louis Bourgeois)가 통상 작곡자인 것으로 간주된다. 하지만 이 점에 대해서는 아직 확실하지 않다. 2) 34개의 시편의 선율은 테오도르 베자(Theodore de Beza)에 의해 본문이 제공되었고, 1551년에 나타난다. 비록 세부적인 면에서 명확하지는 않지만, 아마도 이것 역시 부르게이오스가 작곡 혹은 편곡했을 것으로 추정된다. 3) 나머지 40개의 선율은 1562년의 완전한 판에서 나타나는 것인데, 이들은 통상 마이스트르 피에르(Maistre Pierre)에게서 기원하는 것이라고 여겨진다. 하지만 그가 작곡했는지 혹은 단지 그것들을 베껴쓰기만 한 것인지 정확하지 않다; 그의 정체 역시 미스테리로 남아 있다.

히포에올리안 : 16, 18, 39, 55, 106, 110, 144

이오니안 : 1, 3, 21, 29, 32, 36, 47, 52, 68, 73, 75, 81, 84, 97, 105, 122, 133, 135, 138, 150

히포이오니안 : 25, 35, 42, 43, 49, 54, 56, 60, 66, 79, 89, 98, 101, 108, 118, 119, 123, 124, 134, 140[16]

3.3.2 가사의 반영

찬송이 가사를 제대로 반영하기 위하여 어떠해야 하는지의 몇 가지 예들을 들 수 있다.

1) 시편 6편이나 51편 같은 슬픈 시편을 노래할 때의 음악은 슬퍼야 한다.

2) 97편이나 150편과 같은 시편은 기쁨을 표현해야 한다.

3) 하나님의 집을 갈망하는 시편 84편과 같은 것은 음악에서 그 간절함이 표현되어야 한다.

4) 시편 121편의 음악의 차분함은 하나님의 돌보심에 대한 고요한 확신을 노래한 시편 본문과 완벽하게 어울린다. 앞서 말한 '교회 선법'은 이런 점에서도 가사의 반영을 쉽게 해 준다. 왜냐하면 오늘날은 메이저와 마이너 둘만을 사용하지만, 아홉 개의 선법을 사용하는 교회선법은 폭넓은 유연성을 제공해준다.

---

16 *Book of Praise : Anglo-Genevan Psalter* (Standing Committee for the Publication of the Book of Praise of the Canadian Reformed Church, 1993), 7.

5) 그 정도에서 그치는 것이 아니라, 예를 들면 시편 81편에서 "기쁨의 시편을 부르라, 거룩한 환호로 소리치라"고 할 때, 노래로는 소리를 칠 수가 없기 때문에 시편 찬송은 이를 표현하기 이해 둘째 라인 시작부터 긴 하이노트를 넣는다.

6) 시편 6편은 여호와와 기름부음 받은 자에 대한 열방과 왕들의 반역에 대한 시편이다. 따라서 시편의 작곡자들은 이를 표현하기 위하여 다른 어느 곡에서도 사용하지 않는 방식으로 첫 세 라인의 모든 음표들을 전부 4분 음표로 만들었다. 이런 방식으로 음악적으로 열방들의 불안과 광포를 표현했다. 그리고 이 음역대를 전부 낮게 배치함으로써 열방들을 웅얼거림, 또는 하나님의 조롱하심을 표현하였다.

7) 시편 13편은 "깊은 곳에서" 하나님께 부르짖을 때 A에서 D로 내려가면서 깊은 곳으로 바뀐다. 이후 하강에서 오를 때 점진적으로 도약한다. 첫 번째 줄에서 F까지 도달하고, 두 번째 줄에서 A까지, 세 번째 줄에서는 C로 그리고 마지막 네 번째 줄에서는 D로 올라간다. 이런 작곡은 가사의 내용을 그대로 반영한 것이다.

8) 이런 강조점은 가사를 번역하여 넣을 때도 유의점이 되는데, 스킬더는 하스퍼가 펴낸 시편 찬송이 자주 메시아적인 해석을 은폐시키기 때문에 이를 심각하게 문제 삼았다. 실례를 하나 들자면, 썩음을 보지 않게 될 "거룩한 이"(시16:10)에 대한 다윗의 예언은 그리스도의 부활에서 성취된 예언이다(행2:31). 스킬더는 하스퍼가 자신의 개정판에서 "거룩(heilige)"이라는 말 대신에 "경건한(vrome)"이라는 말을 사용해, 메시아

적인 측면을 보는데 훨씬 더 어렵게 만들었다고 비판했다.[17]

4. 시편 찬송의 성경적 근거

이런 이유들로 인하여 교회가 사용해야 할 찬송가로서 시편을 사용하는 것은 매우 합당하다. 물론 우리네 토양에서 한번도 시편을 찬송가로 사용해 본 적이 없는 입장에서는 두 가지 걸림돌, 곧

    1) 우리가 현재 사용하고 있는 찬송을 방어해야 하는 입장과
    2) 사용해보지 않은 찬송을 받아들여야 한다는 부담감이

동시에 작용하겠지만 시편 찬송은 한편으로는 성경적 입장에서 성경 안에서 항상 하나님의 백성들의 찬송가였으며, 또 다른 한편으로는 역사적 입장에서 교회의 고유한 찬송들을 버렸던 중세의 일정 기간들을 제외하면 역사적으로도 항상 교회의 찬송가였다. 따라서 우리가 비록 지금 당장 교회의 찬송을 시편으로 전환하는 일이 전혀 불가능하다고 할지라도, 교회 안에 시편을 '예배의 찬송'으로서 들여오는 노력을 시작하는 것은 매우 고무적이리라 생각한다.

이제 여기에서는 두 장을 할애하여 시편이 항상 교회의 찬송가였음을 살펴려 하는데, 본장에서는 시편 찬송이 성경 안에서 어떻게 교회의 찬송가로 확인이 되는지를, 그리고 다음 장에서는 시편 찬송이 교회 역사 안

---

17 Arian de Visser, "Schilder's Views Regarding the Reformed Psalter", *Clarion*, Vol. 59, No. 9 (April 23, 2010).

에서 어떻게 교회의 찬송가로 확인이 되는지를 살펴보도록 하겠다.

4.1 시편 자체와 구약의 본문들이 시편이 예배에 사용된 찬송임을 많은 곳에서 증거함

시편 안에 이미 이 시편이 '예배를 위한 노래'로 지어졌음을 증거하고 있는 부분이 많이 있다. 기본적으로 시편은 '시'이다. 운율이 있는 노래들은 구약에서 여기저기 발견되는데, 예를 들어 출애굽기 15장의 '출애굽 승리의 노래'라든지, 신명기 끝부분(32장)에 나오는 '모세의 마지막 노래', 또는 사무엘상 앞부분의 '한나의 노래'와 같은 운율을 가진 시들을 많이 볼 수 있다. 이 시들은 통상 구전으로 전해질 때 용이하기 위해 노래로 불려지기 위한 것이었다.

시편은 표제가 달려 있는 시들이 많이 있는데, 이 표제들은 이 시편이 교회가 공예배로 모였을 때 사용했던 찬송가였음을 잘 보여준다. 예를 들어 "성전에 올라가는 노래"와 같은 표제들은 그 시편이 교회의 절기와 연관된 시편임을 알려준다. 또한 "깃딧(8, 81, 84편)", "마스길"(32, 42, 44, 45, 52-55, 74, 78, 88, 89, 142편), "뭇랍벤"(9편), "믹담"(16, 56-60편), "소산님"(45, 60, 69, 80편), "셀라"(71회 나옴), "스미닛"(6, 12편), "식가욘"(7편), "알라못"(46편), "여두둔"(39편), "힉가욘"(9, 16편), 그리고 "영장으로 한 노래"(또는 영장으로 ~에 맞춘 노래, 45회) 등의 음악 기호들이 나온다.

그리고 시편 자체에서 뿐 아니라 구약 성경의 다른 곳들에서 시편이 예배 음악으로 사용되었음을 보여주는 여러 증거들이 있다. 대표적으로 **역**

대상 16장 말씀을 들 수 있다. 역대상 16장 말씀은 다윗이 궤를 메어 올 때의 상황인데, 여기에서 레위인들은 찬양하고 나팔을 불면서 노래하는데(4절), 이 때 노래하는 것이 시편 105편이다. 다음의 비교를 통해 쉽게 알 수 있다.

이렇게 역대상 16장 앞부분은 레위인들이 예배 정황에서 시편을 불렀음을 알 수 있는 쉬운 예에 해당한다. 그리고 역대상 16장의 뒷부분에는 소위 "위대한 할렐"이 나온다.

> 대상16:34 "여호와께 감사하라 그는 선하시며 그의 인자하심이 영원함이로다."

"할렐"은 유월절이나 오순절 등 절기 때 부르는 노래로서, 특별히 시편 136편에는 찬양구절이 계속 반복되어 나오기 때문에 "위대한 할렐"이라고 불리기도 한다.

시136편

1절 "여호와께 감사하라 그는 선하시며 그 인자하심이 영원함이로다."
2절 "신들 중에 뛰어난 하나님께 감사하라 그 인자하심이 영원함이로다."
3절 "주들 중에 뛰어난 주께 감사하라 그 인자하심이 영원함이로다."
4절 "홀로 큰 기이한 일들을 행하시는 이에게 감사하라 그 인자하심이 영원함이로다."
5절 "지혜로 하늘을 지으신 이에게 감사하라 그 인자하심이 영원함이로다."
6절 "땅을 물 위에 펴신 이에게 감사하라 그 인자하심이 영원함이로다."

대상 16장	시편 105편
8 너희는 여호와께 감사하며 그의 이름을 불러 아뢰며 그가 행하신 일을 만민 중에 알릴지어다	1 여호와께 감사하고 그의 이름을 불러 아뢰며 그가 하는 일을 만민 중에 알게 할지어다
9 그에게 노래하며 그를 찬양하고 그의 모든 기사를 전할지어다	2 그에게 노래하며 그를 찬양하며 그의 모든 기이한 일들을 말할지어다
10 그의 성호를 자랑하라 여호와를 구하는 자마다 마음이 즐거울지로다	3 그의 거룩한 이름을 자랑하라 여호와를 구하는 자들은 마음이 즐거울지로다
11 여호와와 그의 능력을 구할지어다 항상 그의 얼굴을 찾을지어다 (이하 22절까지)	4 여호와와 그의 능력을 구할지어다 그의 얼굴을 항상 구할지어다 (이하 15절까지)

7절 "큰 빛들을 지으신 이에게 감사하라 그 인자하심이 영원함이로다."
(이하 할렐이 계속된다.)

다른 곳에서도 이런 예들을 볼 수 있다. **역대하 20장** 같은 곳이다.

대하 20:21 "백성과 더불어 의논하고 노래하는 자들을 택하여 거룩한 예복을 입히고 군대 앞에서 행진하며 여호와를 찬송하여 이르기를 **여호와께 감사하세 그의 인자하심이 영원하도다** 하게 하였더니."

이 장면은 여호사밧이 백성들을 이끌고 전쟁을 위하여 나갈 때의 장면인데, 여기에도 방금 살핀 것과 같은 "할렐 구절"이 있다.("여호와께 감사하세, 그의 인자하심이 영원하도다.") 즉 구약의 곳곳에서 시편의 흔적들을 볼 수 있다.

이사야 30장 29절 말씀은 거룩한 절기를 지킬 때 이스라엘 백성들이 노래를 불렀음을 보여주며,

> 사 30:29 "너희가 거룩한 절기를 지키는 밤에 하듯이 노래할 것이며 피리를 불며 여호와의 산으로 가서 이스라엘의 반석에게로 나아가는 자 같이 마음에 즐거워할 것이라."

에스겔 40장 44절 말씀은 성전 안뜰에 노래하는 자들이 있었다는 것을 알 수 있게 해 주는데,

> 겔 40:44 "안문 밖에 있는 안뜰에는 노래하는 자의 방 둘이 있는데 북문 곁에 있는 방은 남쪽으로 향하였고 남문 곁에 있는 방은 북쪽으로 향하였더라."

이들이 부른 노래들이 시편이었을 것을 짐작하기 어렵지 않다. 이들이 여기서 부른 노래들이 시편이었을 것이라는 점은 신약 성경을 살펴보면 더욱 명확해진다.

4.2 찬송가로서의 시편에 대한 신약 성경의 증거들

신약 시대에 이르러서도 하나님의 백성들이 시편을 불렀다는 증거들이

곳곳에 남아 있다. 회당에서 혹은 절기에 시편을 부르는 것은 유대인들의 오랜 전통이었고, 따라서 당연히 예수님께서도 제자들과 함께 시편을 노래했다. 그리고 신약 교회가 성립되고 난 후에 서신들을 통해 사도들은 교회에게 시편을 노래할 것을 명령했다.

1) 마 26:30 "이에 그들이 찬미하고 감람산으로 나아가니라"

마태복음 26장에서는 우리 주님께서도 제자들과 함께 시편을 노래했음을 볼 수 있다. 마태복음 자체에는 "찬미하고"라고 밖에 되어 있지 않지만, 예수님 당시 절기 때 유대인들이 "할렐"을 불렀다는 것은 잘 알려져 있는 사실이다. 예를 들어 헤르만 리델보스는 마태복음 주석에서 이 부분의 노래가 무엇인지에 관해 이렇게 설명한다.

> "여기에 언급된 찬미는 할렐의 두 번째 부분을 부르는 것으로, 유월절 의식의 마지막 순서였다. 할렐의 첫 번째 부분(시편 113편, 어떤 사람은 114편도 포함)은 유월절 정찬을 들기 전에 불렀다. 만찬이 끝난 후에는 두 번째 부분을 부르는데, 이것은 시편 114편(혹은 115편)으로 시작하여 118편으로 끝났다. 그러므로 예수님의 죽음을 얼마 남겨 놓지 않고 예수님과 제자들은 구원과 찬양에 대한 옛 이스라엘의 찬송을 함께 불렀다(시116편과, 특히 118편을 보라). 그리고 그들은 성을 떠나 감람산으로 갔다."[18]

2) 고전 14:26 "너희가 모일 때에 각각 찬송시도 있으며……"

---

[18] 헤르만 리델보스, 『마태복음(하)』(서울: 여수룬, 1999), 750.

고린도전서에 나와 있는 "찬송시"라는 것은 "너희가 모일 때에"라고 기록된 것으로 보아 분명 공예배 시에 모였을 때에 사용한 노래를 가리킨다. 문맥을 보아도 14장 26절 이하의 말씀들은 성도들이 예배로 모였을 때 어떻게 방언과 예언을 사용할 것인지에 관한 지침을 주고 있는 말씀이다. 따라서 우리는 신약교회가 함께 예배로 모였을 때 그들의 예배 순서에 '찬송시'라는 것이 있었다는 것을 알 수 있다.

그런데 이 때 우리말로 "찬송시"라고 번역한 헬라어 단어는 '프살모스'로서 '시편'을 가리키는 말이다. 구약성경의 헬라어 역본인 70인역에서 '시편'을 가리키는 말이 '프살모스'이며,19 실제로 **전체 시편 중 총 67편의 시편에 '프살모스'라는 제목이** 붙어 있기 때문에 '프살모스'가 시편 책 전체의 타이틀이 되었다. 영어로 시편을 의미하는 Psalm 혹은 Psalter 라는 말이 바로 헬라어 '프살모스'에서 유래한 것이다.20

그러므로 우리가 고린도전서 14장의 언급, 곧 교회가 모일 때에 "찬송시가 있다"라고 한 말의 의미는 신약교회가 처음부터 모여서 함께 예배할 때 예배 찬송으로서 시편을 사용했다는 것을 분명히 알 수 있게 해준다.

3) 엡 5:19와 골 3:16

엡 5:19 **"시와 찬송과 신령한 노래들로** 서로 화답하며 너희의 마음

---

19 눅 20:42 "시편에 다윗이 친히 말하였으되…"; 24:44 "모세의 율법과 선지자의 글과 시편에…" 등에서 '시편'이 '프살모스'이다.

20 시편(Psalms 또는 Psalter)이란 말은 구약성경 그리스어 번역본 70인역에서 유래했다. 바티칸 사본(Codex Vaticanus, 기원후 4세기)에는 프살모이(Psalmoi)라는 원래의 제목과 비블로스 프살몬(Biblos psalmon, 시편)이라는 부제가 사용되었으며, 알렉산드리아 사본(Codex Alexandrinus, 기원후 5세기)에는 프살테리온(Psalterion)이란 명칭이 나온다.

으로 주께 노래하며 찬송하며"

골 3:16 "그리스도의 말씀이 너희 속에 풍성히 거하여 모든 지혜로
피차 가르치며 권면하고 **시와 찬송과 신령한 노래를 부르며** 감사하
는 마음으로 하나님을 찬양하고."

앞서 설명한 '프살모스'는 신약성경에 총 7번만 나오는데(눅 20:42,44;
행 1:20;13:33; 고전 14:26; 엡 5:19; 골 3:16), 이 중에서 시편을 인용하
면서 "시편"이라고 번역된 것이 누가복음과 사도행전의 구절들이고, "시
편"이라고 직접 인용되지 않고 신약성도들의 예배나 삶과 연관되어 나
타나는 구절이 뒤의 세 구절들이다.

　고린도전서 14:26은 앞의 설명에서 나온 대로, 고린도 교회가 공적 예
배를 드릴 때 사용했던 '찬송시'를 말할 때 사용된 것이다. 그리고 에베소
서 5:19과 골로새서 3:16에서는 "시와 찬송과 신령한 노래들"이라고 언
급되었는데, 이 때 **"시"가 '프살모스'**에 해당한다.

그런데 이 두 구절에서는 한 가지 더 생각해야 할 점이 있다. 고린도전서
에서는 시편이 단지 "찬송시"(프살모스)라고만 언급되었는데, 에베소서
와 골로새서에서는 "시(프살모스)와 찬송(휨노스)과 신령한 노래(오데 프
뉴마티코스)"라고 언급되었다는 점이다. 이렇게만 보면 신약 교회가 예
배 때 사용한 찬송에는 세 가지가 있었던 것으로 보인다. 시편을 의미하
는 프살모스 외에도 "찬송"이라는 노래들과 "신령한 노래"라고 불리는
노래들이 더 있었던 것 같다.

　하지만 실은 그렇지 않다. 사실은 에베소서와 골로새서의 "시와 찬송

과 신령한 노래"는 "찬송시", 곧 프살모스를 다르게 표현한 것에 해당한다.

우리는 앞에서 '프살모스'가 시편에서 총 67회 제목으로 붙어 있기 때문에 "그것이 시편 전체의 제목이 되었다"라고 하였다. 즉 '프살모스'는 시편의 '대표 이름'이지만 시편에는 프살모스라고 제목이 붙어 있지 않은 다른 시편들도 있다는 것이다.

다른 시편들에는 다른 제목들이 붙어 있다. 70인역 성경의 시편을 보면 67개의 시편에 "시"(프살모스)라고 붙어 있고, 6개의 시편에는 "찬송(휨노스)"라고 붙어 있으며, 35개의 시편에는 "신령한 노래(오데 프뉴마티코스)"라고 제목이 붙어 있다. 나머지 시편들은 이 명칭들 중 한 가지 이상이 결합한 것이다.[21] 즉 고린도전서가 '찬송시'(프살모스)라고만 말할 때는 시편의 대표 표제를 말한 것이고, "시와 찬미와 신령한 노래"라고 할 때는 시편을 조금 더 상세하게 지칭한 말인 것을 알게 된다.

5. 시편 찬송의 역사적 근거

이제 시편 찬송이 교회 역사 속에서 어떻게 사용되었는지를 살펴보자.

5.1 초대 교회 안에서

먼저 샤프는 그의 교회사에서 1세기의 예배에 관하여 '회당 예배'에 대하여는

---

21 J. Kortering, "Psalm Singing : A Reformed Heritage" (http://www.prca.org/pamphlets/pamphlet_37.html)

"예배는 단순했으나 다소 길었고, 경배와 가르침과 의식이라는 세 요소를 포괄했다. 기도와 찬송과 성경 낭독과 성경 강해와 할례와 결례를 포함했다. 피흘리는 제사는 성전에 국한되었고, 성전 멸망과 함께 중단되었다.......**기도와 찬송은 최초의 전례이자 찬송가라고 할 수 있는 시편 본문을 주로 사용했다.**"**22**

라고 쓰고 있다. 기독교의 예배에 대하여는

"찬송은 영적 체험과 깨달음과 위로로 구성된 닳지 않는 보화인 구약 성경 시편들과 함께 성전과 회당에서 곧장 기독교 교회로 전래되었다. 주께서는 성찬을 제정하여 새 언약을 세우신 뒤 친히 시편 찬송을 하셨고(마 26:30; 막 14:26), 바울은 서로 덕을 세우는 방편으로서 '시와 찬미와 신령한 노래들'을 부르라고 분명히 당부했다(엡 5:19; 골 3:16)."**23**

라고 함으로써 우리가 앞서 살핀 내용들을 반복하고 있다.

덧붙여 신약 교회는 여기에다 신약 성경에 나와 있는 여러 찬송들을 덧붙였는데, 이런 덧붙여진 찬송들은(Hymn) 오늘날의 개혁교회들에서도 시편 찬송과 함께 덧붙여져 불러지고 있다.

"그 예를 들면 다음과 같다: 구주께서 나실 때 천군이 부른 찬송

---

22 Philip Schaff, 『교회사 전집 : 제 1권, 사도적 기독교』 (*History of the Christian church*, 1, 이길상 역, 고양: 크리스챤다이제스트, 2004), 368.
23 Philip Schaff, 『교회사 전집 : 제 1권, 사도적 기독교』, 372.

(Gloria, 눅 2:14); 시므온의 찬송(Nunc dimittis, 눅 2:29); 동정녀 마리아의 찬송(Magnificat, 눅 1:46 이하); 사가랴의 찬송(Benedic- tus, 눅 1:68 이하); 베드로가 기적으로 구출된 뒤에 드린 감사(행 4:24-30; 비교 시2);......서신서들에 흩어져 있는 찬송의 단편들(엡 5:14; 딤전 3:16; 딤후 2:11-13; 벧전 3:10-12); 계시록의 서정적이 고 전례적인 단락들, 송영들과 교송들(계 1:5-8; 3:7, 14; 5:9, 12, 13; 11:15, 17, 19; 15:4; 19:6-8)."[24]

5.2 초기 기독교 시대의 찬송

샤프에 따르면, 안디옥의 이그나티우스에 의해 시편의 '교송(antiphony)' 과 '응송'(responsive song)이 도입되었고, "영지주의자들과 발렌티누스 와 바르데사네스와 같은 이들이 종교적인 노래를 작곡했지만, 분명한 것 은 교회가 그들에게 찬송을 배운 것이 아니라 구약 성경 시편에서 배운 것이다."[25]

제임스 화이트는 예루살렘의 예배에서 자주 사용된 시편과 찬미에 대 하여 "에게리아가 언급하고 있는 모든 내용은 찬미, 교창, 시편에 대한 것으로 가득 차 있다. 수도사와 수녀와 어떤 평신도들은 새벽 닭이 울 때 부터 동틀 무렵까지 찬미, 시편, 그리고 교창에 맞추어 후렴구를 부르는 것으로 매일의 시간을 채웠다."[26] 라고 쓰고 있다. 이 때부터 수녀 성가

---

24 Philip Schaff, 『교회사 전집 : 제 1권, 사도적 기독교』, 372.
25 Philip Schaff, 『교회사 전집 : 제 2권, 니케아 이전의 기독교』(History of the Christian church, 2, 이길상 역, 고양: 크리스챤다이제스트, 2004), 221.
26 제임스 화이트, 『예배의 역사』(서울: 쿰란출판사, 1997), 93.

대와 소년 성가대가 고도로 조직되었는데 당시 기록에는 "수녀 성가대는 교회에서 시편을 노래하는 사람에 대해 응답송을 하는 소년 성가대를 대신한다."[27]라고 되어 있다. 이 부분에서 교회가 "시편을 노래한다."라고 말한 사실에 주목하라.

4세기의 교부인 크리소스톰의 여섯 편의 설교에 보면 모든 사람이, 모든 장소에서, 모든 경우에 불러야 할 노래로 시편을 이야기하고 있음을 볼 수 있으며, 주후 360년 경 열린 라오디게아 공의회에서는 교회 안에서의 '찬송가'(Hymn)를 금지하는 결정을 한 것이 알려지고 있다. 당시 이단자들이 교회 안에서 시편(Psalms) 대신 찬송가(Hymn)를 많이 보급하였는데, 영지주의자들과 아리우스파, 도나투스파가 이들에 해당한다. 이 때문에 라오디게아 공의회는 교회 안에서 시편 찬송만을 부르도록 한 것이다.[28]

당시의 찬송 형식에 대하여는 카렐 데던스의 글을 참고할 수 있다.

"성전에서는 많은 악기들이 사용되어 풍부하고 다양한 관현악 음악이 반주되었지만, 회당에서는 그렇지 않았다. 초대 교회 역시 회당을 본받아 노래에 반주로 쓰일 악기를 전혀 사용하지 않았다. 교회의 초기 역사에서 악기를 사용하지 않은 사실은 차후 기독교인들의 찬양 형식에 결정적인 영향을 미쳤다. 판 더르 레이우(Gerardus van der Leeuw)와 하스퍼(H. Hasper)는 회당에서 시편이 불려지던 방식이 고대 교회에서도 그대로 이어졌다고 밝혔다. 고립된 곳

---

27 제임스 화이트, 『예배의 역사』, 94.
28 J. Kortering, "Psalm Singing : A Reformed Heritage" (http://www.prca.org/pam-phlets/pamphlet_37.html).

에 위치한 회당의 멜로디는 시간이 지나도 거의 바뀌지 않았다. 그
리고 회당에서 불리던 노래는 그레고리오 성가의 멜로디와도 유사
한 점이 많았다……이처럼 회당 예배의 많은 요소들이 성전의 예배
에서 가져온 것이었고, 이는 그대로 고대 교회에 의해 계승되었다.
곧 시편 찬송에는 성전에서 회당으로, 회당에서 고대교회로, 그리
고 고대교회에서 지금 우리에게로 이어진 오래된 전통이 있다."[29]

5.3 개혁자들의 시편 찬송 회복

중세로 접어들면서 찬송에 있어서도 내리막길이 잇다랐다. 찬양이 사제
들의 고유 영역이 되고, 예배가 알아들을 수 없는 라틴어로 정착되어 가
면서 회중은 점점 더 찬송에 있어 침묵해야 하는 위치가 되었다.

　이런 상황에서 종교개혁자들은 신학의 개혁만을 일으킨 것이 아니라,
예배의 개혁도 함께 가져왔는데, 이 안에는 '찬송의 개혁'도 있었다. 이
때 종교개혁자들이 일치되게 향한 찬송의 방향은 '시편 찬송을 회복하는
일'이었다.

5.3.1 마틴 루터
루터는 예전을 회복하는 데는(미사를 개혁하는 데는 적극적이지 않았
다.[30] 따라서 루터와 시편 찬송이 직접적인 연관이 있지는 않다. 그러나

---

29 Karel Deddens, 『예배, 하나님만을 향하게 하라』(*Where Everything Points to Him*, 김철
　　규 역, 서울: SFC, 2014), 144-145.
30 "그는 그것의 외적 형식을 바꾸기 보다는 의미를 바로잡기를 원했다. 루터는 또한 색다르다
　　는 이유로 단순히 새로운 것을 소개함으로서 조소에 빠지지 않게 되는데 주의를 기울였다.

찬송의 원리에 대해서는 말한 바들이 많이 있기 때문에, 이를 통해 찬송이 어떠해야 할 것인지에 대해 충분히 살필 수 있다.

루터는 찬송의 기본적인 성격에 대해 이렇게 말한다.

> "하나님의 말씀이 설교되지 않을 때, 사람은 노래할 수도 읽을수도 심지어는 함께 나아올 수도 없다."[31]

루터는 다른 종교개혁자들과 마찬가지로 **말씀에 종속된 것**으로 여겼다. 회중 찬양에 대해서는 다음과 같이 말하기도 한다.

> "노래라는 선물은 오로지 사람에게만 주어진 것으로서, 그로 하여금 하나님을 말과 음악 모두로서 찬양해야만 한다는 것을 깨닫게 한다. 말하자면 음악을 통해 하나님의 말씀을 선포하는 것이다."[32]

따라서 루터는 **사람의 저작과 경험으로부터 찬송을 끌어내는 것에 대해 찬성하지 않았다.** 그것들은 성경을 가리키지 않는 경향이 있으며, 더 나아가 그는 사람의 본성은 스스로가 성령과 진리로 예배할 수 있는 것처럼 믿도록 이끄는 경향이 있다고 생각했고, 따라서 오직 성경만이 공예

그리고 그는 이 개혁의 시기에 사람들의 신앙이 삐걱거리지 않게 하기 위하여 로마교회의 예전을 완전히 폐지해 버리려 하는 재세례파들과 구별을 지었다." R. Faber, "The Reformers on Psalms and Hymns in Public Worship" part 1. *Clarion*, vol.50, No.6 (2001), 137–140.

31 Martin Luther, "Concerning the Order of Public Worship"(1523), in *Luther's Works*, vol.53 (ed., U. Leupold; Philadelphia: Fortress, 1965), 11.

32 Martin Luther, "Preface to Georg Rhau's Symphoniae Iucundae" (1538), in *Luther's Works*, vol.53, 323.

배에서 찬송의 역할을 결정할 수 있는 것**33**이라고 생각했다.

5.3.2 칼빈

칼빈이 파렐의 요청을 받고 제네바 교회에 처음 부임했을 때(1536년 7월) 그가 가장 먼저 한 두 가지 일이 **'신앙고백서를 작성한 일'(1536년, 21개조)과 '교회 조직과 예배에 관한 조항들'(1537년 1월)**을 작성한 일이다. 여기에서 칼빈이 추구한 바가 드러난다. 칼빈은 첫 번째의 일을 통해 신앙고백서를 교회에 정착시키고 기본적 교리를 가르치기 원했으며, 두 번째의 일을 통해 교회의 구조를 성경적으로 만들기를 도모했던 것이다.

이 때, 1537년 1월에 제출한 이 "교회 조직과 예배에 관한 조항들"에 시편 찬송을 불러야 한다는 항목이 들어있다. 각 조항의 내용은 다음과 같다.

> 1) 성찬과 출교의 권리를 교회에 일임할 것
> 2) 혼인예식을 로마교회의 방식에서 벗어나 새로운 방식으로 집전토록 한 것
> 3) 자녀교육, 요리문답 작성
> 4) 예배에서 시편 찬송을 부른다.

칼빈은 이듬해인 1538년에(4월 25일) 시의회와 시민들에게 쫓겨나 스트라스부르크로 망명생활을 하게 된다. 하지만 칼빈이 쫓겨난 이후 엉망이 되어버린 제네바에서 다시 유능한 목사였던 칼빈을 청빙하기를 원했고, 다시 제네바로 칼빈이 돌아갈 때에는 교회를 제대로 개혁할 수 있는 요

---

33 R. Faber, "The Reformers on Psalms and Hymns in Public Worship" Part 1, 137–140.

구를 하게 된다.

칼빈은 스트라스부르그로 후퇴했을 때 거기에서 마르틴 부서를 통해서 예배 예전과 시편 찬송에 대한 많은 도전을 받고 실례들을 보고 배웠으며, 그래서 그 기간 동안 찬송책을 실제로 만들게 되었다. 1538년에 19개의 시편34과 시므온의 노래, 십계명과 사도신경이 포함된 시편찬송을 만든 것이다.35

이후 칼빈은 다시 제네바로 돌아와서 1542년에 "The form of Prayers and Ecclesiastical Songs"(기도문과 교회 찬송가)라는 이름을 가진 찬송책을 출판했다. 또 다른 30편이 추가된 49편의 시편들이 포함된 것이었다.36 이후에 테오도르 베자(Theodorus Beza)가 칼빈에 의해 이 작업에 발탁되었고, 1551년에 베자에 의해 34편의 시편이 더 작업되어 출판되었다. 후에 여러 과정을 거쳐 베자는 1561년37 시편 전체를 완전히 완성할 수 있었고, 그 해 성탄절 다음날 완성된 시편의 출판 허락을 받아, 1562년에 완전체로서의 시편 찬송을 소개할 수 있었다.38 시편 찬송이 칼빈에 의해 시도된 지 20년 이상의 시간이 소요된 것이다.

종교개혁 이후

완성된 제네바 시편은 4년 후 페트루스 다테누스(Petrus Dathenus)에

---

34 19편의 시편 중 칼빈이 직접 지은 것은 6편이었고, 대부분인 13편은 궁정시인이었던 클레망 마로(Clement Marot)가 지었다. 칼빈은 스스로 시를 짓는 일에 능하지 않다고 여겼기 때문에 이후 대부분의 시편 운율화 작업에는 관여하지 않고 다른 사람들에게 이 일을 맡겼다.

35 K. Deddens, "The Origin of Our Psalm Melodies", *Clarion*, vol.36, No.5 (1987), 100-101.

36 K. Deddens, "The Origin of Our Psalm Melodies", 100-101.

37 베자가 제네바 아카데미 학장이 되어 가게 된 해가 1559년이다.

38 K. Deddens, "The Origin of Our Psalm Melodies", 100-101.

의해 네덜란드어로 번역되었다(1566년).**39** 이후 네덜란드 개혁교회에서
는 제네바 시편을 계속해서 개정해 가며 사용하고 있다.

1618-19년의 도르트 회의는 교회 질서 제 69항에서 "시편 150편만이
교회 안에서 유일한 찬송이 되어야 한다"고 결의했다.

> **도르트 교회질서 제 69조 회중의 노래**
> "교회들 안에서 오직 다윗의 150편의 시편, 십계명, 주의 기도, 사도
> 신경, 마리아의 노래, 사가랴의 노래, 시몬의 노래만을 불러야 한
> 다......모든 다른 찬송들은 교회들로부터 배제되어야 하고, 일부 찬
> 송이 이미 소개된 곳들에서 그 찬송들은 가장 적절한 방식으로 제
> 거되어야 한다."

오늘날 개혁교회들이 다른 찬송들을 부르지 않는 것은 전혀 아니지만,
개혁교회 안에는 무분별한 찬송가(Hymns)의 도입으로 인한 우려가 항
상 존재하는 것이 사실이다. 17세기 이후 경건주의의 영향으로 네덜란드
안에 찬송가들이 소개되면서 시편이 추구하는 참되신 하나님을 노래하
는 것보다는 개인의 감정을 주로 노래하는 동향들이 생긴 것에 대한 우
려를 카렐 데던스의 글에서 볼 수 있다.**40**

개혁파 교회들과 전통적 장로교회들은 개혁자들이 회복한 시편을 찬
송하는 일을 지금도 여전히 잃어버리지 않았다. 전 세계의 개혁파 교회
들은 다양성을 가지고 있으면서도 여전히 시편을 찬양하는 아름다움을

---

39 Book of Praise : Anglo-Genevan Psalter (Standing Committee for the Publication of
the Book of Praise of the Canadian Reformed Church, 1993), 5.
40 Karel Deddens, 『예배, 하나님만을 향하게 하라』, 149이하.

유지하고 있다. 이런 전통이 우리나라에는 전혀 소개되지 않았음이 안타깝지만, 조금씩 이를 추구해 나아간다면 우리의 찬송이 훨씬 더 풍성하고 아름다워질 수 있으리라 생각한다.

부록 1 : 시편 찬송의 한 예 – 함께 불러보기
독립개신교회 신학교 김헌수 교수의 번역본

부록 2 : 한국 찬송가에 관하여 생각해 볼 점들

글의 서두에서 살핀 바와 같이, 우리 교회들의 찬송이 '**신학의 감독**' 아래 놓여 있지 않았기 때문에 발생할 수밖에 없는 전형적인 문제들이 과연 한국 찬송가 안에는 많이 있다.

참고로 한국교회가 사용하고 있는 찬송가는 1893년에 찬송가가 처음 나온 후 각 교파별로 찬송가를 출판하여 사용하다, 1945년 해방과 더불어 당시 사용되던 신정찬송가, 신편찬송가, 복음성가를 하나로 묶어 합동찬송가를 만들었다(1949년). 그 후 교파 분열 과정에서 다시 새찬송가 (1962년)와 합동찬송가를 개편한 개편찬송가(1967)가 나왔다. 이후 한국 선교 100주년을 기념하는 사업의 일환으로 1981년에 찬송가 공회가 조직되었고, 1983년에 지금의 찬송가가 생기게 되었으며, 이후 성경을 개정하는 작업에서 찬송가를 함께 개정하여 현재는 '새찬송가'가 나오게 되었다. 새찬송가는 한국인 작사/작곡의 곡을 다수 포함시키면서 많은 곡이 추가되었으나, 우리가 논의하고 있는 본질적인 찬송에로의 전환을 거의 찾아볼 수는 없다. 오히려 한국인 작사/작곡의 곡들을 추가하는 과정에서 '**신학적 검토 작업**' 같은 것이 없었기 때문에 오히려 찬송의 의의에 있어서 더 퇴보한 듯한 인상이 드는 것도 사실이다.

사실 한국교회가 사용하는 찬송가는 우리가 앞서 살핀 유럽이나 북미의 '오래된' 교회들에서와 달리 그 역사나 성경적 배경 같은 것이 거의 없는 중에 만들어졌다. 한국교회가 예배에 사용하는 찬송가로 공인한 찬송들은 쉬운 말로 하자면 '**200년 전의 CCM**'이라고 해야 할까, 부흥운동 때 천막 집회 등에서 부흥사들이 만들고 사용했던 노래들이 다수인 것이다. 즉 고대로부터 교회가 항상 예배의 찬송으로 견지해 왔던, '하나님의 말씀으로부터 도출된' 찬송들이라기보다는, 부흥운동의 와중에서 생산돼, **개인의 정서적인 면들에 집중한** 찬송들이 많다. 이런 점에서 할 수만 있다면 우리가 사용하는 찬송에 바른 방향으로의 진전이 일어났으면 하는 바람이다.

본 부록에서는 현재 우리가 사용하고 있는 찬송가에 대한 비판적 견해가 불편할 수도 있지만, 건설적인 개선을 위한 도구로 삼는다면 유익하리라 생각하며, 찬송이 말씀 자체로부터 나오지 않음으로 인해, 즉 개인 작사가의 취향이 고스란히 반영됨으로 인해 생길 수밖에 없는 몇 가지 오류들에 대해 기술해 보았다.

1. 찬송가 가사가 성경과 일치하지 않는 예들

1) "나의 사랑하는 책"(199장)의 원래 찬송 가사는 "주의 선지 엘리야 병거 타고 하늘에"였다. 하지만 성경에는 불수레와 불말은 엘리야와 엘리사 사이를 격하고 엘리야는 '회리바람을 타고' 승천했다고 되어 있다. 이 가사가 매우 명백하게 성경과 달랐기 때문에, 새찬송가에서는 "바람타고 하늘에"라고 변경되었다. 변경된 것은 다행이긴 하지만, 이토록 오랫동안 교회 전체가 '예배에서 부르는' 찬송가를 오류가 있는 채로 불러왔다는 것은 상당한 문제의식을 야기시킨다.

2) 찬송가 198장 "주 예수 해변서"는 주님께서 떡을 떼신 곳을 "해변"이라고 적고 있는데, 복음서는 오병이어가 일어난 지역이 비록 바다와 가까운 것이 사실이라 하더라도 그곳을 "해변"이라고 하고 있지는 않다. 요한복음 6장 3절에 의하면 "예수께서 산에 오르사" 제자들이 함께 거기 앉

을 때에 "큰 무리가 자기에게로 오는 것을 보시고"(5절)라고 되어 있다. 이쪽이 바다 근처이기는 하지만 오병이어를 행한 곳은 오히려 산쪽이다. 10절에 의하면 거기 "잔디가 많았다"라고 되어 있다. 이 가사만을 가지고 생각하면 예수님의 오병이어가 바닷가 모래사장에서 일어난 것처럼 생각하기 쉽지만 전혀 그렇지 않다. 해변이냐 아니냐가 중요한 것이 아니라, 찬송 가사에 오류가 있을 수 있다는 것을 지적하기 위함이다.

2. '찬송'이라는 주제에 들어올 수 없는 노래들

몇몇 찬송가의 가사들은 '예배'와 '하나님을 찬송함'에 전혀 어울리지 않는 것들도 있다.

1) 579장의 "어머니의 넓은 사랑"이나 574장의 "가슴마다 파도친다, 우리들의 젊은이"와 같은 찬송 가사들은 예배에 부르기에 전혀 적합지 않은 가사들이다. 예배에서 찬양의 대상은 '항상' 하나님이어야 한다. 우리가 아무리 부모를 공경한다 하더라도 하나님을 예배하는 시간에 하나님 대신 부모를 찬양하는 것은 예배와 전혀 어울릴 수 없는 것이며, 아무리 젊음과 패기를 고양하는 일이 선한 일이라 할지라도 하나님을 찬양하는 대신에 '젊은이'를 찬송할 수는 없다.

2) 559장의 "사철에 봄바람 불어 잇고"나 580장의 "삼천리 반도 금수강산" 혹은 582장의 "어둔 밤 마음에 잠겨……계명성 동쪽에 밝아 이 나라 여명이 왔다", 그리고 586장의 "어느 민족 누구게나 결단할 때 있나니"와 같은 노래들은 민족정신을 함양하거나 애국심을 고취시키기 위한 노

래들이다. 다시 말하지만 이런 노래들이 나쁘다는 것이 아니다. 이런 노래들도 예배 바깥에서 민족정신이나 애국심 고취를 위하여 얼마든지 CCM처럼 부를 수 있다. 문제는 이것이 예배에 불러지는 예배 찬송이라는 점이다. 우리의 예배의 대상이 '하나님'이 아니라 '국가'가 된다면 심각한 문제가 아니겠는가?

3. 잘못된 교리를 가지고 있는 노래들

현재의 찬송가가 여러 교단들이 사용하던 찬송가를 통합한 통합 찬송가이기 때문에, 어쩔 수 없이 역사적인 이유 때문에 이 안에는 우리와 신학적으로 다른 교파들의 사상이 그대로 녹아들어가 있는 것이 사실이다.

가장 쉽게 예를 들 수 있는 것은 '은사주의적 경향'인데, 한국 찬송가에서 '성령' 부분의 찬송들은 개혁 신학을 가진 장로교회의 성령론과는 일치되지 않는 것이 많다. "불길 같은 주 성령"(184장)이나 "주여 성령의 은사들을 오늘도 내리어 주소서"(197장)와 같은 노래들은 전형적인 은사주의적 성령론을 염두에 두고 있는 노래들이다.

471장의 "주여 나의 병든 몸을"과 같은 찬송은 예수 그리스도의 병 고치심이 어떤 구속사적 의미를 갖고 있는지를 전혀 고려하지 않은 오순절 계통의 교회들의 신학과 일치될 수 있는 찬송이며, 535장의 "주 예수 대문 밖에" 같은 찬송은 바르고 합당한 성경 주해에 근거하지 않은(정당한 성경적 교리에서 주님은 문밖에서 들어오실 수 없는 분이 아니시다. 구원은 주권적이며 은혜는 불가항력적이다). 정서적 노래들이어서 성도들에게 교리적 해악을 끼칠 수 있는 찬송이다.

우리는 통상 신학적으로 자유주의를 배격하는데, "어둔 밤 마음에 잠겨"(582장) 같은 찬송은 우리나라에 자유주의 신학을 들여와 대중화시킨 데 일조한 김재준 씨의 작품이다. 자유주의 신학을 가르칠 수 없는 교단들에서 찬송에는 아무런 담 없이 넘나들 수 있는 것에 대해 별로 주의를 기울이지 않는 형국이다.

4. 신세타령이나 공유될 수 없는 개인의 경험일 뿐인 가사를 가진 노래들

교회의 찬송이 직접적으로 말씀으로부터 도출되지 않고 '개인의 신앙 경험'으로부터 나오다 보니 우리 찬송가 안에는 '신세타령'을 연상시키는 듯한 찬송이 유독 많다. 예를 들면 479장의 "괴로운 인생 길 가는 몸이", 272장의 "고통의 멍에 벗으려고" 387장의 "멀리 멀리 갔더니" 같은 곡들은 '개인적 경험' 특히 '정서적 경험'을 노래한 것들이다.

그리고 134장 "나 어느 날 꿈속을 헤매며" 같은 곡들은 꿈꾼 경험을 가사로 말하고 있는데, 꿈에서 본 예수님을 찬송하는 것이 예배의 정규 찬송가로 불리는 것은 놀라운 일이다. 이 찬송에서 시인이 "나는 꿈속에서 맹인이 눈을 뜨는 것을 보았다."라고 하는데, 이런 가사는 성경에 명백하게 기록된 사실을 '개인의 꿈', 단지 개인의 경험일 뿐 아니라 사실을 꿈으로 만들어버리는 효과를 낳는다. 심각한 문제라 할 수 있다.

442장의 "저 장미꽃 위에 이슬"은 꽃 위에 이슬이 맺혀 있는 때에 주님의 음성을 들어본 적이 없는 사람은 공감할 수 없는 가사이다. 비슷하게 "나의 사랑하는 책 해어졌지만 어머님의 무릎 위에 앉아서 듣던 말인 성경"을 노래하는 "나의 사랑하는 책"(199장)은 불신 가정에서 자라난 사람에게는 전혀 공감될 수 없는 사적 경험일 뿐이다.

정리하며

이 모든 언급들이 '찬송 그 자체가 나쁘다'는 이야기는 아니다. 이 찬송들은 훌륭한 곡일 수 있고, 성도들에게 깊은 영감을 주는 노래들일 수 있다. 성도의 일상에서 영감을 주는 많은 복음송들을 가지는 것은 충분히 좋은 일이다. 그러나 '예배에서 하나님을 경배하기 위하여 부르는 찬송'과 '개인이 정서적으로 충족을 받는 노래'는 구별되어야 한다. 우리는 후자의 것을 전자로 끌어들여오지 말아야 한다.

우리는 이미 이것을 '예배의 찬송'으로 갖고 있다. 따라서 우리에게는 비판에 그치지 말고 어떻게 하면 우리의 찬송이 보다 성경적인 방향으로 나아갈 수 있을지에 대한 고심이 필요하다. 그런 점에서 이런 지적들이 건전한 진전을 위한 좋은 거름으로만 사용되되, 교회의 어떠함들에 대한 비난으로 비춰지지 않기를 바란다.

김병훈. "예배의 규정 원리와 개혁신학의 예배". 『헤르메네이아 투데이』. 47(2009): 15-33.

김헌수, "제네바 시편 찬송 서문과 칼빈의 찬송신학", 『성약출판소식』. 72호 (2009).

이승구. "예배의 규정적 원리". http://blog.daum.net/wminb/13718858.

Arjan de Visser. "Church Music in Calvin's Tradition"(1/3). *Clarion*. vol.58, NO.23 (2009): 568-570.

_____."Schilder's Views Regarding the Reformed Psalter". *Clarion*. vol.59, No.9 (2010): 229-230.

Dietrich Bonhoeffer. 『본 회퍼의 시편이해』. *Die Psalmen. Das Gebetbuch der Bible*. 최진경 역. 서울: 홍성사, 2007.

Philip Schaff. 『교회사 전집 : 제 1권, 사도적 기독교』. *History of the Christian church*, 1. 이길상 역. 고양: 크리스챤다이제스트, 2004.

_____. 교회사 전집 : 제 2권, 니케아 이전의 기독교』. *History of the Christian church*, 2. 이길상 역. 고양: 크리스챤다이제스트, 2004.

Herman N. Ridderbos. 『마태복음(하)』. *The Bible student's commentary– Matthew*. 오광만 역. 서울: 여수룬. 1999.

James F. White. 『예배의 역사』. *A brief history of Christian Worship*. 정장복 역. 서울: 쿰란출판사, 1997.

John Calvin. 『기독교 강요(중)』. *Institutes of the Christian Religion*. 원광연 역. 고양: 크리스챤다이제스트, 2003.

J. Kortering. "Psalm Singing : A Reformed Heritage." http://www.prca.org/pamphlets/pamphlet_37.html.

Karel Deddens. 『예배, 하나님만을 향하게 하라』. *Where Everything Points to Him*. 김철규 역. 서울: SFC, 2014.

_____."The Origin of Our Psalm Melodies". *Clarion*. vol.36. No.5(1987) : 100-101.

_____."The Origin of Our Psalm Melodies". *Clarion*. vol.36. No.6(1987) : 123-126.

_____ ."The Origin of Our Psalm Melodies". *Clarion*. vol.36. No.7(1987) : 146-147

_____ ."The Origin of Our Psalm Melodies". *Clarion*. vol.36. No.8(1987) : 171-172

Ken Hanko. "The Music of the Genevan Psalter". *Clarion*. vol60, No.1 (2011): 6-8.

Martin Luther. "Concerning the Order of Public Worship"(1523) in *Luther's Works*, vol.53. ed.,U. Leupold; Philadelphia: Fortress. 1965.

_____ ."Preface to Georg Rhau's Symphoniae Iucundae"(1538), in *Luther's Works*, vol.53. ed.,U. Leupold; Philadelphia: Fortress. 1965.

R. Aasman. "The Singing of Psalms and Hymns". *Clarion*. vol.48, NO.23 (1999): 538-539.

R. Faber. "John Calvin on Psalms and Hymns in Public Worship, Part 1: Introduction, Sources, and Influences", *Clarion*. vol.51, No.16 (2002): 386-389.

_____ ."The Reformers on Psalms and Hymns in Public Worship" part 1. *Clarion*, vol.50. No.6 (2001): 137-140.

Standing Committee for the Publication of the Book of Praise of the Canadian Reformed Church. Book of Praise : *Anglo-Genevan Psalter*. Winnipeg, Manitoba: Premier printing LTD, 1993.

부록

남아프리카공화국
개혁교회의 역사

송영목

남아프리카공화국 개혁교회의 역사

송 영 목

들어가면서

개혁주의의 보고(寶庫)인 남아프리카공화국에서 개혁교회의 출발점
(terminus a quo)은 1652년 4월 6일 네덜란드 동인도회사 소속 얀 판 리
베이크(Jan van Riebeek)가 케이프타운 희망봉에 정착한 때였다.[1] 네덜
란드 개혁교회(Reformed Churches in Nederlands)가 요한 판 알클
(Johan van Arckel)목사를 1665년에 케이프타운에 파송함으로써 남아
공화란개혁교회(Dutch Reformed Church; DRC 혹은 NGK; Neder-
duitse Gereformeerde Kerk)가 네덜란드 암스테르담 시찰 소속 교회로
정식으로 시작되었다. 따라서 네덜란드 개혁교회의 이주민들이 DRC를
설립했으므로, 네덜란드 교회의 상황부터 살펴보자.

---

1   P. Kruger and J. M. van der Merwe. "The Dutch Reformed Church as a Prominent
    Established South African Church: In Transition towards the 21st Century," *Verbum
    et Ecclesia* 38/1 (2017), 1.

1. 네덜란드 개혁교회의 간략한 역사

1834년에 헨드릭 드 콕(H. de Cock, 1801–1842)목사는 자유주의와 이성주의에 물든 네덜란드 국가교회(Nederlandse Hervormde Kerk; NHK)로부터 분리(afscheiding)했다. 그 당시 네덜란드 국가교회는 이성주의에 물들었고 민족주의적 국가교회를 추구하다보니, 신학적 변질과 칼빈주의 및 도르트신경에 별 관심을 두지 않았다. 국가교회에서 분리하여 나온 개혁교인들은 캄펀신학교(Oudestraat)를 설립했다(1854).

1886년에 아브라함 카이퍼(1837–1920)는 국가교회로부터 애통(doleantie)이라는 이름으로 분리했는데, 이 분리에 약 200교회가 동참했다. 그 이전에 카이퍼는 1880년에 국가의 간섭으로부터 독립된 암스테르담 자유대학교를 설립했다.[2]

1892년에 분리파와 애통파는 통합하여 네덜란드 개혁교회(Gereformeerde Kerken in Nederland[Synodaal]; GKN)를 형성했다. GKN은 캄펀신학교와 자유대학교에서 목회자를 양성했다. 그런데 이 통합에 반대하고 아브라함 카이퍼의 신학에 동의하지 않은 그룹은 네덜란드 기독개혁교회(Christelijke Gereformeerde Kerken in Nederland; CGKN)를 설립하고 아펠도른신학교를 세웠다(1894). 1944년에 아브라함 카이퍼에 대항하여 헤르만 바빙크와 클라스 스킬더를 중심으로 하여 약 200 지교회가 31조파(Gereformeerde Kerken in Nederland[Vrijgemaakt]; GKN)를 설립하여 캄펀신학교(Broederweg)가 시작되었다. GKN은 2017

---

2 오늘날 청교도적 개혁파 헨드릭 드 콕의 영성과 신칼빈주의 활동파 아브라함 카이퍼의 영성을 조화시키는 것이 필요하다. H. Selderhuis, "헨드릭 드 콕의 영성" (제15회 종교개혁기념 학술세미나, 고신대 개혁주의학술원 온라인, 2020년 11월 5일).

년대에 여성목회 안수를 결정했으며, 그 결과 3차례에 걸쳐 교단 분열을 겪었으며 교인들의 이탈도 적지 않았다. 현재 GKN은 270개 지교회, 교인은 11만 명이다.[3]

2. 남아프리카공화국의 개혁교회

2.1. 남아공화란개혁교회(DRC)[4], 남부아프리카연합개혁교회(URCSA)[5], 아프리칸스 개신교회(APK)[6]

1806년부터 영국이 아프리카너를 물리치고 남아공을 지배했다. 영국의 지배 동안에도 남아공의 DRC는 1824년에 네덜란드의 암스테르담 시찰로부터 독립하여 독자적인 케이프 노회를 세웠다.[7] 1824년은 남아공 개혁교회의 도착점(terminus ad quem)이었다. 현재 DRC는 남아공에서 가장 큰 개혁교파이다. 스텔렌보쉬대학교(1864), 프레토리아대학교(1908), 프리 스테이트대학교(1904)에서 목회자를 양성 중이다. DRC는 WCC소속이며, 아파르트헤이트를 주장하다 1982년에 세계개혁교회연맹(WARC)으로부터 이단으로 정죄당하여 회원권을 박탈당했다. DRC는 나비미아를 포함하여 총 10노회, 1158 지교회, 1602명의 목사, 그리고 약

---

3 네덜란드의 'Samen op Weg'(Together on Way)교파는 NHK, GKN(Synodaal), 그리고 복음주의 루터교회가 통합하여 세워졌다. 결국 2004년에 네덜란드 개신교회(Protestantse Kerk in Nederland; PKN)가 형성되었다.

4 http://ngkerk.net

5 http://urcsa.net

6 https://apk.co.za

7 Kruger and Van der Merwe. "The Dutch Reformed Church as a Prominent Established South African Church," 1.

107만 명의 교인을 두고 있다.

DRC는 흑인과 백인의 혼혈인을 위해 1881년에 남아공화란개혁선교교회(Dutch Reformed Mission Church; DRMC)를 설립했다. 1994년에 DRMC는 1951년에 설립된 흑인 중심의 아프리카화란개혁교회(Dutch Reformed Church in Africa; DRCA)와 통합하여 남부아프리카연합개혁교회(Uniting Reformed Church in Southern Africa; URCSA)를 설립했다. URCSA는 약 683개 지교회에 123만 명을 두고 있다. URCSA는 DRC와 통합을 추진하고 있으나 전자의 공식신앙고백서 중 하나인 벨하신앙고백서(1986)가 걸림돌 역할을 하고 있다.

1987년에 DRC에 소속되어 아파르트헤이트를 지지하던 그룹은 아프리칸스 개신교회(Afrikaanse Protestantse Kerk; APK)를 세웠다. DRC의 알미니안 신학과 자유주의 신학에 반대하는 이 교파는 2010년 기준으로 남아공과 나미비아에 220개 지교회, 35,000교인을 두고 있다. 이 교파는 자체 신학교인 아프리칸스 프로테스탄트 아카데미(Afrikaanse Protestantse Akademie)를 행정 수도인 프레토리아에 운영 중이다.

2.2. 아프리카화란개혁교회(NHKA)[8]

영국 지배하에 케이프타운 중심으로 거주하던 다수의 아프리카너는 1930년대와 40년대에 남아공의 북쪽 내지로 대 이주(Groet Trek)했다.[9] 이주한 사람들은 1852년에 남아프리칸스공화국(Zuid-Afrikaansche

---

8 https://nhka.org
9 아프리카너의 대 이주로 인해 남아공 개혁교회는 1834년의 네덜란드 개혁교회의 분리 운동에 신경을 쓸 여력이 없었던 것으로 보인다.

Republic; ZAR)을 세웠다. 친 영국적 성향을 띤 DRC는 ZAR인들을 목회하기를 거부했다. 그러자 아프리카너의 독립을 중요하게 여긴 ZAR은 새로운 교파인 아프리카화란개혁교회(Nederduitsch Hervormede Kerk van Afrika; NHKA)를 만들었다(1834).[10] NHKA의 첫 목회자는 1853년에 네덜란드에서 부임한 Dirk van der Hoff였으며, 1860년에 NHKA는 ZAR의 공식 교회가 되었다. 1863년에 NHKA는 DRC 교회헌법을 수용했다.[11] NHKA는 독자적인 신학교를 세우지 않고 DRC 소속인 프레토리아대학교의 신학부에 별도의 섹션(A)을 운영했다. NHKA는 인근 국가들인 나미비아, 보츠와나, 잠비아, 짐바브웨에 지교회를 두고 있다. NHKA에 38노회, 300개 지교회에 13만 교인이 있다. NHKA는 세계개혁교회커뮤니오(WCRC)소속이며, 아파르트헤이트를 지지하다가 1982년에 WARC로부터 이단으로 정죄당하여 회원권을 박탈당했다.

2.3. 남아공개혁교회(GKSA)[12]

1652년에 판 리베이크는 'The Psalms of Datheen'(1566)을 가지고 남아공에 왔으며, 그 시편가는 1775년에 가정에서 사용할 새로운 찬송가들을 포함하여 업데이트될 때까지 계속 불려졌다.[13] 동인도회사가 케이프타

---

10 Nederduitsch는 Nederduitse보다 더 고전적 형태이다.

11 B. Spoelstra, "Secession and the Reformed ('Dopper') Churches in South Africa," *In die Skriflig* 23/4 (1989), 68–69.

12 http://www.gksa.org.za

13 S. N. Jooste and J. C. Potgieter, "The Contested Legacy of Singing God's Inspired Songs in the Reformed Churches in South Africa: The Regulating Role of the Word from Dordrecht to Totius and into the Present," *In die Skriflig* 54/2 (2020), 2.

운의 남아공화란개혁교회 사역자들에게 사례를 지불했기에, 남아공화
란개혁교회는 네덜란드의 영향에서 자유롭지 못했다. 프랑스 혁명 직후
인 1803년에 네덜란드에서 새로운 찬송가(Evangelische Gezangen[복
음적 찬송가])를 수용했다. 스텔렌보쉬의 DRC도 '복음적 찬송가'를 1814
년 2월 20일 주일부터 사용했다.14 나중에 NHKA도 이 새 찬송가를 수
용했다. 성경 본문에 기초하지 않은 새 찬송가가 경건주의와 인본주의와
알미니안주의를 포함했으므로 개혁교인들이 반대했는데 그들은 출교의
위협을 받았다. DRC에서 탈퇴한 300명의 반대자들은 1859년 2월 11일
에 회의를 통해 '자유개혁교회'(Vrye Gereformeerde Kerk; VGK)를 설
립했는데, 그 후 이름을 '남아공개혁교회'(Gereformeerde Kerke in
Suid-Afrika; GKSA)라고 바꾸었다.15 '도퍼'(Dopper)라16 불리는 GKSA

---

14 Jooste and Potgieter, "The Contested Legacy of Singing God's Inspired Songs in the
Reformed Churches in South Africa," 3.

15 "교회에서 오직 다윗의 시편 150개, 십계명, 주기도, 12신조, 마리아, 사가랴, 시므온의 노
래만 불려야 한다. '오 하나님 우리 아버지'의 사용 여부는 교회의 선택에 남겨둔다."라는 교
회헌법 69조(= 도르트 교회질서 69)를 GKSA 2012년 총회는 다음과 같이 개정했다. "교회
에서 오직 150개 시편, 십계명, 주기도, 사도신경, 마리아, 사가랴, 시므온의 찬송만 불려야
한다. 총회가 승인한 성경 가사에 곡을 붙인 찬송가와 성경에 충실한 찬송가는 개 교회의 판
단에 맡긴다." Jooste and Potgieter, "The Contested Legacy of Singing God's Inspired
Songs in the Reformed Churches in South Africa," 1, 4.

16 'Dopper'의 어원은 불분명한데, 19세기의 새로운 찬송가를 부르는 것을 제2계명을 어긴 것
으로 간주하여 거부했던 케이프 식민지의 북동 경계지역의 교육 수준은 낮았지만 개혁주의
청교도 영성을 가진 농부들(성[性]은 주로 Van der Walt, Venter, Kruger)의 별명에서 나
온 단어로 추정된다. 도퍼는 소박한 복장 차림에 종교적으로 보수적이며 고집이 세다는 평
가를 받기도 했으며, '아프리카너 퀘이커'라고도 불린 그들도 1930-1940년대 대 이주에 동
참했다. 이 별명은 1850년에 영국 행정관들과 케이프타운의 자유 시민들에 의해 만들어졌
다. 도르트신조가 가르친 참 교회를 회복하려고 다각도로 노력했던 '도퍼'를 분리주의자라
고 부르기 어렵다. 참고. Jooste and Potgieter, "The Contested Legacy of Singing God's
Inspired Songs in the Reformed Churches in South Africa," 4; Spoelstra, "Secession
and the Reformed ('Dopper') Churches in South Africa," 61-62; P. J. Strauss, "Paul
Kruger: 'N 'Dopper' van Sy Tyd?" *In die Skriflig* 54/2 (2020), 3-4.

는 트랜스발 주의 루스텐버거(Rustenburg)를 중심으로 모였는데, 1859년에 신학교육과 교사 양성을 위해 이스턴케이프 주의 버거스도르프(Burgersdorp)에 학교를 세웠다. 20세기 초에 신학교를 포첩스트룸으로 옮겼고, 기독교고등교육을 위한 포첩스트룸대학교(PUCHO)는 아브라함 카이퍼가 세운 암스테르담 자유대학교(1880)를 모델로 삼았다. 포첩스트룸의 토이셔서(J. D. du Toit, 1877–1953)박사가 주도하여 GKSA는 1937년에 첫 번째 아프리칸스 시편가를 출판했다.[17] 토이셔서는 1933년에 첫 번째 아프리칸스 성경을 번역한 바 있다. DRC와 NHKA는 아파르트헤이트를 지지했지만, 도퍼들은 아프리카너 국민당(National Party)이 집권한 1944년 이래로 인종차별주의자들과 거리를 두었다.[18]

현재 GKSA는 6노회, 415개의 지교회, 약 10만 교인으로 구성된다. 또한 인근 국가인 짐바브웨, 나미비아, 레소토에도 지교회를 두고 있다. 예장 고신 그리고 네덜란드의 CGK, GKN(해방파), NGK 등과 교류 중이다.

2.4. 남아공자유개혁교회(VGKSA)[19]

남아공자유개혁교회(Vrye Gereformeerde Kerke in Suid-Afrika;

---

[17] 1918년에 토이셔서는 계시록의 찬송가와 같이 신약의 찬송가들을 시편가 부록(Skrif-beryming)에 포함시켜야 한다고 주장했다. 참고. Jooste and Potgieter, "The Contested Legacy of Singing God's Inspired Songs in the Reformed Churches in South Africa," 6.

[18] 1980년대에 인종차별을 반대하는데 앞장선 젊은 지성인 도퍼들이 적지 않았다(예. L. M. du Plessis, B. J. van der Walt, J. M. Vorster, J. H. van Wyk). M. Tamarkin, "The Rise and Fall of Christian-Nationalism: The Ideological Evolution of Dopper Intellectuals," *In die Skriflig* 54/2 (2020), 4–7.

[19] https://www.vgk.org.za

VGKSA)는 1950년에 네덜란드 이민자들에 의해 설립되었다. '자유'는 '해방된'이라는 의미인데, 지교회와 당회가 독립적으로 권위를 가진다는 뜻이다. 따라서 노회가 상회로서 지교회를 주관할 수 없다. 남아공에 총 9개의 지교회와 2개의 시찰을 두고 있다. VGKSA는 ICRC소속 교회로서, 네덜란드 화란 31조파와 호주자유개혁교회, 그리고 캐나다와 미국개혁교회 등과 자매 관계를 맺고 있다.[20] 남아공에는 네덜란드 개혁교회의 전통을 따르는 3자매 교회가 있는데, 앞에서 설명한 GKSA, DRC, NHK 이므로 VGKSA는 이에 해당하지 않는다.

나오면서

네덜란드 개혁교회는 1834-1886년, 그리고 1944년에 몇 차례 분열을 겪었으며, 최근에도 분열이 일어났다. 그런 분열은 남아공 개혁교회에 별다른 영향을 미치지 못했다. 여러 원인을 추론할 수 있다. 그 당시 남아공은 정치적 격변을 겪었고, 남아공 개혁교회가 네덜란드 개혁교회로부터 분리되었으며, 아파르트헤이트로 인해 국제적 고립에 봉착했기 때문이다. 남아공 개혁교회의 분열에서 신학-예전적 이유는 GKSA에서, 목회-정치적 이유는 NHKA에서, 그리고 인종적 이유는 DRMC와 DRCA

---

[20] 참고로 DRC의 목회자 De Vos는 1840년에 더반 교회에 부임하여 1944년까지 부흥을 경험했다. De Vos는 질투하던 정치 목사들에 의해 사면된 후, New Protestant Church(NPC)를 세웠다. 하지만 NPC가 분리적 성향과 더불어 De Vos와 교리적 차이를 보이자, De Vos는 Reformed Dutch Reformed Church(RDRC)를 세워 분리했다.

에서 볼 수 있다.[21]

1994년 만델라의 집권은 남아공 사회와 정치는 물론 개혁교회의 전환점(terminus transitus)이었다. 그 후 개혁교회는 폐쇄적인 이념에서 벗어나 아파르트헤이트에 대해 반성하며, 포스트모던의 세속주의에 맞서며 교회의 쇠락을 막기 위해 선교적 교회로 변모하고 있다. 오늘날 개혁교회와 개혁신학을 지향하는 장로교회는 사도적이며 보편적이고 거룩한 교회의 일치를 위해 지혜롭고 순결하게 노력해야 한다.

---

[21] 아래는 남아공의 신학논문 홈페이지들이다.
https://indieskriflig.org.za/index.php/skriflig;
https://www.koersjournal.org.za/index.php/koers; http://ojs.reformedjournals.co.za;
https://hts.org.za/index.php;
https://verbumetecclesia.org.za/index.php/VE/issue/archive;
http://www.scielo.org.za/scielo.php?script=sci_serial&pid=1015-8758&lng=en
참고. Kruger and Van der Merwe, "The Dutch Reformed Church as a Prominent Established South African Church," 4, 7.

Jooste, S. N. and Potgieter, J. C. "The Contested Legacy of Singing God's In-spired Songs in the Reformed Churches in South Africa: The Regulating Role of the Word from Dordrecht to Totius and into the Present." *In die Skriflig* 54/2 (2020): 1–11.

Kruger, P. and Van der Merwe, J. M. "The Dutch Reformed Church as a Prominent Established South African Church: In Transition towards the 21st Century." *Verbum et Ecclesia* 38/1 (2017): 1–9.

Selderhuis, H. "핸드릭 드 콕의 영성." 제15회 종교개혁기념학술세미나. 고신대 개혁주의학술원 온라인. 2020년 11월 5일.

Spoelstra, B. "Secession and the Reformed ('Dopper') Churches in South Africa." *In die Skriflig* 23/4 (1989): 60–80.

Strauss, P. J. "Paul Kruger: 'N 'Dopper' van Sy Tyd?" *In die Skriflig* 54/2 (2020): 1–10.

Tamarkin, M. "The Rise and Fall of Christian–Nationalism: The Ideological Evolution of Dopper Intellectuals." *In die Skriflig* 54/2 (2020): 1–6.